哈布斯堡王朝

THE HAPSBURG MONARCHY

〔英〕亨利·威科姆·斯蒂德——著
王培培——译

人民东方出版传媒
People's Oriental Publishing & Media
東方出版社
The Oriental Press

图书在版编目（CIP）数据

哈布斯堡王朝 / (英) 亨利 · 威科姆 · 斯蒂德著；
王培培译. —北京：东方出版社, 2021.3
ISBN 978-7-5207-1961-2

Ⅰ. ①哈… Ⅱ. ①斯… ②王… Ⅲ. ①欧洲—历史—研究Ⅳ. ①K500.7

中国版本图书馆CIP数据核字(2020)第258399号

哈布斯堡王朝
（HABUSIBAO WANGCHAO）

作　　者：[英] 亨利 · 威科姆 · 斯蒂德
译　　者：王培培
责任编辑：辛春来
出　　版：东方出版社
发　　行：人民东方出版传媒有限公司
地　　址：北京市西城区北三环中路6号
邮　　编：100120
印　　刷：北京兰星球彩色印刷有限公司
版　　次：2021年3月第1版
印　　次：2021年3月第1次印刷
开　　本：710毫米 × 1000毫米　1 / 16
印　　张：24.75
字　　数：295千字
书　　号：ISBN 978-7-5207-1961-2
定　　价：96.00元
发行电话：（010）85924663　85924664　85924641

序 言

我在奥匈帝国工作十年所获得的种种印象终究会随时间褪去，得出的结论也会因记忆衰退而变得简单空洞。因此，我专门为了记录这些经历而著书。许多外国作家都曾写过有关奥地利、匈牙利以及奥匈帝国题材的书籍或文章。其中，有些作者匆忙写就，有些作者研究得极其深入，有些则直接复制官方材料。如果我没弄错，这些作者中没有一位跟我一样，在这个国家生活过十年。这十年的生活，令我即便不能做到特别公正，也一直会抱持批判的态度，这既是优势，也是劣势。通常情况下，传记类作者主要处理些对外事务，收集、处理文件，或是在访问和旅行期间收集信息、积攒印象，并据此进行创作。在哈布斯堡君权的统治下，复杂的公共社会生活背后隐藏着特殊的现实情况。作家的大部分工作便是记录事实、数据、民族特性和历史发展这样的准确知识，也正因如此，即便作家有时缺乏洞悉特殊现实的能力，其作品也具有永久价值。在上述这种情况下，我著此书的目的并非要沿袭以前作家的方式，而是根据个人经验和反思，描述奥匈帝国的发展趋势和国家问题，也为世界更好地了解奥匈帝国贡献出微薄之力。在处理这些问题的过程中，某种程度上，我不得不从法律和专业术语的角度来区分差异点，但我也会尽可能地少关注差异，多关注哈布斯堡王朝统治下人民的特征和利益。我们要综合分析哈布斯堡王朝的历史情况。如果一个国家的历史非常多样化，那么分析结果就容易混乱。因此，对于那些有关匈牙利或波希米亚宪法的国家和历史最有力的研究、有关民族和语言的最确切的统计论文，外国读者读起来极易感到困惑、沮丧。二元制政体是奥匈帝国政治发展的最后阶段，哈布斯堡王朝本质上是统一的。即使有二元制政体信徒对此表示愤慨，统治者也仍要维护其统一性——尽管这种统一日后会演变为多样性的分裂格局。“奥匈帝国”和“奥匈帝国君主制”的称号具有宪法效应，是正当的指代名词，但这两个词其实是“奥地利”“奥地利君主制”的替代名词。事实上，“奥地利”“奥地利君主制”比“奥匈帝国”这个复合词更能贴切地表达哈布斯堡王朝统治下人民的政治个性。这种特性没有显露，也从未消亡。即便王朝统治者出现过错误和缺点，每当君主需要大家齐心协力，或是国家处于危急时刻时，哈布斯堡王朝统治下的人民的政治特性将会充分展现。1908年至1909年，在国家遭遇吞并危机时，弗朗茨·格拉斯帕尔的著名诗句中描写的精神便足以证明这种政治特性：

上帝创造出斯拉夫人和匈牙利人，
他们彼此和睦，不会恶语相向，
即使指挥官是德意志人，他们也会听从，
因为一声“前进”，便是统一的指令。
在国家需要之时，
他们在困难中彼此扶持；
人只有在死亡面前才会孤独，
因为有生命，就有同盟。

弗朗茨·格拉斯帕尔

君主、政治家、整个民族的失误、弱点或偏见很可能令君主制再次陷入毁灭的边缘，灾难的发生也似乎预示着解体。在奥匈帝国的十年里，我一直在观察和体验，虽然这期间挣扎和危机此起彼伏，但从长远来看，我没有找到理由说明哈布斯堡君主制不应该在欧洲保留其合法地位。哈布斯堡王朝的内部危机多是随着成长而来，并非衰退引起。“创造更美好未来”的强烈信念激励着最优秀的哈布斯堡王朝统治下的人民，这种信念本身是真挚的，因此他们的信念不是——或者说不应该是——徒劳无功的。接下来书中出现的任何谴责和批评都遵循此原则，作者希望读者在指出瑕疵时，也能指出相应意见和补救方法。

目 录

引 言

哈布斯堡王朝的历史一直具有警示作用。法兰西第一帝国皇帝拿破仑·波拿巴、法国前外交部长查尔斯-莫里斯·德·塔列朗-佩里戈尔、奥地利帝国前首相克莱门斯·文策尔·冯·梅特涅、德意志帝国前首相奥托·爱德华·利奥波德·冯·俾斯麦、英国前首相威廉·尤尔特·格莱斯顿及其他无数政治家、作家和外交家都曾对哈布斯堡帝国很感兴趣。他们殚精竭虑，对哈布斯堡帝国的政体颇有微词。但也正是因为这种特殊的体制，哈布斯堡帝国在“神圣罗马帝国”解体后幸存下来，继续坐拥奥地利主权。拿破仑·波拿巴嘲笑奥地利发展迟缓；克莱门斯·文策尔·冯·梅特涅也写过：维也纳东郊，是“亚细亚之路的起点”；威廉·尤尔特·格莱斯顿也发出感叹，“奥地利就没做过一件好事”。这些格言都提到了奥地利存在有缺陷的“灵魂”本质。德意志著名作家保罗·安东·德·拉加德甚至否认奥地利“灵魂”的存在。他说：“普鲁士，没有足够的身体来支撑灵魂；而奥地利，则没有灵魂去充盈它那饱满的身体。”1853年，保罗·安东·德·拉加德又写道：“普鲁士在德意志统一之时获得了力量，奥地利则以奥匈帝国的形式存在；但从某个方面来说，人们对奥地利的评价无可厚非。因为奥地利从

拿破仑·波拿巴

查尔斯－莫里斯·德·塔列朗－佩里戈尔

克莱门斯·文策尔·冯·梅特涅

奥托·爱德华·利奥波德·冯·俾斯麦

来没有‘找到自我’。”因此，问题就变成“奥地利是否可以‘找到自我’”。要思考这个问题，我们很容易教条化，尤其是容易消极。虽然哈布斯堡王朝是历史上最古老的王朝之一，但它的人民却很年轻，年轻到往往没有国家意识。对于哈布斯堡王朝统治下的人民来说，“民族”和“国籍”这两个词具有特殊而有限的含义。奥地利的德意志人谈到他们的“民族”时，“民族”主要指的是波希米亚、蒂罗尔、上奥地利和下奥地利、摩拉维亚、施蒂利亚和克恩顿的德意志人，其次才是指在德意志帝国内的德意志人。捷克人、克罗地亚人、塞尔维亚人、斯洛文尼亚人、波兰人和鲁塞尼亚人或小俄罗斯[①]人，甚至犹太复国主义者中的犹太人，这些都同样指的是民族意义上的民族。“奥地利”缺乏统一民族概念，同样缺乏的还有“国家观念”。事实上，尽管奥地利人和匈牙利人对“奥匈帝国”这个整体都使用“祖国”这个词，但他们通常将它限制在二元君主制中属于自己的那一半了，或者说只有少数人的爱国主义建立在认同整个二元君主制的基础上，因此，奥地利的“灵魂”是动态的。连接哈布斯堡王朝治下各族人民的纽带是君主，君主在君权神授的宗旨下，依托多种宪法的伪装来统治国家。因此，君主才是其主权下每个国家分而治之或合二为一的主要原因。二元君主制比任何其他欧洲君主制国家更依赖皇冠。王室不仅是枢纽和中心，还是政治实体的生命力量。陆军、海军、官僚机构以及教会都是王室的投影。只有奥地利的愿景和王室的愿景平行，且王室的政治目的与人民的目的契合时，奥地利才能“找到自己”。与其他地方相比，奥地利的联盟可能更具力量。在奥地利，分裂意味着脆弱和浪费。奥地利帝国皇帝弗朗茨·约瑟夫一世的座右铭是“联合的力量”，这句话定义了“奥地利人”的理想；奥地利硬币边缘刻有“分而治之”的字样，这句话则暗示了奥地利的现实。

① 当时通常将乌克兰人称作“小俄罗斯人”，因此，乌克兰也被称为“小俄罗斯”，乌克兰文也被称为“小俄罗斯文”。——译者注

弗朗茨·约瑟夫一世

硬币上还印有哈布斯堡王朝的格言："唯意志至上是最高的原则。"格言亘古不变，始终环绕着统治者的头像。

然而，尽管治国方法通常都"没有灵魂"，但弗朗茨·约瑟夫一世还是将王朝与治下的大多数民族联结起来了。在位期间，弗朗茨·约瑟夫一世也尽力保持这种关系。当时，人们将王位看作个人所有。对于这一点，无论是德意志帝国，还是意大利、英国，都难以匹敌。这种具有个人性的关系是奥匈帝国宪法确立的主要现实基础之一。与这种个人性的关系产生的重大意义相比，其所带有的缺陷则不值一提。奥匈帝国将个人原则扩展到公共生活的所有部门，影响传统意义下的大众性格，从

斐迪南·科恩伯格

而使非奥地利人感到困惑和不稳定，这就是个人主义的具体体现。1871年，19世纪下半叶最有才华的奥地利散文家斐迪南·科恩伯格写道："所有非奥地利人都无法理解奥地利的亚细亚人，不，奥地利的亚细亚人是奥地利永远不被理解的存在。"但他随后又补充道："奥地利并不是真的难以理解，它必须被理解为亚洲的一种形式。'欧洲'和'亚洲'是两个非常精确的概念：欧洲意味着法律，亚洲意味着专制统治；欧洲意味着尊重事实，亚洲意味着个人独断；欧洲是健壮的男人，亚洲既是成熟的老人，又是幼稚的孩子。有了这把钥匙，你就可以解开所有奥地利之谜。"

斐迪南·科恩伯格又说道："我刚刚是不是说亚洲是老人，又是孩子？其实奥地利也是。我们的人民是活泼的、轻松的、多变的，兴致勃勃而又优雅地为所有事情起舞，如同美妙的儿童舞会。但需要注意的是，不论南德意志人多么活跃，斯拉夫人多么善变，即便性格所呈现出如此多变的特性，他们却还是都带有亚细亚式的僵硬、迟钝、保守的特点，像死神般神秘，如时空般苍老。从圣经时代起，这些特点就没变过。正因如此，跟其他国家相比，最大胆的创新对我们来说更容易——因为创新的只是名称而已。就算我们宣布无神论为国教，红衣主教也会在大教堂举行盛大的弥撒，以示庆祝。”

在这篇文章发表三十五年之后，奥地利在一夜之间实行了普选，震惊欧洲。到目前为止，这种“大胆的创新”看起来确实只是一个“新名词”而已：人民权利是自上而下，由王室控制议会来保障；作用方式却是自下而上，由社会主义组织调节，做到与王权的方向一致。这是奥地利的典型悖论。事实上，实行普选是帝国经过不懈努力，制定的一个长期计划。因此，如果简单地把普选看作“大众的胜利”，我们就会忽视这样一种情况，即在哈布斯堡王朝，大多数事物除了表面的意义之外还有其他意义，除了表面的功能之外还有其他功能。虽然我们不能单凭一句话就定义一个国家，但若经过全方位的分析，一个国家也是可以被一句话合理概括的。因此，要想为奥地利画像，就要做到大轮廓醒目，用细节引人注意。当然无论怎样画像，重要的还是方法。可是，无论是纯粹的历史方法，还是同期的摄影方法，都不能完全令人满意，人种学方法也不能完全达到目的。尽管突变和混乱频发，历史也总是具有连续性的。有关当地情况的统计报表和报告也是有价值的，同一君权下，不同族群的特征会相互混合。因此，传记也一样，它可以不具个人色彩，却要对奥地利至关重要的特征进行描述。如果哈布斯堡帝国可以分裂为各个族群，每个族群之间既相互隔离，又相互联系——就像电池的元件一样，通过电流线连接在一起，那么只要肯采取长期行动，王朝就会走向解体。从另一方面来说，严格的集中则会对某些族群造成致命伤害，导致帝国稳定的内部结构出现破裂。一些作家认为，瑞士为奥地利人提供了很好的模板，但他们却忘记了瑞士从来没有出现过帝国，其国家政策也从来都只是关乎瑞士人的利益。“奥地利”问题是一个自成一体的问题，不能只根据原则或理论解决。在王室的支持下，“奥地利”不断调整自己与各民族的关系，调整自己的发展路线。在这种情况下，其发展必然既有弱势，也存在优势。弱势是因为民族之间联系不紧密，容易产生忌妒和冲突；优势是因为所有族群都服从于同一君主，在大家齐心协力的时候，各民族间经常会出现微妙的、无意识的整体倾向，所有个人团体将一致向前。1908年6月是弗朗茨·约瑟夫一世登基六十周年庆典。只要那一天目睹过奥地利人民的游行队伍就会意识到，即使在哈布斯堡帝国统治下最偏远的地区，皇帝也有大量的拥护者。1909年冬天，吞并危机爆发，经历这场危机的人都感觉到了“奥地利”的力量。尽管力量微不足道，他们却都为相互团结和民族自豪而高兴。哈布斯堡帝国统治下的人民不是很聪明，受教育程度不高，政治意识不强，但无论是失败还是胜利，他们都心向一方，本能地从过去的共同经历中吸取团结的力量。哈布斯堡的帝国传统的影响超过了“神圣罗马帝国”或“德意志帝国”的称号。在反宗教改革期间，耶稣会神父与狂热君主不遗余力地推行着政治和宗教标准化，虽显矫揉造作，却效果持久。此时，国家被看作统治者个人的投射，君权神授学说变得坚不可摧，威力持久。在法兰西百科全书学家的影响下，奥地利大公约瑟夫二世推行“开明专制主义”精神，哈布斯堡王室出现了合理化和集中制的统治机制；法国大革命时期，最受人们喜爱的奥地利女大公玛丽·安托瓦内特死于断头台，人们对此十分愤懑；随后拿破仑·波拿巴奋起反抗，顽强斗争。奥地利首相克莱门斯·文策尔·冯·梅特涅将国籍观念的发展视为“革命”，并对此深恶痛绝，处处阻碍。于是，1848年，自由宪政主义取得了短暂的胜利，匈牙利王国爆发斗争，维也纳和布拉格的起义此起彼伏。接下

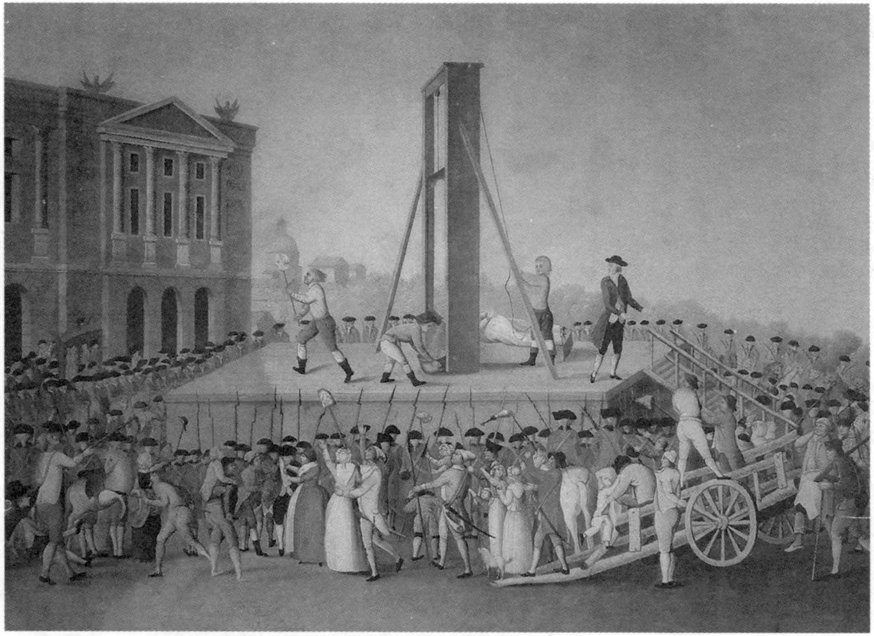

奥地利女大公玛丽·安托瓦内特（路易十六的王后）死于断头台

来的几年里，奥地利帝国的内政大臣亚历山大·冯·巴赫实施了一系列政策，让人民的生活暗无天日，最终以1855年签订信贷协议而收场。1859年，奥地利失去伦巴第主权；1866年失去威尼斯和德意志霸权。随后，哈布斯堡王朝将注意力集中在内部调整上。1867年，奥地利与匈牙利和解，奥匈帝国成立；1879年，奥匈帝国与德意志帝国结盟。随后又受到斯拉夫民族风起云涌的泛斯拉夫主义运动的影响。所有这些因素、事件和变迁在奥地利心中留下了不可磨灭的印记。因为过去种种，人们在福祸相依中产生密不可言的同志之情，没有任何冲突可以抹去这种感情。人们的某种意识就隐藏在这种感觉之下，即历经几个世纪的斗争和

亚历山大·冯·巴赫

变迁，这片土地一直是在一个皇室家族、一个帝国王朝的统治之下。即使人们有时会脱离它的统治，人们仍将“哈布斯堡人民”作为自己特别的归属。

从某种程度上说，几年前，人们仍倾向于将哈布斯堡王朝看作各个族群聚集成的整体，族群之间不太协调，缺乏内部凝聚力。人们将哈布斯堡王朝看作由各个民族组成的斯多葛主义政体——一旦外部力量转移，或者弗朗茨·约瑟夫一世的个人声望消亡，王朝就会随之灭亡。历史学家弗朗蒂谢克·帕拉茨基说：“如果奥地利不存在，那就有必要去创造它。”的确，这解释了君主制存在的权宜之计，但这句话却未充分表达其存在的真正理由。这句话似乎暗示，哈布斯堡帝国只是一个储藏室，或者说是一个垃圾场，用来盛放其他民族分裂之后产生的各种

弗朗蒂谢克·帕拉茨基

碎片。但这并没有体现哈布斯堡王朝本身所蕴含的生命力，甚至近年来，人们的研究无疑倾向于掩盖这一事实。19世纪90年代后期开始兴起“远离罗马”或“远离哈布斯堡”的口号。然而，这种宣传只是一种伪装和借口。马扎尔贵族及其匈牙利的犹太盟友表现出分离主义倾向，“新斯拉夫”逐渐兴起，塞尔维亚-克罗地亚族或南斯拉夫人其他各分支之间的团结意识也日益增强，加之许多其他现象的出现，都助长了人们相信“哈布斯堡王朝已经衰朽”的信念，掩盖了哈布斯堡王朝所带来的影响的重要性。当今，人们倾向于忽视基本事实，廉价的日报比比皆是，人们渴望感官享受，总是从哲学层面对禁忌质疑。然而，这种质疑又可能会对读者的智力造成很大的压力，所以他们不愿进行反思，只对一看便懂的“知识”感兴趣，就像便携式含片一样，简单有效。君主制大多是不受欢迎的，尽管人们承认它的潜在效用，尽管意大利、英国和德意志帝国的帝王宝座似乎比二三十年前更加稳固，但在大多数政治哲学家中，很少有人愿意公开为君主制辩护。人们对君权神授的信仰已经消退，不太可能恢复。然而，由于有关开明君主国的历史记录已经存在，一些王室也在不断加强君主的地位。即使不利于继承者的利益，出于功利性考量，王室依旧会采取措施。“君主”和“民主”并不是对立术语，君主也可保障个人权利，推进社会自由，这种观点在逐渐蔓延。普通人也开始认识到，在现代社会，相对于贵族或封建君主，暴政更可能来自寡头政治，比如经济寡头下的工业巨头、金融家、银行和其他经济组织。然而人民反抗这些暴政的自然同盟却是国王。议会并不能提供足够保障，因为经济寡头可以收买议会，影响议会，或者议会有意或无意间也会与世界经济巨头结盟。除非君主和王室认为自己是为财阀而掌权，否则若没有这种反大众倾向，君主和王室也就没必要害怕。欧洲近代有几个例子可以说明，若统治者或掌权家族与资本企业联合，就会滋生危险。奥地利皇帝在臣民中享有声望，原因之一就是他完全不关心经济问题。没有人怀疑他掌握王权的企图是为了自己或家族。同他最伟大的前任一样，奥地利皇帝一向注意人民的需要，在扩大人民权利和促进人民福利的每一项工作中都发挥了重要的、有时是决定性的作用。尽管有时皇帝会变得玩世不恭，在解决民族和行省问题时或许还会麻木不仁，但这些都在宪法的限制之内。皇帝经常去奥地利和匈牙利视察，常站在人民的角度思考问题，有时甚至会为了人民的利益，削弱政党和王室的力量。因此，王权不仅是维持平衡的重要砝码，还是一种生生不息的力量。王权有意识地阻碍社会和政治权力的过度积累。就像奥地利问题本身一样，皇冠的功能必须用动力学来表达，而不是静力学。若能如此，帝国在长时间内就可能是不可战胜的。

第二重要的就是国家机构、军队、教会、警察和政府机构，它们构成了政体的骨架。在这些机构中，军队是最重要的。它的影响，在教学和政治上都富有教育意义。比如，从较不先进的民族招募新兵，这就像小学时，老师不仅教授“读、写、算”，还得教授卫生、自制和纪律。此外，“老师”还教授团结，忠诚于王朝。从精神层面上，这要比德意志帝国军队民主得多。德意志帝国的军官大多从贵族中选拔而来；而奥匈帝国则不一样，军官多从中下层、中产阶级中选拔而来。大多数情况下，奥匈帝国的军官都作风艰苦、认真工作，他们没有被奢侈的权利宠坏，而是靠着微薄的薪水，勉强维持生活。与德意志帝国军官相比，他们离普通士兵更近。奥匈帝国很少有官员对下属言行不当，也很少有官员只能和下属简单对话。奥匈帝国大部分军队的士兵都来自多个民族。因此，官员们必须能说许多种语言，才能在德语命令词之外，向不会德语的下属作出详细指示。由此可见，奥匈帝国军队的人际关系比德意志帝国更具人情味和人性化。虽然军队里时不时地可以感受到民族的差异，但总体来说，军队不仅是王室的最大资产，也是整个君主制的最大资产。

至于教会，情况则大不相同。教会拥有强大的力量，坐拥巨额财富，但鲜活的信仰却少之又少。作为公共机构，教会既不传道，也不净化人心。充分了解奥地利教会世界后，一名虔诚的外国修士很悲伤地说："整个维也纳都没有灵性。""现代主义"是一场宗教运动，影响了罗马教会在法国、意大利王国、德意志帝国和英国最优秀的人才。然而，奥匈帝国几乎没有受到影响。在当时的奥地利甚至还没有奏响"现代主义"的音符。一位牧师写过一本名为《最大的过错》的书，他在书中为教权主义辩护，但很快便销声匿迹，现在人们已经遗忘了这位独居的牧师。另一位匈牙利主教在其一系列著述和与牧师的书信中透露出教权主义的倾向，却遭遇责难，不得不放弃自己的立场。这些是奥匈教会唯一体现出更崇高抱负的迹象。除此之外，教会则充满了争权夺利与阴谋诡计，还贪图大额财政收入。人民谨遵教规，却对宗教没有感情，神职人员的工作就是控制他们。"教权主义"逐渐盛行起来。

教权主义是君主制的主要力量之一，它不仅是一种防御和保守力量，还是一种侵略性、甚至是革命性的力量。教权主义的本质是为了达到政治和经济目的，利用人们对宗教的忠诚，将人们通过合法途径建立的教会用作他途，这跟打着"自由主义"幌子的犹太金融和政治组织是一样的。教权主义对世俗有着超然的约束，它在民主制度的掩饰下，玩弄神权统治的梦想。教权主义鼓励对宗教形式夸夸其谈，保护狡黠虚伪；用不道德的手段来达到道德目的，迷惑人心；看似带领人民走向今生和来世的幸福，却腐蚀着人们的灵魂。每个宗教运动和组织都有两类人：狂热者和无意识者。狂热者带来力量和尊严。狂热者们相信其事业神圣不可侵犯，他们忠于上级领导，并执行上级的口号，为宗教运动增添势头和活力；无意识者组成教士军队，无论他们走到哪里，都要跟在旗帜后面，只有当失败或内部丑闻把他们从梦游中唤醒时，他们才会意识到自己的地位。自反宗教改革运动以来，教权主义在奥地利扮演了一个重要的角色，多数情况下，它是一个邪恶的角色。尽管帝国的不满削弱了耶稣会的权力，耶稣会依旧组织并领导了“黑人”营。有关哈布斯堡领地的耶稣会反宗教改革的历史构成了政治-宗教犯罪史上最可怕的篇章之一。犯罪似乎削弱了道德观念，削弱了哈布斯堡所有臣民的宗教潜力。在耶稣的名义下，耶稣会的信徒反复灌输“耶稣会的正当性”或者“善有善报，恶有恶报”。近年来，前耶稣会士和现有会士之间对于这种说法是否出自耶稣会教义争论颇多。若要在耶稣会实录和出版物中寻找这种声明，可能会无功而返。耶稣会士没有必要把他们的行为具体化成叛逆的箴言，因为他们的座右铭“天主荣耀”涵盖了所有要求。任何能显示出上帝的荣耀的行为，怎能跟“恶”搭边？原旨教义的模糊性和耶稣会理论上的不道德源于它与基督教教义的假设的不相容。基督教是绝对道德的，因为善就是善，善从神而来，神是善的源泉；恶就是恶，恶从谎言之父——魔鬼那里来。因此，基督教教徒的良知本能地分辨善与恶，并坚守善，远离恶。耶稣会士带着相对论来到了道德对立的世界，耶稣是上帝的特别监护人。实际情况下，只要耶稣会士能为上帝带来更大的荣耀，那他坚持的一切就都是好的。耶稣会的邪恶不在于善与恶的对立——作为一个哲学命题，这种对立的观点往往比东正教所持的观点更合理——而体现在它既受基督教管辖，又得到了天主教教宗的庇护。不管神学家们多么狡猾地掩盖耶稣会的立场和基督教教义之间的根本矛盾，这种矛盾也仍然存在，并不断对“弱势群体”造成伤害。

然而，把奥地利道德败坏的责任仅仅推到耶稣会和教权主义身上是不公平的。在上一代人中，反牧师的“自由主义”发挥了同样有害的作用。就像发生在奥地利的大多数事情一样，“自由主义”逐渐获得了一种与其表面意义截然不同的意义。它的口号“自由”“进步”“文化”“文明”，最初是民主狂热分子和改革者们的拉票口号，后来逐渐变成了一个贪婪的小集团宣扬自己党派的托词。为打击奥地利的进步精神，亚历山大·冯·巴赫以出色的能力协调警局、教堂、官僚机构和军队。在19世纪六七十年代后期，国内自然而然产生的反对力量开始扩大，这个政党奋力纠正着这个时代的糟糕错误，补救着反启蒙主义者的公然侵犯带来的损失。但在当时的奥地利，大多数情况下，“解放”和“自由”意味着聪明、当机立断、不屈不挠的犹太人的自由，在对抗或竞争过程中，犹太人甚至可以入侵一个国家的公共生活和政治生活。在犹太法典和犹太教义帮助下，犹太人利用法律和阴谋入侵加利西亚、匈牙利，并夺走眼前的一切。犹太人默默无闻，因此不受公众舆论的约束，不带有任何“国家利益”，于是就行事鲁莽，只想着满足自己对财富和权力的贪得无厌的欲望。犹太人侵略、腐化和控制新闻界，谴责反抗他们是“宗教所不能容忍的”，大声疾呼要保护人民不受其害，还是“反自由主义者”。渐渐地，“自由”的犹太人如愿以偿，身处坚不可摧的地位。在这种情况下，反犹风潮从金融界和正在蓄势的1873年危机中汲取力量。[①]尽管犹太人肆无忌惮的投机习惯和迅速增长的财富无疑酿成了足以引发危机的投机狂潮，但这场危机却不仅是犹太人的责任。对比之下，贵族阶级和中产阶级在这场不可避免的灾难中损失惨重，而犹太人却更灵活地摆脱了困境，几乎没有受到影响。怨恨和忌妒很快在一场反犹太人的抗议中得到发泄，这场抗议也让犹太人成为“群体罪恶的替罪羊”。犹太自由主义者的“媒体”迅速谴责这种非自然的反应是对“宗教的”不宽容；天主教会也领会了这一暗示，将“宗教”罪名列入了总起诉书。犹太人一直谨慎行事，如果不是天才的煽动家卡尔·卢埃格尔教授亲自领导反犹运动，并利用这场运动升任维也纳市长，反犹运动或许就会平息下来。虽然卡尔·卢埃格尔经常受犹太人的欺骗，但他并不憎恨犹太人。卡尔·卢埃格尔太了解犹太人了，所以无论他在政治

① 1873年5月9日，维也纳的债券在24小时内贬值几亿盾，对欧洲、美国影响巨大。1873年9月18日，持有北太平洋铁路的大量债券的泽依-库克金融公司宣告破产，一场影响深远的世界性经济危机全面爆发。——译者注

卡尔·卢埃格尔

演说中说得多么激烈，他都不会对犹太人不分青红皂白地怀恨在心。甚至，卡尔·卢埃格尔一生中一些最亲密的朋友都是犹太人。在卡尔·卢埃格尔死前不久，他还向其中一位犹太朋友公开表达了感激和钦佩之情。如果卡尔·卢埃格尔的政治生涯不是一开始就被维也纳“自由主义者”的鸠占鹊巢的态度所阻碍，卡尔·卢埃格尔或许可以拯救“自由”党，并延长其任期。即便如此，卡尔·卢埃格尔还是下决心寻找机会，领导“基督教社会反犹太势力”冲击犹太人和资本自由主义的强大阵地。卡尔·卢埃格尔拥有伟大的政治才能，为人正直，能把维也纳人的思想“用维也纳话表达出来”。卡尔·卢埃格尔从犹太自由进步主义者中解放出来，利用家乡优势，在帝国中也赢得了奥地利政治家少有的威望。卡尔·卢埃格尔经常无情地煽动犹太人，猛烈谴责他们的恶行，利用压力迫使犹太人仔细观察自身。从长远来看，因为犹太人以前从来不会这样，因此这反而是对犹太人的一种矫正服务。事实上，较优秀的犹太人很快就能认识到，卡尔·卢埃格尔的压力和谴责对他们来说是因祸得福，因为卡尔·卢埃格尔指出了他们的一个显著缺点——贪得无厌。与此同时，卡尔·卢埃格尔的煽动也带来许多缺点。“奥地利”意识被唤醒，并通过舆论揭示出来，几十年的假自由主义的影响已经减弱。卡尔·卢埃格尔的行动给奥地利带来了巨大进步，但匈牙利和奥地利仍倾向于将政治争议降到最低，以提高地方利益为根本原则。政党的利益在社会和选举正义之上，这以一种特别危险的形式促进了激进教权主义的复兴，“基督教社会”替换了“自由主义”的腐败和犹太暴政(尽管是无意中)，将同样残暴和腐败的利益和职位联系在了一起。总而言之，使用不洁的手段来达到不洁的目的，后果就如同与卡尔·卢埃格尔决斗，后患无穷。

然而，卡尔·卢埃格尔的重要性必须以他在奥地利政治，尤其是奥地利的德意志政治中所带来的变化来衡量。卡尔·卢埃格尔消除了“脱离罗马教”运动①及其对哈布斯堡帝国的潜在威胁；卡尔·卢埃格尔带给奥地利官僚机构的冲击是自约瑟夫二世以来从未有过的。在奥地利，官僚主义是国家的主体。在英语中，表达“公务员”的词和“官僚主义”不是同义词。尽管存在“官职”和“官僚文件”，但英国的公务员还不算是服务，而只是一种“管辖制度”。在奥地利，官僚意识是存在的，且根深蒂固。“公务员制度”的概念向英国人传达了这样一种观

① “脱离罗马教”运动是泛德意志主义政治家格奥尔格·里特尔·冯·舍内尔在奥地利创立的宗教运动。自1900年开始，旨在将奥地利所有罗马天主教转变为新教路德宗。——译者注

约瑟夫二世

念，即政府既为国家服务，也为公众服务。与此相反，在理论上，奥地利的官僚机构承认自己是君权意志的执行工具；而在实践中，奥地利的官僚机构则承认自己肩负着治理百姓的使命。盎格鲁-撒克逊人对这种观点仍然有很大分歧，他们认为政府是公众为实现某一目的将某些行政和纪律职能委于他人而设立的机构；而罗马人的传统则认为政府本身是好的，在性质和属性上优于被统治者。国家的存在是为了服务于公众，这一点与官僚主义相反，因为官僚主义的原则是：社区是为国家而存在的，并从国家获得福利。官僚机构的成员，他们的等级制度从文员到王位都经过了细致的分级，形成了特权阶级。特权阶级的维护费用占公共收入的很大一部分。的确，在奥地利，约瑟夫二世启发的传统由来已久。官僚阶级的特权地位意味着有义务履行某些职责，并通过促进大众福利、制止滥用权力、忠实地管理国家资源来证明其阶级的优越性。官僚阶级除了良好的责任意识之外，没有其他要求。约瑟夫传统①尽管有着德意志化和集权化的倾向，却产生了奥地利政府中最好的东西：在官僚主义中注入了某种理想主义，并极力主张国家的工作人员即使在法律上不是整个社会的受托人，也是事实上的受托人。这种相对自由的传统经受住了克莱门斯·文策尔·冯·梅特涅和亚历山大·冯·巴赫的“体制”、协定和19世纪60年代初的各种宪法实验的考验，一直延续到19世纪末。在卡尔·卢埃格尔的领导下，基督教社会运动兴起，这在某种意义上标志着约瑟夫传统的终结以及城市社会主义半牧师化倾向的开始。这种变化加剧了奥地利的官僚主义问题，在一定程度上也改变了奥地利官僚主义的棘手之处。伟大的社会和政治运动通常起源于公众意识，很少是由任何一个人或环境“创造”出来的。思想在许多头脑中同时萌发，常常是无意识地萌发；但思想只有在知识肥沃或头脑开阔到足以使其发展的地方才会成熟。最顶级的艺术家、诗人，杰出的作家，受欢迎的领袖，伟大的政治家，很少“创造”出真正的新事物。他们赋予事物新的形式，与今天或明天的口味、需要或本能相适应，与已经在等待塑造的物质相适应。太大的新创意往往是徒劳的，因为既不满足需求，也找不到合适的人来做宣传工作。如果以最高的“创造性”标准来衡量，卡尔·卢埃格尔并不是一个伟人；但如果以奥地利和维也纳的标准来衡量，他比任何一个同时代的人都更能衡量社会问题。卡尔·卢埃格尔能阻挡原始资本主义的浪潮，鼓励人们相信银行家和信托巨头可以脱离教权主义的统治。实际上，卡尔·卢埃格尔的这部分政策主要是由其本能所吸引的官僚机构实施的。这也为官僚机构提供了一个在公共生活的更

① 约瑟夫传统指约瑟夫二世采取贵族的特权，撤销等级学校，废除死刑和刑讯等有利于公众的传统。——译者注

广泛领域建立和管理其权威的机会。然而，每一个官僚制度的祸根都是：一旦设立了组织部门，它就会发展自己的意识，成为一种手段，其利益、野心和自我保护的本能与设立目的将完全不同。同样，另一方面，卡尔·卢埃格尔实施自治和国有化的公共服务，保护公众免遭资本主义剥削。但在一些情况下，创造新的部门去做之前由私人公司或个人所做的工作，其成本要比官僚成本更高。当然，这一缺点是所有公司化和国有化机构所固有的，是不可避免的，除非公共服务明显地代表一种更小的罪恶或避免一种较大的风险时，它才变得可以被大众所容忍。以国有化为目的来采取行动不仅代价高昂、效率低下，还会造成政治上的危险，因为它造成了一群健全的人依赖于公共财政，而这些人对社会的服务贡献很少能与他们所拥有的权力和享有的特权相匹配。此外，这些人倾向于成为自愿或非自愿的选举委托人。因此，其影响最终可能扰乱代表机构的工作。实际上，卡尔·卢埃格尔和他的副手们故意利用市政化来加强他们的选民基础，他们很少为理论和未来的影响操心。选民能看到自己可以得到的好处、可以减少的虐待、可以规避的危险，于是就走了一条最短的路去达成他们的目的。由于犹太人代表着伪装成“自由主义”的资本个人主义，卡尔·卢埃格尔就对他们进行了抨击。但卡尔·卢埃格尔在社会民主运动中遇到了对手，因为在犹太人的领导下，社会民主运动的力量积聚速度与“自由主义”失去力量的速度一样快。“红色”社会主义者迫使卡尔·卢埃格尔领导的“黑色”社会主义者采取守势。卡尔·卢埃格尔，这个和蔼可亲却不受人尊敬的煽动者，逐渐成为法律和秩序的捍卫者及教会的宠儿、王座的支柱，更是国家内积极保守的象征。然而，在给现代奥地利留下不可磨灭的印记后，卡尔·卢埃格尔就死去了。卡尔·卢埃格尔没有留下继任者，自那以后，同事们也一直在贬低他的工作。维也纳人多疑、情感不稳定、智力懒惰、既礼貌又自负。卡尔·卢埃格尔认为，即使这样的维也纳人也知道如何对待一个真正的领袖，而非维也纳的奥地利人。即使这样，面对真正伟大的领袖，维也纳人会作出回应，而非维也纳的奥地利人，他们比维也纳人更刚健，只要有信念，奥地利人便会为了国家，团结奋起。当一个新的卡尔·卢埃格尔出现时，他可能既不是反犹太主义者，也不是牧师，甚至不是“基督教社会”中的一员。但这位“新的卡尔·卢埃格尔”可能需要把精力放在把人民从政治专制中解放出来上面，因为卡尔·卢埃格尔就是在努力保护人民不受猖獗和不成熟的资本主义的控制。尽管奥地利有种种缺点、弱点，带有“亚洲”特征，但它却是一个活生生的、不断发展的、有凝聚力的国家，而不是一个腐朽的国家。卡尔·卢埃格尔的传统还需要很长一段时间才会消亡；人民的利益大体仍与王朝的利益一致；奥地利的德意志人虽然处于领先地位，但这并不是国家要维护的唯一对象，因为他们的首要职责是维护国家，其次才是维护民族；只要斯拉夫人和犹太人忠于君权和祖国，他们就有权得到平等的对待，但任何玩弄跨边境关系的人，都不配享有“奥地利人”与生俱来的权利。卡尔·卢埃格尔最能代表奥地利“灵魂”中最强大的东西，一个身体健全、灵魂不足的国家，仍然在寻找表达和成长的机会。在这个机会到来之前，奥地利的身体可能会经历多次抽搐，甚至经历形态的变化。然而，变化和痉挛不应预示着死亡的来临，而是预示着进入一种新的、更强大的生活。

第1章

第1节　君主与君主制

长期以来，人们过于关注奥匈帝国在某一方面的问题及问题的复杂性，结果忽视了哈布斯堡帝国作为君主制国家的本质特征。大多数现代作家认为，奥地利是一个多元化的国家，也是欧洲首个出现帝国联盟的地方。曾有观点认为，弗朗茨·约瑟夫一世驾崩可能会导致国家分崩离析。在意识到弗朗茨·约瑟夫一世的重要性之后，奥匈帝国的人民开始反思并向皇帝表达敬意。只不过这种耐人寻味的敬意并非向“皇帝”这一国家最高权力象征致敬，而是向统治奥匈帝国六十余年的弗朗茨·约瑟夫一世本人致敬。人们没有充分认识到占有者与统治阶级，个人统治和君主制在地位、权力、功能上的差别，并因此导致了思想上的混乱，致使人们对所有与奥地利帝国有关的事物望而却步。

造成混乱的另一个原因与哈布斯堡帝国权力观念的错误传播有关。奥地利是一个由宪法和议会构成的帝国，匈牙利是一个以拥有“千年宪法”而自豪的王国。而奥匈帝国的皇帝——弗朗茨·约瑟夫一世，是保持奥匈帝国平衡的必要元素。特殊的地位使弗朗茨·约瑟夫一世成为这个风雨飘摇的帝国的顶梁柱，是奥匈帝国不可或缺、独一无二的存在。

哈布斯堡帝国的历史也充分证明了这一点。大多数臣民也都承认了弗朗茨·约瑟夫一世的特殊地位。相比之下，王权的被动功能就不那么明显。君权作为一种主动的、具有控制性甚至侵略性的力量，作用通常比国土内的任何势力都要强大。如果用比喻的方法来形容王权的被动功能，那么王权就好比陀螺仪，能自觉地抵御与王朝利益相背的因素造成的影响，使结果倾向于哈布斯堡帝国的发展和人民的利益。即使有那么一瞬间王权受到过于猛烈的冲击或者干扰，并无法立即消化产生的负面影响，最终王权也会悄无声息地纠正偏差，恢复运转，完成使命。

或许有人会反驳这种观点，但哈布斯堡帝国的历史不仅证明了皇帝的潜在重要性，还直观地展示了因皇帝本人的决策及个人不利因素对国家造成的影响。众所周知，弗朗茨·约瑟夫一世思维敏捷、阅历丰富，也是一位励精图治的伟大帝王。弗朗茨·约瑟夫一世本身就是统治帝国和制衡欧洲政治局势的关键。由此，我们不难看出弗朗茨·约瑟夫一世的重要性。尽管弗朗茨·约瑟夫一世的个人形象和政治特征与人们的认知有所出入，但不可否认的是，弗朗茨·约瑟夫一世的假定继承人确实资质平平。且就目前来看，皇室内很难有可与弗朗茨·约瑟夫一世相媲美的人出现。在这位哈布斯堡帝国的新主人承担起王冠的重量并担负起帝国重担前，人们无法对皇帝进行公正的评判。有必要坚持的一点是，在奥匈帝国，人们对未来的唯一疑虑不是假定继承人是否可以顺利继承帝国的财产，而是在即位后，新皇是否会利用其巨大的权力来推行一些匪夷所思的政策。人们之所以存在这样的忧虑，不是因为害怕弗朗茨·约瑟夫一世的驾崩会导致帝国的灭亡或解体，而是担心新皇为实现帝国的使命，在调整现行政策时出了岔子，使人们的生活雪上加霜。

人们很难摆脱当下现象和观念造成的影响。在奥匈帝国，一些有着1848年革命记忆的八旬老人依然记得弗朗茨·约瑟夫一世刚即位后国家在政体转换的过程中产生的一系列错误和不幸，却已经淡忘在弗朗

奥匈帝国的双头鹰盾形徽章

茨·约瑟夫一世统治的前半期，皇帝的个人形象和政治性格曾名扬国内外。奥匈帝国于1878年入侵波斯尼亚，打破了长达四十六年的和平。在过去的几十年里，这场战争散发出一种怀旧的魅力，让那些习惯于在变化万千的形势中找寻不变的参照物的敏锐政客一败涂地。然而不可否认的是，弗朗茨·约瑟夫一世在1848年到1867年所进行的实验和犯下的错误，比二元制的建立和发展更能说明哈布斯堡帝国和王权的本质。只有那些将二元制视作帝国的最终形式，并坚信王权的影响力从属于遵守二元论原则的人，才能忽视二元制度本身所带来的变化。或者说二元制的支持者们正是出于对王朝利益的考虑，担心王权受到胁迫，才促使《1867年奥地利-匈牙利折中方案》[①]成形，以另一种形式重新塑造国家

① 《1867年奥地利-匈牙利折中方案》是1867年奥地利皇帝弗朗茨·约瑟夫一世与匈牙利达成的方案，并建立了以奥地利和匈牙利为主体的二元君主制帝国，即奥匈帝国。——译者注

宪法框架。如果弗朗茨·约瑟夫一世再年轻一点，可能会被迫退位，但这并不能反映出弗朗茨·约瑟夫一世对宪法的忠诚；或者弗朗茨·约瑟夫一世的继承人改变了条件或决策，从而违背了弗朗茨·约瑟夫一世的初衷。如此一来，弗朗茨·约瑟夫一世的继承人是否明智，也是一个需要考虑问题。哈布斯堡帝国的每一位统治者都以自己的方式诠释"君权神授"的概念。在哈布斯堡帝国，或许如其简单粗暴的宪法标题所示，"在帝国议会所代表的王国与领地"上，人民主权的概念从未得到认可。1867年12月21日出台的《十二月法令》规定："皇帝有义务通过国家的某些机构行使行政权。"皇帝处理帝国事务的宪法效力，需要获得帝国议会的许可；省事务则需要获得地方议会的许可。但奥地利皇帝仍然是一个拥有神圣权力的皇帝，而且远非像意大利国王那样，"托上帝鸿福和国家的意志"登上帝位。奥地利人民几乎是封建意义上的国家臣民。尽管马扎尔民族与匈牙利王国有着特殊的关系，但弗朗茨·约瑟夫一世拥有的宪法权力远比目前一些马扎尔政治文献指出的要大。在宪法意义上，马扎尔人是由宪法明确承认其政治权利的公民组成的。马扎尔演说者大谈普选制的危险时，最喜欢说的一句话就是"宪法的堡垒只向拥有匈牙利情怀的公民开放"。自16世纪初以来，这种观念并没有太大的改变。匈牙利著名法学家韦尔伯齐·伊斯特万在《三一法典》[①]中，将人民定义为高级教士、男爵和其他权贵——贵族，而不是平民。虽然许多匈牙利平民自1848年起就获得了选举权，但匈牙利的民族仍然是一个与皇帝有着特殊关系的亲密团体。在每一次加冕典礼上，马扎尔人都会与皇帝进行新的交易。马扎尔人对哈布斯堡帝国未来统治的担忧，并非源于弗朗茨·约瑟夫一世执政后期曾尝试以中央集权制代替二元制，而主要源于哈布斯堡帝国下任皇帝的统治。马扎尔人唯恐新皇从约瑟夫二

① 《三一法典》，1514年由韦尔伯齐·伊斯特万编著的匈牙利习惯法手册，于1517年首次在维也纳出版，虽从未获得官方批准，但具有很高的影响力。——译者注

马扎尔人

世的统治中得到灵感，以减少马扎尔民族的人数为己任，降低马扎尔民族的存在感，使马扎尔民族变为匈牙利王国中的少数民族。这在哈布斯堡帝国的历史上绝不是没有先例的，而且，如果做得巧妙而有力，也绝不会失败。

一位现代奥地利作家[①]将哈布斯堡帝国的皇帝们定义为“天生的艺术家”：“……皇帝缺乏现实感，为自己创造了一个独特的世界，每个人都有自己的气质或使命。”土地、民族和臣民都是皇帝的财富。在这方面，斐迪南二世和约瑟夫二世是最典型的。斐迪南二世在耶稣的指引

斐迪南二世

① 赫尔曼·巴尔：《维也纳》，第19页到第30页。——原注

下，从圣母马利亚身上获取灵感，在三十年的时间里，斐迪南二世创造了将奥地利从一个新教国家转变为一个天主教国家的可怕奇迹。斐迪南二世决意要救自己的子民于水火之中，并兑现了自己立下的誓言：宁化国为废土，不使其沦为异教徒之地。当时的奥地利保守主义政策盛行，社会发展停滞不前。在如此的社会环境下，斐迪南二世艰难地以一种高压、强硬、残忍的手段贯彻自己的政策，并为自己赢得令人自豪的“天主教忠实的捍卫者”头衔。斐迪南二世的政策使奥地利成为一个在物质上和道义上都极其贫乏的国家，某些领域甚至不会再开花结果，但斐迪南二世还是坚持将奥地利变成了天主教国家。约瑟夫二世从理性女神那里得到灵感，尝试按照严格的逻辑和理性的计划来改造国家和人民。奥地

赫尔曼·巴尔

利作家赫尔曼·巴尔在对哈布斯堡精神的精彩历史分析中写道："约瑟夫二世的子民将成为皇帝心中的自由公民。""约瑟夫二世的法令和思想决定了这个国家的命运。"约瑟夫二世不在意国家或国家意志能否承受自己的政策；也不明白孩子不能突然否认自己的父亲、今天不能完全否认昨天、人不能因为命令而存在的道理。约瑟夫二世在给首相利奥波德·冯·科洛瓦特-克拉考斯基的信中写道："爱卿，一切都结束了！"约瑟夫二世面临的一切戛然而止。新世界已经来临。大笔一挥，约瑟夫二世将通过联姻获得的领土变成了一个现代化的国家。约瑟夫二世认为人生是可以重来的，因而十分钟爱"废除"和"改造"两词，并曾多次使用。约瑟夫二世的转变不是来自人和事物的内在需要，而是来自原则、来自理性。"我的地盘我做主。""自我戴上世界上第一顶王冠那一刻起，我决定让哲学成为帝国的立法者。按照哲学逻辑，赋予奥地利另一种形式。"这些话的背后隐藏着哈布斯堡帝国所有政策。奥地利因某种逻辑的存在而与众不同；哈布斯堡王室从未想过让国家按照天性自由成长；思想决定一切，尤其是统治者的思想。①

然而，作家赫尔曼·巴尔对约瑟夫二世许多政策的内在合理性理解得有失公允，并且忽略了这样一个事实——如果不是因为约瑟夫二世英年早逝，可能约瑟夫二世已经纠正了自己制定的粗暴政策，而不是在垂死的绝望中撤回大多数法令。事实上，现代匈牙利作家，如历史教授亨利克·马尔卡里，对约瑟夫二世（马扎尔人通常称约瑟夫二世为"戴脏帽子的人"，即未冠冕之王）的改革政策持反对态度，但约瑟夫二世的驾崩和失败确实是匈牙利的不幸。对约瑟夫二世的思想最好的研究莫过于研究关于奥地利皇帝的政体谅解备忘录，也就是1765年——约瑟夫二

① 赫尔曼·巴尔：《维也纳》，第26页到第28页。——原注

玛丽亚·特蕾莎女王

世继承奥地利王位的十五年前，给玛丽亚·特蕾莎女王[①]写的一封信。[②]在奥地利的众多皇帝中，约瑟夫二世与前几任皇帝差不多，对子民的责任感也不亚于后世的弗朗茨·约瑟夫一世。关于皇帝的职责和乐趣，约瑟夫二世曾用典雅的法语写道："皇帝是不可侵犯的最高存在，是人民的光芒和幸福，人民的幸福离不开君主的支持。"另外，约瑟夫二世就关于允许某种自由运动和行为（尤其针对异乡人）的必要性说道："我认为，在任何所谓的'琐事'或'自我感觉良好的东西'中，都必须给

① 玛丽亚·特蕾莎女王（Queen Maria Theresa，1717—1780），约瑟夫二世之母，哈布斯堡君主国历史上唯一女性统治者。——译者注

② 阿尼特：《玛丽亚·特蕾莎与约瑟夫二世》第三版，第335页到第361页。——原注

予人们充分的自由，尤其是要求在所有与该行为有关的事务中。难道要对主权者的一切决定都一味附和吗？”如果约瑟夫二世仍然在世，奥地利帝国会在约瑟夫二世的统治下成为当时行政管理体制最先进、意识形态最统一的国家。尽管约瑟夫二世的统治注定是一场悲剧，但这场失败的统治却体现了哈布斯堡帝国的驱动力。弗朗茨·约瑟夫一世的统治也充分证明了这一点。哈布斯堡帝国的统治者凭借其权力和地位，拥有了无穷无尽的影响力和无懈可击的威望。尽管统治中存在错误和不幸，但仍能使别国的继任者或政治家黯然失色。在政治福利的主要保障来源于民主权力的时代背景下，奥地利王室保留的君权似乎是不合时宜的。但如果要理解奥地利，那么必须先将当前的政治观念搁置一旁，不带任何偏见地直接根据是非曲直来判断奥地利的特殊情况。奥地利历史学家弗朗茨·克朗斯在自己的著作《奥地利史》的结论中写道：“奥地利就是奥地利，是通过王朝与利益力量结合形成的各种元素平衡点。”“奥地利”就是整个王朝。政治分歧和不平等是这种中立的积极形式，哈布斯堡人民之间的自然分裂加速了政治分歧的产生，而分歧本身往往会削弱反对王室的势力。如果一个民族占据统治地位，只要该民族有利于王室的利益，皇帝就会默许这种力量的存在；但如果这种统治力量的存在是一种威胁，皇帝将会毫不迟疑地铲除这股力量。从在政治上始终追求人民对帝国的绝对服从上来说，哈布斯堡帝国的政治绝对是机会主义精神的代表。无论是政治家、政党还是民族，都屈服于王室的影响力之下。因此，各界对哈布斯堡王室“忘恩负义”的评价从未销声匿迹过。本来按正常的标准来说，这也算是赢得了一个较好的名声，可哈布斯堡帝国的统治者们认为这些评价有失偏颇。凭什么自己要感恩？帝国的政治家、官员都仅仅是皇帝的仆人而已，其职责就是服从和执行命令，提供建议，并在使命完成后离开帝国。难道允许皇帝的仆人共同参加实现王朝伟大目标的大业中还不够吗？弗朗茨·约瑟夫一世曾说道：“政客们称自己为奥地利的爱国者，但他们是我的爱国者吗？”为弗朗茨·约瑟夫一世服务的大臣和政客中，只有少部分人在卸任后觉得自己不是政治游戏中的棋子。政客可以猜测规则，但无法控制形势。任职期间，大臣和政客把头衔和勋章挂在身上；在官员被解雇或卸任时，皇帝会授予官员们崇高的荣耀。但卸任后，除非皇帝示意前任官员暂时重回岗位，沐浴在为皇帝服务的阳光之下，否则他们便会隐匿于人海中，从此杳无音信，甚至有些人干脆如大变活人般凭空消失了。聪明人会看准时机，算准每一次对皇帝奉承献媚的价值，确保自己不被解雇，或者卸任后的地位不会过分低于以往。就像1895年到1906年的帝国皇室兼外交大臣阿格诺尔·戈武霍夫斯基伯爵的事迹一般。1860年，阿格诺尔·戈武霍夫

阿格诺尔·戈武霍夫斯基伯爵

阿格诺尔・罗穆亚尔德・戈武霍夫斯基

斯基伯爵在父亲阿格诺尔・罗穆亚尔德・戈武霍夫斯基的桌上发现了待签名的辞呈。也许是受到父亲的启发，阿格诺尔・戈武霍夫斯基伯爵主动辞去了自己的职务，表现得既优雅又体面。而其他人不管表现得有多谨慎，皇帝解雇大臣的现象愈演愈烈。如奥地利首相费利克斯・巴德尼伯爵和外交大臣恩斯特・冯・克贝尔在自认为十分安全情况下突然乌纱帽就没了；又如匈牙利首相班菲・德索男爵和他的继任者塞尔・卡尔曼，当二人都在幻想着自己有长久的职权时，却不知从哪里突然冒出来个继任者；再如克罗地亚总督一样，大臣们在为王室服务的过程中掩盖了自己的耻辱行为；不，甚至连久洛・安德拉希伯爵也不例外。虽然弗朗茨・约瑟夫一世在与政治顾问的记录中曾多次提及久洛・安德拉希伯爵，但从未将久洛・安德拉希伯爵召回宫（路德维希・冯・贝内德克将军这种英雄的悲惨命运属于特例）。敢于违背皇帝意志的人或进行抗议的人，哪怕是无声的抗议，他们的待遇也好不到哪去。弗里德里希·斐迪南·冯·博伊斯特伯爵是所有奥地利首相中，唯一一个以自己战胜卡尔·冯·霍恩瓦特伯爵的代价为耻的人，卡尔·冯·霍恩瓦特伯爵曾筹备了皇帝加冕波希米亚国王的典礼。一位才华横溢、历练老成的奥地利贵族辞去了首相职位，弗里德里希·斐迪南·冯·博伊斯特伯爵发现，弗朗茨·约瑟夫一世在自己不知情的情况下，把自己授权向议会发表的声明秘密作废，一个无形但不可逾越的障碍，阻碍了弗里德里希·斐迪南·冯·博伊斯特伯爵前往一个遥远领土赴任州长或更高职位的升迁之路。在哈布斯堡帝国，“皇帝的仆人”必须随时准备将爱国主义和政治尊严的观念置于君权意志所代表的爱国主义的需求之下，必须是“皇帝的爱国者”。

从这一点上来说，哈布斯堡帝国内的各民族也是一样。从1867年起，奥地利境内的德意志人成了支撑二元制政体的顶梁柱。但自1878年至1879年，德意志人拒绝了协助占领波斯尼亚和黑塞哥维那及皇帝的扩军要求后，这个民族在大选中惨遭冷落并被打入冷宫。此后，德意志人在帝国贫瘠的荒野中游荡了三十年。德意志人发现奥地利皇帝扶持了用以代替自己的斯拉夫对手的影响后，最终于1906年向皇帝妥协，无奈地接受了使德意志人永远处于议会弱势地位的《普选法案》[①]。德意志人曾一度反对《普选法案》，嚷嚷着并威胁说要阻挠法案通过。最后弗朗茨·约瑟夫一世直接召见德意志人的领袖，并告知法案必须通过。反抗无疾而终，法案最终顺利通过。1908年帝国吞并波斯尼亚和黑塞哥维那给了德意志人改正过错的机会。德意志人毫不犹豫地支持吞并，并承担了吞并所带来的开支。帝国给予德意志人的奖励是移出冷宫。同样，虽

① 《普选法案》，由马克斯·弗拉迪米尔·冯·贝克男爵起草，其中规定男子有普选权，帝国议会实行各民族比例代表制。——译者注

费利克斯·巴德尼伯爵

恩斯特·冯·克贝尔

班菲·德索男爵

塞尔·卡尔曼

然捷克人和其他一些奥地利斯拉夫人最初反对吞并，但最终都因担心会步德意志人的后尘而放弃抵抗。尽管如此，斯拉夫人也没能完全避开帝国的打击。

王室的权力也不仅限作用于奥地利。1905年1月26日，在匈牙利大选中获得多数席位的团体和政党联盟曾公然反抗弗朗茨·约瑟夫一世，表示除非弗朗茨·约瑟夫一世同意削减其宪法军事特权，否则将集体拒绝就职。在经过十五个月的抵抗后，抗议者们最终向现实低头并妥协。强硬的对抗手段是在昭示王权将打破马扎尔寡头的特权。如果有必要，弗朗茨·约瑟夫一世不介意通过政变，用普选来取代狭隘而曲折的匈牙利选举权。但是解决抵抗的关键是1905年9月23日，弗朗茨·约瑟夫一世召集了顽固的联盟领导人参加皇家听证会。在这场持续了五分钟的听证会中，愤怒且专横的弗朗茨·约瑟夫一世将马扎尔人领袖当作小学生对待，尽管马扎尔人领袖当场提出了抗议，但这种对待还是让参会的代表们相信，如果继续挑战皇帝的权威，一场争斗在所难免，并会使匈牙利的宪法和福利受到不可挽回的伤害。1906年2月19日，弗朗茨·约瑟夫一世强制解散议会后，马扎尔人屈服了。但马扎尔人的行为突显了一个重要的事实——在匈牙利，王室不仅仅是批准议会决定的工具，而且是一个与国家同级的立法和管理机构。1905年到1906年的冲突是自《1867年奥地利-匈牙利折中方案》生效以来，帝国和马扎尔人之间第一次对权力产生的严肃较量，此外，还一针见血地挑出了二元制本身的持久性问题。

二元制的重要性不在于《1867年奥地利-匈牙利折中方案》的细节，而在于二元制产生的环境。二元论原则，即指在哈布斯堡帝国的联合统治者的统治下，匈牙利的王权土地与奥地利世袭土地的联合，二元制的历史跟1722年到1723年的匈牙利实用主义制裁一样古老。但是，《1867年奥地利-匈牙利折中方案》的特殊意义只能从之前的事件以及

弗朗茨二世

对王朝和君主制所造成的影响来理解。二元论原则标志着弗朗茨·约瑟夫·卡尔——弗朗茨二世开始变革进程的一个重要阶段。弗朗茨二世预见了神圣罗马帝国的灭亡，因急于为自己和继承人保住皇位，弗朗茨二世于1804年加冕为奥地利皇帝。弗朗茨二世的头衔是“奥地利王室所有土地的皇帝”，而不仅仅是指奥地利本身。这意味着要在哈布斯堡帝国制定一项具体的“奥地利”政策。在此之前，哈布斯堡帝国的注意力主要集中在维护神圣罗马帝国的尊严上。几个世纪以来，哈布斯堡帝国为

斐迪南一世

了实现神圣罗马帝国的梦想，牺牲了奥地利的力量。从斐迪南一世到卡尔·弗朗茨·约瑟夫·依格纳茨——查理六世，帝国的目标是行使普遍的控制权。虽然玛丽亚·特蕾莎、约瑟夫二世以及彼得·利奥波德·约瑟夫——利奥波德二世都意识到这是个荒谬的空想，但仍在为占领德意志，获得奥地利帝国独一无二的霸权而奋斗。直到1866年萨多瓦战败[①]，实际上也是直到1871年1月18日德意志第二帝国在凡尔赛建立，哈布斯堡帝国才彻底放弃了攻占整个德意志的野心，毅然地将目光投回自己的领土。尽管奥匈二元制帝国构想于1866年并实施于1867年，但作为一个独立的国家，德意志人在法国的胜利才体现出奥匈帝国是真实存在的。德意志人对统治权的争夺必定与奥地利处于对立面。1871年11月8日，将奥托·爱德华·利奥波德·冯·俾斯麦视为死对头的撒克逊政治家——弗里德里希·斐迪南·冯·博伊斯特伯爵下野。由于弗里德里希·斐迪南·冯·博伊斯特伯爵对政治一无所知，结果错误判断国内局势，在1866年到1867年期间代表奥地利与匈牙利谈判达成《1867奥地利-匈牙利折中解决方案》，以此为报复普鲁士王国拉开序幕，这同时也象征着旧哈布斯堡帝国政治时代的终结。在此之前，哈布斯堡的统治者们一直放眼海外；对他们来说，奥地利只不过是帝国势力所辐射的世袭据点。如果自己把目光投向奥地利，也只是为了与德意志的斗争开发或积累资源。因此，在很大程度上，波希米亚和马扎尔民族反对与奥地利结盟。因为一旦结成了联盟，奥地利帝国几乎等于将整个德意志纳入囊中，“查理曼皇冠的权力”[②]将被哈布斯堡帝国统治者玩弄于股掌之间。如果哈布斯堡帝国将野心放在建立一个统一的奥地利国家上的话，这个目标必定会实现——以哈布斯堡帝国的实力，帝国本可以建立起一个由匈牙利、波希米亚和“世袭领土”构成的帝国，完成一项看似微小但十分重要的任务；但面对吞并德意志这一使命则仍显得力不从心。只是哈布斯堡帝国的统治者太晚才认识到帝国使命的真正意义。当统治者尝试着手去处理的时候，才发现也许早在《1867年奥地利-匈牙利折中方案》签订

① 萨多瓦战役爆发于1866年7月3日，是普奥战争中的重要战役。此战普军大获全胜，成为普奥战争普鲁士开始占上风的重要转折点。——译者注

② 此处象征德意志地区的最高权力。——译者注

萨多瓦战场

萨多瓦战役

时，成功扭转局势的机会就已一去不返了，而《1867年奥地利-匈牙利折中方案》却又是当时哈布斯堡帝国改写自己命运的最后希望。

将《1867年奥地利-匈牙利折中解决方案》视为奥地利帝国在国外势力的压力下由自身原因而迅速采取的解决方案，而不是奥匈两国对内部问题进行过深入探讨、理性分析后达成的协议，这才是理解奥匈帝国二元制的关键。1848年12月2日弗朗茨·约瑟夫一世即位时，发现了匈牙利王国在1722年到1723年根据实用主义创建的二元论的基本原理。根据该理论，在王朝的所有土地上，无论男女只能有一个继承人。由于1848年4月11日奥地利帝国昏庸无能的前任皇帝斐迪南一世批准了《四月法令》①，使在位的帝国元首对奥地利和匈牙利实行了密不可分的统治。这部由匈牙利外交部制定的法令实际上是一项分离主义法令。同时，《四月法令》还隐晦地提出了“维护君权和联合帝国统一”的要求，规定“为了对与祖国(匈牙利)有关的一切事务施加影响以及与世袭封地（奥地利）的联合”，大臣必须服从于皇帝陛下。《四月法令》实际上只限制了匈牙利的独立，因为它没有在匈牙利的国务部门中列出一个外交部。由斐迪南一世于1848年4月11日批准的这项法律和其他匈牙利分离主义的法令，在两周后（1848年4月25日），也就是在《奥地利帝国宪法》颁布之后得到了加强。《奥地利帝国宪法》除序言部分提到属于君主制几百年的联合统治王国外，没有其他任何规定来维持奥地利与匈牙利的联盟。虽然后来《奥地利帝国宪法》撤销了对匈牙利法令的制裁，但1849年3月4日颁布的《三月宪法》又取代了1848年4月25日的《奥地利帝国宪法》。斐迪南一世的软弱无疑为匈牙利人的独立政策提供了法律基础。

可见，弗朗茨·约瑟夫一世在即位时，奥地利帝国的政治局势有多动荡。尽管1849年4月14日匈牙利国会废黜弗朗茨·约瑟夫一世后，

① 《四月法令》，1848年，匈牙利国会对奥地利帝国提出一系列独立要求。奥地利皇帝斐迪南一世软弱无能，被迫于4月11日在首席宫签署同意书，是为《四月法令》。——译者注

奥地利帝国和俄罗斯帝国出兵再次武力征服匈牙利，使《四月法令》变成一堆废纸；但一部分匈牙利人，或称“一八四八年独立党”，仍一直援引1848年的《四月法令》作为匈牙利宪法的组成部分。再如弗里德里希·特茨纳教授这样的奥地利当局认为，弗朗茨·约瑟夫一世及其谋士犯下的错误是毁灭性的。根据1851年8月26日的《内阁命令》和《国事诏书》，弗朗茨·约瑟夫一世相信马扎尔人可能会因受到诱导或被迫接受1849年的《三月宪法》。可事实上，《三月宪法》因受到极端保守派的影响而遭到破坏，施瓦岑贝格亲王菲利克斯等极端保守派人物认为，君主专制是“君主制的自然宪法”，对此马扎尔人别无选择。拥有卓越才能但缺乏政治远见的亚历山大·冯·巴赫创造了“巴赫专制”，在压迫

施瓦岑贝格亲王菲利克斯

性的制度下，马扎尔人除了消极抵抗外别无他法。直到1859年马真塔战役[①]和索尔费里诺战役[②]失利前，奥地利帝国都在尽心尽力地维护着巴赫专制。马真塔战役和索尔费里诺战役的失败不仅让亚历山大·冯·巴赫和巴赫专制名誉扫地，还摧毁了所有让马扎尔人了解自己国家地位的机会。一些杰出的外国学生，如编撰《奥匈帝国的妥协》的作者路易·艾森曼教授，更偏向于认为到1860年年底，马扎尔领导人本可以接受《奥地利联邦宪法》或1860年10月20日颁布的《十月文告》中的条例——匈牙利不仅享有自治权，同时还在帝国立法院或帝国议会中拥有一席之地，且皇帝对此不可多做干涉。1861年2月26日，弗朗茨·约瑟夫一世以《二月特许状》取代《十月文告》，以中央集权制取代半议会、半联邦制，再次使匈牙利沦为奥地利帝国的附庸。当时，弗朗茨·约瑟夫一世及政客们对未来局势的理智讨论只是一项学术活动。毋庸置疑的是，弗朗茨·约瑟夫一世统治之下的宪法实验在经历伦巴第的失败和巴赫专制崩溃后，并没有将精力放在维护好帝国的良好政治形象和人民福利上，而是将工作重心放在争取奥地利自由党和马扎尔人的支持、与普鲁士王国争夺对德意志的控制权上。

戴阿克·费伦茨是匈牙利有史以来最睿智的政治家之一。他在1865年视察匈牙利时便坚决拒绝了弗朗茨·约瑟夫一世的要求，没有让匈牙利卷入奥地利帝国与普鲁士王国的较量中。因为戴阿克·费伦茨认为，这场较量弗朗茨·约瑟夫一世必败无疑；若弗朗茨·约瑟夫一世取得了胜利，戴阿克·费伦茨也不会介意弗朗茨·约瑟夫一世再次向匈牙利发

① 马真塔战役爆发于1859年6月4日，是第二次意大利独立战争的重要战役。最终法国和撒丁王国联军在拿破仑三世的率领下击败了奥军。——译者注

② 索尔费里诺战役爆发于1859年6月24日，是第二次意大利独立战争的重要战役。拿破仑三世率领的法军与撒丁王国维克多·埃马钮埃尔二世率领的撒丁王国军队一道，击败了弗朗茨·约瑟夫一世率领的奥地利军。这是世界历史上最后一场由各国君主亲自指挥作战的重大战役。——译者注

难，以其威名扼杀马扎尔人的自由。戴阿克·费伦茨向弗朗茨·约瑟夫一世提交了一份已经由匈牙利政治家组成的特别委员会批准的谅解备忘录，但显然弗朗茨·约瑟夫一世无法接受。因此，弗朗茨·约瑟夫一世与戴阿克·费伦茨决裂，在没有匈牙利支援的情况下，与普鲁士王国展开了最后的较量。在萨多瓦战役失败之后，弗朗茨·约瑟夫一世急忙修复了与戴阿克·费伦茨的关系，并召戴阿克·费伦茨至维也纳秘密觐见，要求戴阿克·费伦茨发表匈牙利语的声明。戴阿克·费伦茨像大多数匈牙利人一样，知道如何将商业上的精明与高尚的姿态结合起来。戴阿克·费伦茨回答说，虽然萨多瓦战役败局已定，但匈牙利的要求也和原来相差不多。马扎尔人的宽宏大量感动了弗朗茨·约瑟夫一世。由于弗朗茨·约瑟夫一世急于挽回败局，且又不愿为赢得匈牙利人的支持而引发一场有计划的复仇战争，只好接受了戴阿克·费伦茨的条件。可弗朗茨·约瑟夫一世没有意识到，戴阿克·费伦茨在1865年提出的最高要求，在1866年后已经变成了谈判的底线。事实上，可能在接受匈牙利的条件时，弗朗茨·约瑟夫一世的心里仍有所保留。如果普鲁士王国覆灭，帝国的宪法将会再次修改；又或者弗朗茨·约瑟夫一世太过于信任弗里德里希·斐迪南·冯·博伊斯特伯爵，而弗里德里希·斐迪南·冯·博伊斯特伯爵又是复仇政策的化身，因此，弗朗茨·约瑟夫一世忽略了为拉拢匈牙利人所承诺的优渥条件是否会影响王室内部的团结。就连最初对与匈牙利人的谈判漠不关心的奥地利首相理查德·贝尔克雷迪伯爵，也意识到奥匈两国联合所面临的危险。虽然理查德·贝尔克雷迪伯爵曾试图以一种特殊的国会保护帝国政治，但已是徒劳无功。然而，就如同后来的情况一样，弗朗茨·约瑟夫一世急于解决奥地利与匈牙利的问题。弗朗茨·约瑟夫一世认为，一个糟糕的解决方案总比没有好。弗里德里希·斐迪南·冯·博伊斯特伯爵知道，自1848年以来，匈牙利人的抵抗削弱了帝国的力量，弗里德里希·斐迪南·冯·博伊

马真塔战役

索尔费里诺战役

斯特伯爵同样渴望解决匈牙利问题，并认为只要保持军事和外交上的统一，其余的问题在与普鲁士王国大干一场之前，都无关紧要。但奥托·爱德华·利奥波德·冯·俾斯麦在奥地利的军事胜利使匈牙利人能够很好地与奥地利人讨价还价，并满足自己的需求。弗里德里希·斐迪南·冯·博伊斯特伯爵在1869年与法国和意大利两国达成联盟，共同对抗普鲁士王国，却遭到俄罗斯帝国的反对。奥托·爱德华·利奥波德·冯·俾斯麦一方面采用温水煮青蛙的策略，苦心培养了俄罗斯帝国对普鲁士王国的好感；另一方面，普鲁士王国于普法战争（1870年7月19日到1871年5月10日）中大败法国，使一心想报复普鲁士王国的奥地利当局无法制定出更可行的复仇政策，以上因素也促成了《1867奥地利-匈牙利折中解决方案》的签订。

第2节　二元制

《1867奥地利-匈牙利折中解决方案》签订后，二元制得以确立。二元制的主要特点众所周知，这里不再赘述。根据二元制原则，弗朗茨·约瑟夫一世在奥匈两国都设立了负责部门。奥匈两国之间有三个联合国务院，即国防部、外交部和联合财政部。共同政府的大臣既不对奥地利议会负责，也不对匈牙利议会负责，只对由从奥匈两国议会中选出的一百二十名官员所组成的代表团负责，他们负责讨论两国共同要务及制裁政策。奥匈两国的经济关系则根据关税和贸易联盟或经济协议进行调整，每十年修改一次。其中附加条件是，如果关税和贸易联盟失效，如《国事诏书》之类的文书不适用于商业事务，匈牙利有权通过特别关税来管理自己的商业利益。奥地利和匈牙利议会的代表团每年轮流在布达佩斯和维也纳召开会议。两个国家的代表同时在同一城市会面，但分席而坐，并以书面形式相互交流意见。只有在意见不一致的情况下才举

维也纳

行联席会议，以跳过辩论环节并快速达成共识。由于1867年《匈牙利宪法》第十二条和1867年12月21日出台的奥地利《十二月宪法》之间存在严重差异，这种差异构成了《1867年奥地利-匈牙利折中解决方案》。《匈牙利宪法》实际上是戴阿克·费伦茨于1865年写下的谅解备忘录，之后却意外地形成了法律。《匈牙利宪法》的语言涉及面广，意思又含糊不清，在术语使用上多次引发争议。《十二月宪法》内容虽然更加精确，但马扎尔人不仅不承认《十二月宪法》的内容，甚至认为《匈牙利宪法》更具有效力。“匈牙利国王”和马扎尔民族之间的宪法条约是马扎尔人对二元制的概念理解，国王以奥地利皇帝的身份创建与之对应的宪法条约，授予奥地利人民一部宪法，该宪法条约与前者内容相似，但条款不同。然而，《匈牙利宪法》规定，“在国王的土地和封地建立完整的宪政是因为匈牙利只能同意联合事务来处理这些土地上的宪法代表问题”，暗示匈牙利承认奥地利宪法。匈牙利条约和奥地利条约之间的主要联系是皇帝和联合国务院。因此，二元制基于两个平行协议，一个是匈牙利议会中代表的王室和马扎尔民族之间的双边协议，另一个是奥地利帝国颁布并得到奥地利议会承认的单方面宪法法规。这就像是一个由两根强度不等的柱子——王室和二元制共同部门搭建起来的门楣。十年的海关和贸易联盟是该协议的唯一特征，这也取决于奥地利和匈牙利政府之间的直接合作，双方代表着各自的议会。即便如此，在《1867奥地利-匈牙利折中解决方案》的每一个细节都能体现到皇帝的影响力。当两国关系处于紧张时刻，比如两国在关于是否保留奥匈帝国银行作为一个联合机构、海关贸易联盟的维持或解散等争议问题变得尖锐时，皇帝有义务亲自或通过联合大臣来充当调解员或裁决者，甚至有时候需要充当独裁者。然而，皇帝很少像重视军队和军事特权一样重视棘手的经济问题。

从匈牙利法规的条款和奥地利军方的条款中不难看出，军事问题的不一致和误解可能会引发更大的灾难。《匈牙利宪法》第二条规定：

“根据国王陛下在军事事务领域的宪法权利，整个军队内部组织的统一领导、指挥，以及作为帝国军队中不可分割的匈牙利军队，都由国王陛下处置。”然而，法规的第十二条又修改且混淆了这个问题：“然而，根据以前的法律，国家在立法和政府领域保留关于匈牙利军队定期更新和批准新兵权利的决定，确定批准新兵的条件和服役期，以及军队的位置和粮食安排。”在此不涉及“匈牙利军队”一词的确切含义，因为一般意义上不存在这样的军队（第二条没有提到匈牙利军队）。必须指出的是，尽管第二条承认“宪法赋予国王的至高无上的权力”，统一领导、指挥整个军队的内部组织，包括“匈牙利军队”，但第十二条还是明确规定了匈牙利的保留权利，规定给予新兵的条件、士兵的服役期，以及军队的职位和粮食安排。由此可见，奥地利的《十二月宪法》和《匈牙利宪法》是矛盾的，或者说是混乱的。如果无法在《匈牙利宪法》中取消第十二条条款，就会限制第二条的条款。事实上，匈牙利议院凭借“第十二条”规定，一再拒绝批准每年征收新兵，除非弗朗茨·约瑟夫一世同意根据马扎尔人的意愿行使第二条规定的权利。1903年到1906年弗朗茨·约瑟夫一世和马扎尔人之间的冲突就证明了这一点。与《十二月宪法》相比，更加突出了《匈牙利宪法》内容的模糊。也许是故意为之，《奥地利成文法》第五条简要概述：

> ……由皇帝全权决定整个军队的管理、领导和内部组织。匈牙利在奥地利宪法方面从来没有任何明确制定，这显然包括“匈牙利军队”，因为根据匈牙利宪法第十二条，匈牙利是“整个军队的组成部分”；奥地利皇帝和臣民之间的宪法关系与匈牙利无关这一点也不能反对，因为匈牙利法规明确规定，皇帝应在“其他土地和领土”上建立完全的宪政制度。

在1867年2月20日的法令中对弗朗茨·约瑟夫一世的要求作出阐述，命首相久洛·安德拉希伯爵单独成立一个匈牙利事务部门。根据法令，久洛·安德拉希伯爵暂时受命负责国防事务。在军队的指挥和内部组织方面，久洛·安德拉希伯爵始终维护着皇家权利。历史真相是，1866年，除了军事和外交上的统一，弗朗茨·约瑟夫一世愿意满足匈牙利人的所有愿望。只要久洛·安德拉希伯爵（与戴阿克·费伦茨一起，是《1867年奥地利-匈牙利折中解决方案》的匈牙利一方的主设计师）仍然作为匈牙利首相(1867年到1871年在职)或作为联合外交大臣(1871年到1879年在职)负责《1867年奥地利-匈牙利折中方案》的实际工作，那么人们对《1867年奥地利-匈牙利折中方案》就容易理解多了。该协议是依据马扎尔人的精神缔结出来的，而不是根据马扎尔分离主义者后来在司法上对该协议的文字作出的诡辩或反常解释。然而，当久洛·安德拉希伯爵退休，戴阿克·费伦茨的号召不再有力时，《1867年奥地利-匈牙利折中方案》的薄弱点在奥地利和匈牙利政客的攻击之下，方案的稳定性逐渐被削弱。

关于哈布斯堡帝国的国事，皇帝最大的过错莫过于自以为完全掌握着帝国的一切，或者认为国事总是一成不变的。如果这一规则有例外，也许可以在《国事诏书》中找到。《国事诏书》中规定哈布斯堡帝国在同一个统治者的统治下不可分割。但正如1848年匈牙利革命体现的那样，《国事诏书》本身并不总是受到尊重。从理论上讲，帝国可以看作一个恒定的因素，但实际上是根据元首个性的变化而变化。这一点可以从弗朗茨·约瑟夫一世长期统治的兴衰中看出，国家政策在不同时期可能受到环境和影响而变化。从本质上或者从二元制原有的出发点来说，二元制是一个振荡、波动的政体，极易受到攻击。二元制既不符合王朝的永久利益，也不符合非马扎尔人和非哈布斯堡德意志人的利益。当否决弗里德里希·斐迪南·冯·博伊斯特伯爵对普鲁士王国的报复政策时，弗朗茨·约瑟夫一世似乎本能地意识到了二元制的弊端。不知道是巧合还是弗朗茨·约瑟夫一世有意为之，弗朗茨·约瑟夫一世在1870年8月30日、1870年9月26日和1871年9月12日下达给波希米亚议会的诏令中曾明确表示，波希米亚的联邦宪法将得到认可，并在布拉格举行加冕仪式时，会通过庄严的宣誓使宪法生效。奥地利的德意志人作家将弗朗茨·约瑟夫一世的诏令归因于时任首相卡尔·冯·霍恩瓦特伯爵的恶劣影响及来自斯拉夫人和牧师的恶意。然而，作家们从来没有坦率地面对这样一个问题：为什么德意志人在第二次普法战争中取得压倒性的胜利后，弗朗茨·约瑟夫一世没有选择给予波希米亚地区某种区域性的自治权，以换取在奥地利的斯拉夫人的支持？要知道这种自治权足以让斯拉夫人在帝国内占据主导地位。弗朗茨·约瑟夫一世似乎经常因外部环境的变化而改变政策，甚至到了变化无常的地步。但在其多变的外表下，可以看出弗朗茨·约瑟夫一世稳定政局的意图。在1866年之前，稳固哈

弗朗茨·约瑟夫一世的加冕仪式

布斯堡王朝也曾是德意志人的愿望。通过在普法战争中德意志军队在孚日山脉取得的胜利，弗朗茨·约瑟夫一世相信之后的国家政策必须在可行的领域寻求重心。然而，弗朗茨·约瑟夫一世似乎已经明白，德意志人在奥地利的主导地位必然会因奥地利的斯拉夫人势力的发展而有所削弱。这样的状况不符合久洛·安德拉西伯爵和戴阿克·费伦茨设想的二元制，1870年到1871年设立的波希米亚议会的规定也不符合《十二月宪法》。事实上，波希米亚议会内的德意志议员们甚至还在诱导波希米亚人违反《十二月宪法》，因为《十二月宪法》不承认地方议会有解决封地与整个帝国关系的权利。因此，《十二月宪法》在匈牙利的二元论者阵营和奥地利的德意志阵营中引起了巨大的恐慌，结果当时匈牙利首相久洛·安德拉希伯爵与奥匈帝国首相弗里德里希·斐迪南·冯·博伊斯特伯爵联手，在普鲁士首相奥托·爱德华·利奥波德·冯·俾斯麦的帮助下，迫使奥地利皇帝解除名义上负责法令的奥地利首相卡尔·冯·霍恩瓦特伯爵的职务，并于1871年10月30日通过另一则法令通知波希米亚议会：由于《1867年奥地利-匈牙利折中方案》确定了国家的组成，只有奥地利议会和匈牙利议会达成一致才能作出改变；奥地利议会是唯一有权管理其代表的王国和封地之间互惠关系的机构。

卡尔·冯·霍恩瓦特伯爵和波希米亚议会因此遭受了沉重的打击。波希米亚的斯拉夫人不愿原谅弗朗茨·约瑟夫一世。然而，卡尔·冯·霍恩瓦特伯爵把失败的责任推给了弗里德里希·斐迪南·冯·博伊斯特伯爵，弗里德里希·斐迪南·冯·博伊斯特伯爵在卡尔·冯·霍恩瓦特伯爵离职后的几周内被迫辞去了外交大臣的职务并被王室除名。随后弗里德里希·斐迪南·冯·博伊斯特伯爵最害怕的对手久洛·安德拉希伯爵上位。也许从此“帝国首相”永远消失，即便是克莱门斯·文策尔·冯·梅特涅也只是“首相”。然而，弗里德里希·斐迪南·冯·博伊斯特伯爵对奥托·爱德华·利奥波德·冯·俾斯麦的忌妒永无止境，他发扬“帝国首相”的风范，让自己可以得到与奥托·爱德华·利奥波德·冯·俾斯麦名义上的平等。从奥地利和奥匈帝国的历史来说，弗里德里希·斐迪南·冯·博伊斯特伯爵并没有什么辉煌事迹，他太自负了，结果无法理解在弗朗茨·约瑟夫一世统治下的奥地利，除了“经验丰富的政客”，很少有奥地利人渴望为自己甚至整个王朝谋利。弗里德里希·斐迪南·冯·博伊斯特伯爵运用“萨克森思维”①来处理奥地利错综复杂的事务，并以自给自足的方式来弥补自己的无知。弗里德里希·斐迪南·冯·博伊斯特伯爵内心盲目渴望着超越奥托·爱德华·利奥波德·冯·俾斯麦，就把统一要塞的重任交给了马扎尔人，却没有试图缓解帝国官员们的急躁情绪。久洛·安德拉希伯爵讽刺弗里德里希·斐迪南·冯·博伊斯特伯爵说：“如果没有你，折中方案根本不会诞生。”而弗里德里希·斐迪南·冯·博伊斯特伯爵却愚蠢地把讽刺当成赞美。

1871年到1879年，久洛·安德拉希伯爵在外交部任职期间，可谓二元制的辉煌时期。在匈牙利，久洛·安德拉希伯爵在所有党派中的声望很高；在奥地利，久洛·安德拉希伯爵帮助抵御卡尔·冯·霍恩瓦特伯爵的法令对德意志人主导地位进行打击，赢得了德意志自由党的热情支持。匈牙利的斯拉夫人和受俄罗斯的泛斯拉夫主义影响的马扎尔人视久洛·安德拉希伯爵为仇人。德意志自由党可以依靠久洛·安德拉希伯爵来对抗奥地利的斯拉夫人对王室的影响，并与新的德意志帝国②保持友好关系，因此，德意志自由党更加信任久洛·安德拉希伯爵。久洛·安德拉希伯爵认为，二元制的优势取决于匈牙利的马扎尔人和奥地利的德意志自由党并行的主导地位。就匈牙利而言，马扎尔霸权地位稳固。1849年到1859年，目光短浅的亚历山大·冯·巴赫以残酷的手段压迫忠于匈

① 萨克森是德意志诸侯之一，用在这里也就是指“小国思维”。——译者注

② 即德意志第二帝国。——译者注

牙利的非马扎尔人，这种行为同马扎尔人一样残酷无情，加深了非马扎尔人对奥地利的排斥情感。后来根据1861年2月的《二月特许状》，亚历山大·冯·巴赫在全国范围内召开了一个帝国议会，除了特兰西瓦尼亚的罗马尼亚人和萨克森人之外，克罗地亚人和任何非马扎尔人都不能参加议会；甚至特兰西瓦尼亚人的出现也是由于伟大的罗马尼亚主教安德烈·萨古纳的影响和特兰西瓦尼亚排他主义者的情感，并非对维也纳的热爱。1867年，马扎尔人与王室和解之后，戴阿克·费伦茨十分明智地进一步加强了马扎尔人在匈牙利的地位。戴阿克·费伦茨摆脱了马扎尔沙文主义，并且还坚信，即使不是马扎尔人，但只要公平对待非马扎尔人，非马扎尔人也会对匈牙利忠诚。德意志自由党的立场在奥地利似乎同样有保障。卡尔·冯·霍恩瓦特伯爵的离职解除了对1867年宪法的

安德烈·萨古纳

新一轮危机。由于波希米亚的斯拉夫人弃权，德意志立宪党无可争议地在议会中占据了主导地位。德意志自由党的奥埃尔斯佩格内阁是在与皇帝达成明确协议的基础上组建的。协议规定，只要德意志多数派给予皇帝要求的军事情报，皇帝就会遵守宪法政策。因此，久洛·安德拉希伯爵在有利的条件下展开外交工作，希望随着时间的推移，二元制的两大支柱会更加强大，而不是失去其原有的优势。王室的权力似乎受到宪法限制，奥匈帝国正在发展成为一个完全受限的君主制国家。久洛·安德拉希伯爵内心平静，也正因如此，他已做好了实现皇帝最大的愿望的准备——通过补偿伦巴第和威尼西亚损失的方式来扩张国家的领土。

久洛·安德拉希伯爵的枢密院院长一职并不仅仅是一个好看的头衔，他确实是一位精明的奥地利斯拉夫人政治家。久洛·安德拉希伯爵曾宣称，哈布斯堡王朝发展的至关重要的一点在于有没有“更多的土地”。久洛·安德拉希伯爵十分了解弗朗茨·约瑟夫一世，他明白弗朗茨·约瑟夫一世最大的愿望并不是将帝国传给后代，也不乐意像叔叔斐迪南一世那样退位后受人白眼。在萨多瓦和威尼西亚沦陷后[①]，斐迪南一世曾说不必逼自己在1848年退位，因为自己会在战争中失败，并失去封地。在1876年奥斯曼帝国波斯尼亚地区爆发叛乱和1877年爆发俄土战争时，奥匈帝国有机会获得保持中立的补偿，于是久洛·安德拉希伯爵和弗朗茨·约瑟夫一世在国会大厦会见了沙皇亚历山大二世。俄罗斯帝国最终同意奥匈帝国将波斯尼亚和黑塞哥维那纳入治下。柏林会议又修订了《圣斯特凡诺条约》，并授予了久洛·安德拉希伯爵“占领和管理”觊觎已久的波斯尼亚和黑塞哥维那的权利，但同时也让久洛·安德拉希伯爵陷入失宠危机，这会让奥地利德意志人的主导地位受到破坏。经过多次外交准备，弗朗茨·约瑟夫一世期盼着柏林会议能批准自己合并两

① 此处指普奥战争奥地利失利。——译者注

柏林会议

签订《圣斯特凡诺条约》

地。但因为久洛·安德拉希伯爵没能占领更多封地，弗朗茨·约瑟夫一世开始对久洛·安德拉希伯爵怀恨在心。无论如何，占领波斯尼亚和黑塞哥维那的任务在奥地利议会中引起了王室和德意志多数派之间的冲突。双方的关系本就因为奥埃尔斯佩格内阁的反天主教政策而紧张，因此，弗朗茨·约瑟夫一世也就拒绝批准奥埃尔斯佩格内阁的宗教集会法案。当弗朗茨·约瑟夫一世要求为波斯尼亚和黑塞哥维那的行动提供军事情报时，德意志多数派公然反抗，拒绝提供情报和军事支持。因此，奥埃尔斯佩格内阁与王室的契约从此被打破。弗朗茨·约瑟夫一世可以自由地表达自己对德意志人的不满。在1879年大选期间，德意志人受到官方势力压迫。新国会突然冒出数人反对1867年12月的二元制宪法，但还没有能力对此进行修改。皇帝任命爱德华·塔菲伯爵为帝国首相并持续执政了十四年，在爱德华·塔菲伯爵的领导下，多数派由包括来自德

爱德华·塔菲伯爵

意志人、波兰人和波希米亚斯拉夫人或捷克的保守神职人员组成，按照帝国的意愿继续执政。事实上，爱德华·塔菲伯爵除了提高皇帝的权力和声望之外也没有别的目的，毕竟他是皇帝的发小。1879年，皇帝的个人影响力复兴。

德意志宪法多数派在奥地利受挫后，久洛·安德拉希伯爵的地位即便没有因柏林会议或因自己预言错误而变化，也不可能长期执政了。久洛·安德拉希伯爵曾预言“一段音乐”足以占领波斯尼亚和黑塞哥维那。正如久洛·安德拉希伯爵设想的那样，二元制的一个支柱已经遭到破坏。退休前，久洛·安德拉希伯爵的最后一个行动是与奥托·爱德华·利奥波德·冯·俾斯麦一起结束了1879年10月反对俄罗斯帝国的德奥同盟[①]。久洛·安德拉希伯爵是否相信联盟会巩固德意志人在奥地利的地位并从外部支持二元制？皇帝是否利用久洛·安德拉希伯爵，通过联盟向德意志帝国保证奥匈帝国在外交政策上的合作？奥地利王室又是否用权力来增加斯拉夫人的影响力并削弱德意志人地位？到目前为止，这些问题依旧无法判断。不过有一点非常值得怀疑：奥托·爱德华·利奥波德·冯·俾斯麦于1871年联手久洛·安德拉希伯爵和弗里德里希·斐迪南·冯·博伊斯特伯爵，挫败了卡尔·冯·霍恩瓦特伯爵的斯拉夫政策。如果不是联盟向德意志帝国保证奥匈帝国在外交政治上不会与德意志帝国的对手站在同一战线，奥托·爱德华·利奥波德·冯·俾斯麦是

---

① 联盟的文本于1888年2月3日在柏林和维也纳发行，内容如下：

第一条，如果违反两个缔约国的希望和真诚愿望，两个帝国中的一个遭到俄罗斯的攻击，则各缔约国必须统一各自帝国的全部武装力量，并因此而共同达成和平协议。

第二条，如果一个缔约方受到另一个国家的攻击，另一个缔约方原地待命，不仅不能站在盟友的侵略者一边，而且至少要保持善意的中立态度。

然而，如果在这种情况下，进攻国应该得到俄罗斯的支持，要么积极合作，要么采取军事手段进行威胁，那么第一条规定的义务，即以全部武装力量相互帮助，在这种情况下也立即生效，然后战争也将由两个缔约国共同发动，直到共同达成和平。

第三条，条约的保密自公布之日起失效。——原注

否还会容忍爱德华·塔菲伯爵恢复斯拉夫政策？之后几年，奥托·爱德华·利奥波德·冯·俾斯麦不明白为什么弗朗茨·约瑟夫一世允许久洛·安德拉希伯爵辞职，为什么在一个优秀政治家非常稀少的国家，久洛·安德拉希伯爵无法再回到原先的职位上。然而，奥托·爱德华·利奥波德·冯·俾斯麦的政治成就在很大程度上归功于一位拥有耐心和健全意识的君主——腓特烈·威廉·卡尔，即腓特烈三世。奥托·爱德华·利奥波德·冯·俾斯麦也不忌妒其他大臣的功绩。奥托·爱德华·利奥波德·冯·俾斯麦对哈布斯堡帝国事务的内部运作知之甚少，

腓特烈三世

无法理解无论是真实的还是幻想的王朝利益，必然会优先于所有其他考虑，只要是对王朝没有任何作用的大臣，都不可能长期任职。

第3节　二元制——第二阶段

随着久洛·安德拉希伯爵的失败，二元制进入了一个新的阶段。1867年，《匈牙利宪法》第十二条规定的条件表示“完整的宪政”应该建立在“国王陛下的其他领土和殖民地”，但在爱德华·塔菲伯爵出现之后，宪政就不再具有实际价值。匈牙利依宪法治国，国事在议会的协助下由一位精明能干的首相处理；而奥地利首相则按照弗朗茨·约瑟夫一世的意愿，在斯拉夫人和德意志人官员的帮助下选出一组官员处理国事，史称钢铁集团。因此，匈牙利可以反抗皇帝，但奥地利不能，因为由奥地利皇帝通过爱德华·塔菲内阁在奥地利执行自己以匈牙利国王的身份同匈牙利内阁达成的协议，这实际上就是匈牙利通过君权统治奥地利。然而，如果认为这段时期完全有利于匈牙利那就大错特错了。奥地利王室获得了时间和影响力。而这时，就要提防自命不凡的马扎尔人。奥托·爱德华·利奥波德·冯·俾斯麦在回忆录中提到，马扎尔民族精神的失控给奥匈帝国带来了不可估量的麻烦。已故的埃米尔·路易·维克多·德·拉维勒叶先生早在1866年萨多瓦战役前便深刻地认识到“几乎没有什么东西可以满足贪婪的马扎尔人；对于惹恼自己的人，只会是盲目地报复”。[①]马扎尔人似乎从来不知节制，总是贪得无厌。马扎尔人忘记了《1867年奥地利-匈牙利折中方案》代表着自己在沉重的压力下从奥地利帝国手中夺取的最大胜利。马扎尔人培养了一种坚韧不拔的马扎尔沙文主义精神。在1875年到1890年，担任匈牙利首相的蒂萨·卡

① 《两个世界的评论》，1866年6月刊第一期。——原注

蒂萨·卡尔曼

尔曼在执政期间还将沙文主义纳入了国家政策，且大部分时期都与爱德华·塔菲伯爵一起执政。生于1830年的蒂萨·卡尔曼没有经历过1848年革命，当时他还在过着乡绅生活，因此，他的内心并未有过流亡的阴影。然而，经历过流亡的久洛·安德拉希伯爵相信，作为一个大国，必须让马扎尔分离主义者屈从于弗朗茨·约瑟夫一世的统治。蒂萨·卡尔曼没有如戴阿克·费伦茨一般的杰出智慧。戴阿克·费伦茨一直致力于建立一个共同协作的联合政府，并且发布一项有别于狭隘的马扎尔人的宽容政策，惠及居住在马扎尔人聚居地区的非马扎尔人。[1]蒂萨·卡尔曼最初希望将匈牙利和奥地利之间的关系限制为“个人联盟”，也就是以

① 马扎尔语不包含“匈牙利”的等同词。马扎尔语中只有“Magyarorszdg”，意为马扎尔人的土地或国家。——原注

皇帝为联系的纽带。实际上，早在接受任命起草1865年国会开幕演说答辩书的委员会时，蒂萨·卡尔曼就和另外三人提交了少数派报告，赞成纯粹的个人联盟。在《1867年奥地利-匈牙利折中方案》出台之后，蒂萨·卡尔曼领导反二元主义派反对久洛·安德拉希伯爵和戴阿克·费伦茨，或者说反对二元主义。然而，1875年，蒂萨·卡尔曼与戴阿克·费伦茨主义者又合并组建了自由党。在自由党的支持下，蒂萨·卡尔曼统治了匈牙利十五年。首先，蒂萨·卡尔曼接手了内政部。几个月后，蒂萨·卡尔曼背弃所有原则拯救马扎尔沙文主义，在军事和外交事务中得到了王室的青睐，开始随心所欲地与非马扎尔人来往。蒂萨·卡尔曼不顾自己与非马扎尔人的交往，并且不顾1867年非马扎尔人在戴阿克·费伦茨和厄特沃什·罗兰的影响下集结到匈牙利国家这一事实，通过开创无情的马扎尔

厄特沃什·罗兰

化政策，使马扎尔同胞的沙文主义激情不断高涨。由于取得了积极的效果，蒂萨·卡尔曼压制了反对占领波斯尼亚和黑塞哥维那的同僚，得到了弗朗茨·约瑟夫一世的垂爱。弗朗茨·约瑟夫一世对蒂萨·卡尔曼的感激不仅体现在各种军事问题上对马扎尔人的让步，还有皇室、联合军队和外交部的称号及风格的改变。

弗朗茨·约瑟夫一世对各阶层臣民的行政压迫使自己内心十分压抑，虽然他本人是无私、慷慨且公正的，并时刻准备弥补自己的过错来减轻臣民的痛苦。但作为一名统治者，弗朗茨·约瑟夫一世仍是冷酷无情的，而且他并不忠于宪法。如果一个大臣可以提供保证国家运转的资金和军队，弗朗茨·约瑟夫一世就可以不关心这位大臣采取的手段是否会对国家忠诚的子民造成压力。实际上，弗朗茨·约瑟夫一世有时就像地主，无视其地产代理人滥用私权的行为，只有在收入减少或出现干扰时才解雇代理人。弗朗茨·约瑟夫一世很少会自找麻烦或执意认为官员的政治行为必须符合道德标准。

因此，即使冒着疏远像特兰西瓦尼亚的罗马尼亚人这样重要的民族的风险，弗朗茨·约瑟夫一世还是容忍了蒂萨·卡尔曼和之后的匈牙利首相的马扎尔化政策，并对像克罗地亚这样正处于叛乱边缘的殖民地表现出利用腐败和压力作为行政手段的冷漠态度。毫无疑问，弗朗茨·约瑟夫一世无疑是为未来几代人或几十年后的普通民众思考过的。弗朗茨·约瑟夫一世认为需要保留皇帝的权力以弥补其中的不良行为，毕竟帝国永远存在一种半元主义或半宗教的信仰。所有事物的目的必须以完成帝国的神圣利益为目标。为了满足当时的需要，皇帝的决策不需要与底线分开太多。在这些必要条件中，军队作为帝国外交政策的主要支柱，其需求一直是弗朗茨·约瑟夫一世最关心的。路易·艾森曼教授明确指出[①]，蒂萨·卡尔曼在担任匈牙利首相的十五年里采用的政府制度，在现实中是基于议会主体与国王之间的理解，类似于奥地利皇帝和奥埃尔斯佩格内阁下的德意志多数自由主义者之间达成的协议。路易·艾森曼教授还说到，在蒂萨·卡尔曼主政的时期，匈牙利少有人能拥有如此庞大的权力——首相能从议会得到自己想要的一切。蒂萨·卡尔曼通过官方施压和官方支持创造了可靠的主体。但为维护这样一个舒适的系统以支持马扎尔沙文主义的发展，所要付出的代价将大过统治者的预期，但当时并没有人能预见这一点。为激怒马扎尔人，蒂萨·卡尔曼及其继任者一直致力于压制马扎尔人，并为统治者留了一道撒手锏——当马扎尔人的要求逾矩时可以以此相约束。但如果说弗朗茨·约瑟夫一世因此受到限制话，那么就蒂萨·卡尔曼来说，他采取的策略也同样精明。蒂萨·卡尔曼一手栽培和维护了一个马扎尔民族主义的反对派，以自己的力量来抗衡奥地利帝国，以“马扎尔民族感情”为由要求弗朗茨· 约瑟夫一世作出让步，而且这样的让步一再出现。其中最引人注目的是1889年联合外交大臣古斯塔夫·西格蒙德·卡尔诺基伯爵的任免问题。蒂萨·卡尔曼下令将陆军和海军命名为“帝国与皇家”，而不是“帝国”或“帝国-皇家”。“皇家”的叫法仅为奥地利保留。“皇家”指的是皇帝作为波希米亚、达尔马提亚、加利西亚等国国王的地位；而新的叫法“帝国与皇家”是奥地利皇帝和匈牙利国王的结合。的确，在1868年，匈牙利为日后正式脱离奥地利迈出了第一步。在当时给弗里德里希·斐迪南·冯·博伊斯特伯爵的诏书中，弗朗茨·约瑟夫一世确立了自己的头衔：“奥地利皇帝”“波希米亚国王”等等。并规定使用“奥匈王朝”或“奥匈帝国”来表示“在我权杖下按宪法联合起来的所有王国和土地”，而不是《十二月宪法》中所使用的“奥地利君主制”。然而，

① 路易·艾森曼：《奥匈帝国的妥协》，第585页。——原注

古斯塔夫·西格蒙德·卡尔诺基

直到1889年，人们仍将奥匈帝国的军队称为“帝国”或“帝国-皇家”。古斯塔夫·西格蒙德·卡尔诺基伯爵的命令消除了匈牙利人的这种不满，但明确规定称呼的改变不能影响“联合陆军和海军的统一和不可分割性，这是1867年奥地利和匈牙利法律在实用主义制裁的基本原则基础上确定的原则”。然而，无论是这些名义上的变化还是1895年10月4日颁布的法令，[①]古斯塔夫·西格蒙德·卡尔诺基伯爵的继任者阿格诺尔·戈武霍夫斯基伯爵指定的“帝国与皇家”扩展到皇室家庭和外交事务，清楚地揭示了蒂萨·卡尔曼的民族主义政策的效果，即马扎尔人要求在“匈牙利军队”中用马扎尔语取代德语。换言之，联合军的士兵是从匈

① 很奇怪，也许事实是这些法令没有一项得到奥地利议会的承认，也没有一项列入奥地利法典。参见埃德蒙·贝纳兹克：《奥地利帝国宪法》，第16页。——原注

牙利招募的。这一要求来自1867年《匈牙利宪法》第十二条第二款。弗朗茨·约瑟夫一世对此表示愤恨，因为这本质上是对他身为国王所拥有的军事特权的侵犯，并且这一点在相应的奥地利法令中有非常精确的定义，所以弗朗茨·约瑟夫一世给经验丰富的久洛·安德拉希伯爵一个警告，弗朗茨·约瑟夫一世在贵族圈的最后一次公开演讲谴责了“民族沙文主义”的危害。久洛·安德拉希伯爵深知弗朗茨·约瑟夫一世对王朝利益的想法，他确信皇帝会尽其所能捍卫自己的军事权利。而马扎尔人对这些权利的攻击将引发一场与君权对抗的冲突，这场冲突可能会损害匈牙利。久洛·安德拉希伯爵的猜想非常有预见性。二十五年后，出于命运的奇怪讽刺，蒂萨·卡尔曼的儿子蒂萨·史蒂芬伯爵在担任匈牙利首相期间试图捍卫王室的军事特权，反对沙文主义联盟，结果遭到人民的强

蒂萨·史蒂芬

烈反对并被迫下台。但在十六个月的斗争后，沙文主义联盟内部崩溃并屈服于王权，从而避免在皇家权威下赋予非马扎尔人的民族选举权的普选权并导致马扎尔人权力的严重削弱。

当弗朗茨·约瑟夫一世意识到维护匈牙利王国权利的重要性时，他已经成功地将奥地利的德意志人人数控制在与匈牙利人相当的标准。人员流动的过程自然会引起民族之间的摩擦，因为非德意志人获得的每一个有利条件，都意味着德意志人的既得利益和他们在官僚体系中的主导地位受到损失。1893年，减员政策的主要代理人爱德华·塔菲伯爵为实现弗朗茨·约瑟夫一世的愿望而下台。弗朗茨·约瑟夫一世希望通过普选的方式，削弱德意志小集团或团体的权力。1896年，费利克斯·巴德尼伯爵接替爱德华·塔菲伯爵担任帝国首相。实际上，费利克斯·巴德尼伯爵在奥地利选举权制度中引入了普选概念。在奥地利的七十二名代表表决过程中，有一项程序显示了作为帝国元首的皇帝是如何坚持给予人民选举权并意图将人民放在王朝发展中的。

但费利克斯·巴德尼伯爵急于加强斯拉夫人的地位，轻率地颁布了公务员法令，以便于确立捷克语和德语在波希米亚地区的行政平等。于是德意志人发动叛乱，阻挠一切议会事务，直到撤销语言法令。在维也纳人的强烈要求下，弗朗茨·约瑟夫一世迫于压力，匆忙辞退了费利克斯·巴德尼伯爵。德意志人的愤怒在一个伪新教、反哈布斯堡家族的运动中找到了发泄的机会。“（皇帝）最终批准撤销这些条例。罗马人竟如此迅速！泛德运动一停止，反对哈布斯堡帝国的意图就显而易见。在卡尔·卢埃格尔的领导下，一个忠诚的德意志‘基督教社会’政党的成长之迅速证明了帝国的力量，甚至超过了德意志臣民”；此外，这场危机还有一个重要的特点，因1867年《十二月宪法》第十四条“紧急条款”的滥用或活用，“宪法专制主义”逐渐成形。

尽管费利克斯·巴德尼伯爵的《语言法令》引起的冲突令人感到

厌烦，但《语言法令》也确实标志着奥地利宪政历史的一个转折点。在议会阻挠的影响下，政府越来越频繁地使用紧急条款来处理公共事务：紧急法令从生效到撤销都由德意志人执行；在法令撤销之后，又由波希米亚的斯拉夫人善后。奥地利议会主义逐渐演变为一种制度。一方面，政府利用了民族、集团和政党的不同利益；另一方面，必要的时候，民族、团体和政党也会以纳税人的利益为代价对政府加以利用。事实清楚地证明，奥地利的任何民族或政党都会毫不犹豫地背叛宪法。政党又反过来阻挠议会事务，从而逼迫政府让步。如果《十二月宪法》是人民意志强加于君权之上的，议会的地位可能会更强，各政党可能会更尊重《十二月宪法》的完整性。但实际上1867年宪法，以及1849年、1860年和1861年的宪法，都是皇帝的“恩赐”，皇帝可以随时撤回或修改。的确，1867年的《十二月宪法》最初似乎包含了1867年《匈牙利宪法》第十二条规定的稳定保证，《十二月宪法》规定了奥地利完全宪政的存在是二元解决方案的必要条件。如果马扎尔人认同解决方案，这个保证可能长期有效。但马扎尔人就像奥地利政党本身一样，将宪法作为筹码，并对奥地利官僚主义或皇帝专制主义的间歇性复苏视而不见。马扎尔人一向目光短浅，认为奥地利议会制度的削弱会加强匈牙利王国在帝国的影响力。但马扎尔人没有想到，弗朗茨·约瑟夫一世正在决定自己作为匈牙利国王的直接利益，这些行为导致弗朗茨·约瑟夫一世采纳了奥地利臣民的决定——增强奥地利王室的专制权力，把奥地利议会渐渐地变为在自己需要的时候用来对付匈牙利的一个工具。

如果马扎尔人不那么专注于自己的事务，而是更加小心翼翼地维护宪法赋予的自由——不仅是为了自己，也是为了在奥地利的同胞——那么，他们就会小心翼翼地提防奥地利专制主义的复兴。况且1867年《十二月宪法》的框架是为了促进临时回归专制主义而制定的，因此更有必要保持警惕。

“紧急条款”占用了宪法上最宽的一栏，上面写着：

> 在国会休会期间，迫切需要制定宪法。宪法务必需要国会的许可。帝国法令可以以整个内阁的名义颁布这些法令，条件是这些法令不能改变“宪法规约”本身，不给财政部带来任何永久性负担，也不涉及出售国家财产。这些法令经全体大臣签署并在明确参照《宪法》这一条的情况下颁布时，暂时具有法律效力。如果政府未能在下一届帝国会议提交批准，同时未能在众议院会议后三周内提交批准，又或者这些法令没有得到国会两院的任何一院的同意，则法令的法律效力失效。当法令失去临时效力时，全体内阁应负责立即废除法令。

理论上，这一条款似乎足以保障议会的权利并且为议会保留对大臣行为的跟踪控制，甚至为了通过帝国法令可以无视议会多半的反对而任意地休会或解散议会。然而，在理论上，这一条款以一个谨慎的议会为前提。议会唯恐失权，会随时准备惩罚违权行为。实际上，奥地利议会对自己的权利既不谨慎也不怀疑。尽管议会完全倾向于把自己的防卫置于党派或民族利益的促进之下，但直到1897年议会开始妨碍这些权利的行使，这种倾向才完全显现出来。因此，德意志人以及后来的波希米亚斯拉夫人或捷克人，故意牺牲了议会自由的基本保障，希望迫使政府对消除党派的不满并给予帮助，这可以说是对人民权利的严重背叛。然而，在奥地利，经皇帝、立法机关和议会同意并批准了这项立法，但在预算和征募人员方面情况却正好相反。在这方面，皇帝通过了一个非议会内阁，要求每年向议会拨款或拒绝拨款的人提供资金。因此，奥地利议会各党派通过阻挠对预算的讨论，向政府移交了对人民权利的保护，议会期望政府比武装政府的人民更遵守宪法的规定和惯例，尤其是政府还有“紧急条款”这一撒手锏。在现实中，奥地利议会的阻挠本质上是间接承认皇帝至高无上的权力，是一种心照不宣的认可，即无论各个政党做什么，皇帝都将继续管理政府，并维护国家的主要利益。偶尔，阻挠也赋予少数人向皇帝申诉的积极意义，即少数人向皇帝发出呼吁，反对由其他民族组成的议会多数派的行动。由于是多数派联合行动，或者更确切地说，皇帝是否会为了获得多数派的支持而给予内阁所需的妥协，我们不得而知。

从法律和政治角度来看，议会召开时，允许议会使用紧急条款来获取资源，但阻碍议会，使其不能履行正常职能，这无疑违反了宪法。这一紧急情况是一种虚假的紧急情况，可以通过解散议会来应付；或者像匈牙利那样，在没有类似于《十二月宪法》第十四条的情况下，仅允许自愿纳税，直到公共行政部门的混乱迫使议会履行职责为止。但奥地利几乎没有或根本没有天生的宪法意识。从理论上讲，议会拥有强大的权力，但事实证明议会过于软弱，无法承担其职责。宪法是官僚主义和帝国专制主义用于遮掩专制本质的羊皮。奥地利议院从未修订或废除根据紧急条款颁布的帝国法令。奥地利议院从来没有强硬地要求一个应受谴责的部门来解释滥用职权的问题。在1900年到1904年恩斯特·冯·克贝尔伯爵任奥地利首相期间，一度因受到阻挠而停止的投票恢复正常，但这不是因为众议院恢复了对宪法的敬畏，而是因为一项庞大的铁路和运河建设计划的宣布。此计划预计耗资四千万英镑或者更多。所有主要政党都暂时偃旗息鼓，以便款待政府官员。甚至紧急条款不可用于“给国库造成任何永久负担”的规定都成了摆设。虽然尚未根据其合同内容签订合并贷款，但大臣批准发放的国库券在转换为合并股票之前，由私人银行以活期账户的形式担保预付款。不管议会是受到驱使还是收受贿赂，都不应以投票为幌子，掩盖专制主义的所作所为。帝国法庭和最高行政法院不仅没有履行其作为法定监察部门的主要职责，反而拒绝审查根据紧急条款发布的“帝国法令”的有效性，并默许创造先例，使任何内阁在议会受阻期间都能造成财政状况。如议会没有追溯性地否决敕令，帝国的财务状况也是可以补救的。研究奥地利宪法的权威代表弗里德里希·特茨纳教授声称[①]，根据这两个法院的决定，即使帝国法令有效，奥地利法官也必须承认解除议会对公共债务管理的控制。弗里德里希·特茨纳教授对奥地利公共财政管理面临的危险因此暴露而抱憾，并指出即使在奥地利历史上的专制主义时期，也很难找到类似于1904年7月16日颁布的这种帝国法令。在帝国法庭审理的针对国库的诉讼中，由于法庭以前在类似案件中作出的决定很可能是对财政部的谴责，因此这些指控轻易地被撤销了。虽然这种对裁决的否定是敕令所规定的，但因此所产生的专制主义精神与其说是皇帝的专制精神，不如说是官僚主义的专制精神。这两种专制精神之间差别相当大，而在这两种专制精神中，皇帝的专制精神危害更小。弗朗茨·约瑟夫一世并不是没有宪法意识，而且只要符合国家和王朝的最高利益，他也会愿意在宪法形式下工作；但当议会漠视自己的权利，把一般性问题置于地方或政党的考虑之下时还期望弗朗茨·约瑟夫一世尊重自己建立的议会，这未免就过分了些。

第4节　皇帝的地位

皇帝的影响在奥地利宪政问题上是至关最重要的，这种影响往往凌驾于其他所有宪法因素之上。当然，也不排除有些是司法部门对宪法问题的影响。司法是以皇帝的名义执行的，但就普通公民而言，根据宪法，皇帝无权亲自执行司法程序。法官由皇帝任命，并且根据宪法宣布“独立”。然而，皇帝本身就凌驾于法律之上，且皇帝可以“不负责任”。对于施政的行为和疏忽，皇帝可不对任何国家机关负责，可见皇

① 埃德蒙·贝纳兹克：《奥地利帝国宪法：皇帝》，第47页。——原注

帝的地位是独一无二的。就个人而言，皇帝像帝国和皇室的其他成员一样，隶属于最高法院大法官办公室。根据普通法，在法庭上可以起诉皇帝，还可直接针对皇帝的私人财产进行起诉。在其他方面，就皇帝个人而言，行为也会受到限制。例如，皇帝要求市政当局在自己的私人领地上建一栋楼，林业部门便砍伐皇帝的私人木材。皇帝的私人财产和事业都需要缴纳国家、州和市政税。同时，皇帝拥有许多普通公民的权利。例如，皇帝有权在政府选举和州级选举中投票，只是没有资格参加任何代表机构，因为皇帝不受这些机构的纪律约束。皇帝的名字确实出现在奥地利大部分州的选举名册上，属于大地主阶层；尽管皇帝本人没有资格参加市政委员会或议会，但皇帝的职责可由全权大使代替。皇帝的住宅、城堡和花园不是皇帝的私人财产，这些财产归国库登记，除非有历史证据证明这些财产是皇帝或皇室成员的私人财产。奥匈帝国法院是一个国家机构，不仅仅是皇帝的个人附属机构；而其中一部分部门，特别是帝国内阁办公厅和最高法院大法官办公室，均得到了法律的认可。除民事清单外，预算中特别设立了帝国内阁法院。这些法院部门与王室政府和各州政府部门之间保持联系，处理提交给皇帝的报告、请愿书及其他文件。这些部门虽然名义上属于法院，但部门的负责人也因此履行具有重大政治意义的职责。奥匈两国的大臣应负责防止这类官员对皇帝的个人影响越过合法的限度，但其中的一些人处理国家事务时在原来的基础上还是发挥了更大的作用。因此毫无疑问，匈牙利一方坚持认为维也纳法院存在着一个无视宪法的奸党。在帝国统治匈牙利的后几十年里，如果奸党存在或已经存在，它的影响力对匈牙利来说反而有利，因为一些最具影响力的法院官员都是爱国的匈牙利人。关于是否存在一个单独的奥地利法院和一个单独的匈牙利法院，这个问题没有确切的答案。匈牙利当局声称匈牙利法院一直存在，而且根据1867年《匈牙利宪法》第十二条，维持法院的费用不是两个国家共同的事务。然而，匈牙利当局也承认当时没有常设匈牙利法院。[①]1895年匈牙利任命了一位特殊的法律执行员处理事务，并于1903年设立了执行员办公室，1905年还为其任命一名护卫。事实上，尽管民事清单由奥地利和匈牙利议会分别投票，但法院和皇帝一样，也是两个国家联合的，或者说是共有的。此外，1893年11月2日颁布的一项敕令规定，在匈牙利国王加冕典礼、议会开幕和闭幕以及接待匈牙利代表团时，匈牙利骑士将取代奥地利法院官员。

除宪法承认其职位和职能的法院官员以外，皇帝对法院拥有绝对控制权。皇帝在场解决了所有礼仪和入场形式的问题。除非得到皇帝的许可，否则议会无权派出代表团。皇帝及其皇宫的住所与其私人财产不同，不受任何州或社区管辖。此外，皇帝有权随意处置当地警察，而当权官员也只能在职权范围内行使处罚权。

第5节　哈布斯堡家族法

皇帝在帝国和王室中的地位比皇帝与朝廷的关系复杂得多。[②]1839年2月3日，哈布斯堡帝国制定了一项家族法，其中有一些隐秘的条款。毋庸置疑的是，《哈布斯堡家族法》与德意志其他贵族家族法之间有些共同之处，但就《哈布斯堡家族法》而言，仅凭类比是不够的。《国事诏书》[③]中有关于哈布斯堡帝国的土地不可分割及相关防卫义务的条款，而《哈布斯堡家族法》以帝国的法律形式为基础，确立了奥地利王室成

① 参见亨利克·马尔卡里：《匈牙利宪法》，第69页。——原注

② 哈布斯堡王室由皇帝、皇后、上一任皇帝遗孀、大公爵与公爵夫人组成，大公爵是当时经家族首领同意而与公爵夫人缔结合法婚姻的男性后裔。——原注

③ 《国事诏书》是神圣罗马帝国皇帝为巩固哈布斯堡家族的领地继承权而宣布的诏书，其中包括了利奥波德一世的两个儿子约瑟夫一世和查理六世于1703年9月12日秘密签订的《相互继承协定》。——译者注

员的继承权，并按照长幼继承的顺序，优先指定男性成员。如此，问题来了：皇帝是否受家族法的限制，或者皇帝是否凌驾于家族法之上？此外，皇帝是否可以修改家族法，可以单独修改还是须获得家族委员会的许可？同样，如果家族法与国家宪法发生冲突，家族法的效力是否应服从或优于国家宪法？弗里德里希·特茨纳教授宣称："作为奥地利王室的统治者，皇帝统治权包含了酋长或族长统治的所有要素。皇帝作为君权的执掌者，不受君权管辖，但仍在法律（即宪法颁布的）规定的范围内。"家族法和公法交织在一起，很难明说两者的起点和终点在哪里。家族权力在国家权力的各种形式上都有体现，即立法、行政和司法。在私法领域，《哈布斯堡家族法》规定皇室成员缔结婚姻、遗嘱和婚姻契约的有效性必须获得皇帝的批准。根据《哈布斯堡家族法》设立了法庭。该法庭负责审理与皇室成员有关的的特殊案件，或者这些特殊案件由皇帝亲自审理。在量刑方面，皇帝的决定就是最后的判决。采取什么样的惩罚措施全在皇帝一念之间，例如遭到驱逐或者被判入狱。

但弗里德里希·特茨纳教授补充道，由于1804年8月11日弗朗茨二世颁布了一道敕令，确定了奥地利帝国的头衔：将皇帝描述为"皇室统治者"，而且弗朗茨二世又是在不涉及家族委员会的情况下颁布的敕令，因此，他的皇权在一定程度上是绝对的。但弗里德里希·特茨纳教授提出的原则是，就国家权力与皇帝的家族权力之间的关系而言，后者是前者的臣民，而不是附庸。即使在专制主义国家，家族法也受国家法律制约，并声明《国事诏书》不受家族立法影响。家族法也可以通过宪法立法提高到国家法的水平，例如《国事诏书》最初就只是一项家族法令，后来受到各个政党承认而成为国家法律。由此可见，宪法立法可以修改甚至废除家族法。弗里德里希·特茨纳教授进一步提出了一个略为巧妙的论点，即1867年12月《十二月宪法》（第一四一号）第一条第六款也表明宪法优于家族法。这条宪法条款声明，皇室中出生的王子们在成为国会议员进入上院并履行职责时无须对投票负责，而且只能以所属议院立法机关的身份发表意见。无论如何，很明显，就皇帝地位的继承权和职能而言，无论有没有家族委员会，皇帝都不能修改家族法并使其凌驾于国家法律之上。家族委员会似乎只在1848年12月2日斐迪南一世退位和弗朗茨·约瑟夫一世即位时在继承顺序上发挥了一些重要作用，但就整个君主制而言，即便是退位的权利也不是绝对的。匈牙利宪法规定，退位的有效性须获得匈牙利议会的批准。

无论国家法律相对于《哈布斯堡家族法》的优越性有多明显，但事实上在《国事诏书》允许的范围内，皇帝的权力都是绝对的。如果皇帝想废除或者大改奥地利的基本法律，尤其此举是为了大众福利，那么这位皇帝实际可以轻而易举地完成自己想做的任何事情。正因如此，大多数奥地利宪法问题都有令人说不出的厌烦之处，因为本质上，这些“厌烦之处”都关系到王朝的私利问题。弗朗茨·约瑟夫一世是一位长期的独裁者。1859年帝国的内忧外患，使弗朗茨·约瑟夫一世相信专制主义是既高成本又低成效的。1848年的革命没能持续多久，财政压力的影响又紧随其后。虽然奥地利回归专制主义的可能性很小，但我们还是能预见《十二月宪法》遭修改或废除的未来。至于未来皇帝在帝国和皇室成员的权威，似乎仍会像过去一样绝对。弗朗茨·约瑟夫一世曾在接待外国皇帝时训练十几位公爵像一群新兵一样列队，由此可看出皇帝的权威是绝对的。大公的严重不端行为有时会受到惩罚，他们甚至被流放，哪怕犯罪者是皇帝的亲兄弟。另外有一些大公因为在首都很受欢迎而被粗暴地送去驻防城镇。当然可以想象，公爵中的某些领头者可能会利用自己在国会上议院的议员身份，以及宪法保障的议会豁免权，以言论或行为公开地批评皇帝的政策；但即使是最不听话的大公，也没有人敢公开反对王室首领。然而，有些大公却仍敢顶撞皇帝，以下犯上。否则，以皇帝的手段，各位大公早就安守自己的本分，不敢惹是生非了。

还有一个重要方面，家族法与国家法律相结合或相冲突的问题可能会相当严重。正如在英国王室贵族结婚要根据《皇室婚姻法》，在奥匈帝国则是根据《哈布斯堡家族法》，大公联姻的有效性取决于皇帝的批准。弗朗茨·约瑟夫一世的假定继承人弗朗茨·斐迪南大公与出身卑贱的公爵夫人索菲娅·霍恩贝格的婚姻由于得到了皇室的批准，因此就是合法的。但前提条件是，弗朗茨·斐迪南大公必须庄严宣誓并宣布，自己的妻子及孩子都无权继承哈布斯堡帝国的皇位，这一宣誓和宣言是基于哈布斯堡家族法的一项规定。公爵夫人索菲娅·霍恩贝格虽然来自古老的波希米亚贵族，却没有资格和一个皇族血统的王子结婚，她似乎

弗朗茨·斐迪南大公

是来自一个在1815年被承认有资格结婚的中间家族。因此，这段婚姻属于“贵贱通婚”。当时奥地利声望极高的法学专家们极力推崇《德意志帝国民法典》的资格概念论，或称同等出身说，即家族成员共享社会地位，与在位或封臣的地位平等。然而这种概念从来没有得到过奥地利法律或波希米亚封建贵族的承认——贵贱通婚的行为依旧是与国家法律背道而驰的。因此根据奥地利宪法，法学家们宣布索菲娅·霍恩贝格公爵夫人及其子女无法享有哈布斯堡帝国的王位的继承权。就奥地利而言，婚姻取决于《哈布斯堡家族法》中关于出身平等的规定及王储根据这些规定所作的婚姻誓言和声明是否有效。

匈牙利的情况则不同。匈牙利《国事诏书》(规约二，1722年到1723年)承认按照长子身份继承哈布斯堡王朝的奥地利大公或女大公为统治者。然而，匈牙利议会不承认弗朗茨·斐迪南大公根据《哈布斯堡家族法》所作的誓言及声明的有效性，且根据《匈牙利王国法令》(第二十四条，1900年)规定，此类情况只能通过立法来实现对誓言的修改。在关于宣言[①]的争论中，匈牙利反对派坚决否认贵贱通婚的合法性，于是令人

① 匈牙利法规颁布的《宣言》如下：
“我，奥地利大公弗朗茨·斐迪南·查尔斯·路易斯·约瑟夫·玛利亚·埃斯特宣布，经过慎重考虑，愿意与索菲娅·玛丽亚·约瑟夫娜·阿尔比娜·霍泰克·乔托瓦·沃金缔结婚姻，让她成为我的公爵夫人。根据传统及法律规定，我们请求获得陛下弗朗茨·约瑟夫一世批准。我们尊贵的伯父，也是王朝的最高元首陛下已恩赐给我们一份代表恩宠与美好祝愿的合法证明。但在我们缔结婚姻之前，我们深受感动，并决定援用上述的家族法。我们遵守规定，并认可这些规定对于这桩婚姻的有效性，即我与霍泰克公爵夫人的婚姻不是完美的婚姻，而是贵贱通婚，无论是现在还是将来。希望上帝保佑我们的婚姻、我的妻子与孩子，孩子的后代不会拥有或有权要求这些属于符合条件大公和公爵夫人的头衔、纹章、特权等。另外，需要特别声明的是，由于上述的婚姻及其后代不是最高执政官的成员，他们没有权利在奥地利这片土地上根据《第一和第二号法令》继承王位，并将他们也排除在匈牙利王权的土地上的继承顺序之外。“我们保证信守我们认为对本宣言具有永久约束力的诺言。通过这段婚姻，我们完全意识到诺言的范围和重要性，无论是对我自己，对我的妻子，还是对我们的孩子。我们将永远不会撤销本声明，也不会采取任何旨在削弱或废除本声明约束力的行动。”虽然这一宣言在匈牙利是作为一项法令颁布的，但它传达给了奥地利的国会。——原注

匪夷所思的一幕出现了——匈牙利王后竟不是匈牙利国王的合法妻子。关于索菲娅·霍恩贝格公爵夫人的身份，无论匈牙利议会是否以法令的形式认定该宣言无效，类似的政治谈判在马扎尔民族和奥地利议院关系史上都相当频繁，而目前这个问题可能会提供大量政治谈判机会。不过《国事诏书》必定将索菲娅·霍恩贝格公爵夫人的孩子排除在匈牙利王位的继承顺序之外，因为按照《国事诏书》，匈牙利国王必须是奥地利大公和大公夫人的合法后裔。索菲娅·霍恩贝格公爵夫人不是奥地利的大公夫人，尽管她拥有匈牙利王后的头衔，但这也不能确定她具有公爵夫人的身份。弗朗茨·斐迪南大公的声明确实在《哈布斯堡家族法》约束范围内，并承认其婚姻的贵贱通婚特征；但匈牙利议会根据其与1722年到1723年的《第一和第二号法令》协定，将宣言作为一项法令颁布，却在序言中对家族法一笔带过。匈牙利议会在通过该宣言时有一条重要规定，即所有有关继承的问题都必须根据1722年到1723年的《第一和第二号法令》进行审判，也就是鉴于实际的制裁和对其作介绍性的规约。这些法规仅规定(《一号法令》，1722年到1723年，第三条)继承顺序(在匈牙利)应按照既定的顺序予以“规范、保护和保证”，在德意志境内和境外的其余世袭王国和陛下神圣的土地上不加区别地颁布和接受，并在这一代中优先选择男性。匈牙利议会通过将宣言列入《匈牙利宪法》中作为一项法令颁布，从而保证自己将来有权就《哈布斯堡家族法》中有关平等的规定与《国事诏书》所规定的匈牙利王位继承顺序的前提是否一致作出决定。因此，《哈布斯堡家族法》中包括关于出生地位平等的各项规定，都受到匈牙利议会的控制，宪法规定方面的解释权也归匈牙利的政治律师所有。

试想一下，在弗朗茨·斐迪南大公登上哈布斯堡帝国的帝位时，索菲娅·霍恩贝格公爵夫人将尊为匈牙利的合法王后。在奥地利，平等的概念应得到维护，哈布斯堡帝国的继承人，大公弗朗茨·斐迪南的侄子——弗朗茨·约瑟夫一世的曾孙的存在可能会造成一种微妙的局势。没错，弗朗茨·斐迪南大公的宣言确实有着绝对的权威；然而，尽管弗朗茨·斐迪南大公已经宣誓永不违背匈牙利议会——实际上是奥地利议会，到时候还是可以向教皇请求豁免。此外，人们还提出了这样的问题，即大公是否有权宣誓放弃子孙可能享有的权利，以及是否能够证明平等的概念在奥地利或匈牙利的法律中没有既定的效力。这样一来，索菲娅·霍恩贝格公爵夫人从结婚那一刻起就应该列为大公夫人，弗朗茨·斐迪南大公的孩子将永远默认父亲的宣言剥夺了自己可以想象到的权利。在这样的情形之下，奥地利国内难免会有一些人呼吁弗朗茨·约瑟夫一世在在位期间纠正自己所犯的错误，即同意由既定继承人与平民的婚姻。当然也有人认为，这种要求不应该得到批准，因为如此一来帝国将会卷入一系列未知的危险因素之中。或者，这样的要求获得了批准，索菲娅·霍恩贝格公爵夫人晋升为大公夫人，那么非奥地利的平等概念不应该成为将孩子排除在继承顺序之外的理由。据说，只有弗朗茨·约瑟夫一世才能排除万难解决这个问题，使弗朗茨·斐迪南大公和索菲娅·霍恩贝格公爵夫人的子女被尊封为奥地利大公。1911年，第二顺位继承人卡尔·弗朗茨·约瑟夫大公迎娶了波旁-帕尔马王室的齐塔郡主，生下了年幼的奥地利大公奥托，并把索菲娅·霍恩贝格公爵夫人和孩子提升到大公家庭的地位，索菲娅·霍恩贝格公爵夫人的子女爵位问题基本得到了解决。出于礼貌，人们将索菲娅·霍恩贝格公爵夫人视为匈牙利王后；但如果作为奥地利的皇后，弗朗茨·斐迪南大公应该在弗朗茨·约瑟夫一世晏驾后继承皇位。现在比较严重的问题是索菲娅·霍恩贝格公爵夫人的子女不可能成为奥匈帝国的统治者。

在这些问题中，最重要的无疑是把继承人宣言把控在手里。匈牙利议会自从民族主义双重制度概念出现以来，匈牙利法学专家和政治家们一直倾向于磨灭代表哈布斯堡王朝“不可分割的统一”的每一个特征，

卡尔·弗朗茨·约瑟夫大公、齐塔郡主与奥地利大公奥托

就像匈牙利和奥地利的实用主义制裁一样。这种二元制建立在皇帝是一个自然人有三个法人身份的概念之上，即统治“帝国会议所代表的王国和皇室领地”的奥地利皇帝、统治“圣史蒂芬王冠领地”的匈牙利国王以及代表着一个政体的共同利益的联合皇帝。联合皇帝的国际关系对外保持一致，对内除军事问题外均使用二元制。至少有一代马扎尔人一直否认联合皇帝的存在，并从理论和实践方面提出了自己的观点：在与外国打交道时，联合皇帝只拥有奥地利皇帝和匈牙利国王的双重身份，而不是一个统一的奥匈帝国皇帝。马扎尔人将“皇帝”排除在与匈牙利有关的事务之外。当不得不以臣民身份称呼皇帝时，马扎尔人总是更喜欢称呼“陛下”，而不是正确的宪法风格“皇帝和使徒之王陛下”。关于宪法术语的其他特点亦如此。“帝国”[①]一词，意为整个国家，戴阿克·费伦茨和久洛·安德拉希伯爵轻易地接受了这一说法，并将其列入1867年的《匈牙利宪法》第十二条，自此只供匈牙利王国使用，人们无法从匈牙利现代政治文献中查阅到相关说法。甚至有人反对使用“奥匈帝国人”一词，而要求使用“奥地利人和匈牙利人”。弗朗茨·约瑟夫一世作为联合皇帝在退位后对这种分裂倾向作出了让步，一部分原因是出于对平静生活的渴望，另一部分是出于一种在奥地利非常普遍的感觉，尽管有名义上的细微差别和法律上的小心机，匈牙利和奥地利之间的未来关系，要么势均力敌，要么就会出现一头重的情况。在匈牙利，和在奥地利差不多，人民都认为终有一天这个问题会通过一场力量的较量来解决，因此，马扎尔人也在设法加强对联合军匈牙利军团的控制。就其本身而言，弗朗茨·约瑟夫一世似乎还不够谨慎，王朝没有认识到可以利用名义上的让步来建立一套政法理论，在必要时，这套理论可以获得有主见的人民的大力支持。

① 指在马扎尔语中的“帝国”。——原注

在最近的事态发展中，奥地利人和马扎尔人的关系呈现出了两种态势：一种是统一；另一种是分裂。分裂的态势是在兼并波斯尼亚和黑塞哥维那地区的过程中显露出来。1878年召开的柏林会议上，奥匈帝国获得了在行政上统治波斯尼亚和黑塞哥维那地区的权利；至1909年春，各大国同意奥匈帝国将主权扩大到波斯尼亚和黑塞哥维那地区。在1908年10月5日的《吞并诏书》及弗朗茨·约瑟夫一世皇帝致奥匈帝国联合政府外交大臣阿洛伊斯·莱克萨·冯·埃伦塔尔的信中写道："我将帝国的领土扩展到波斯尼亚和黑塞哥维那，与这些土地同时生效的还有王位的

阿洛伊斯·莱克萨·冯·埃伦塔尔

继承权。”主权的扩张是没有区别的。根据1880年2月22日颁布的《波斯尼亚和黑塞哥维那地区行政法》以及1880年颁布的《匈牙利规约六》规定，无论自治领地与帝国之间关系有怎样的变化，都必须得到奥匈两国立法机构的一致同意。尽管有这一规定，然而本质上匈牙利与奥地利在登记兼并领地的法案上还是不同的。奥地利只是接受主权与继承权的扩大；而匈牙利一方已经注意到，弗朗茨·约瑟夫一世以“出于对古老纽带关系的尊重，将这些土地与匈牙利先帝们联合起来”为由，将主权扩展到波斯尼亚和黑塞哥维那。此外，匈牙利的法案没有“注意到”哈布斯堡王室的继承令扩展到波斯尼亚和黑塞哥维那，而是独立颁布了《第一和第二号法令》，即1723年的《国事诏书》在这些土地上同样有效。匈牙利这一独立立法规定目的在于否定皇帝以无差别主权这一行为，将其继承权扩张到新土地。同时还重申了弗朗茨·斐迪南大公的婚姻宣言序言中所阐明的原则，即“第一和第二章所载继承权的解决”。1723年的《国事诏书》就其开端、条件和内容而言，是一套完全独立的解决方案，与继承权有关的所有问题都应按照章程进行审判。匈牙利的这种态度有双重甚至三重目的。关于波斯尼亚和黑塞哥维那的实际占有，匈牙利试图通过向弗朗茨·约瑟夫一世提及该省份于匈牙利国王的特殊意义，鼓动弗朗茨·约瑟夫一世吞并波斯尼亚和黑塞哥维那地区，以换取在波黑两省并入帝国版图后自身的特殊利益；此外，匈牙利政客还援引匈牙利律法，第五条涉及“匈牙利王位的继承人，未来要在上帝的帮助下从土耳其人手中夺回领土”的规定，刺激弗朗茨·约瑟夫一世的野心。为了使它看起来像是在1723年为保留匈牙利人对波斯尼亚和黑塞哥维那的权利而作的特别规定，匈牙利历史学家附会说这是传说中“拉玛王国”定下的，据说“拉玛王国”曾一度短暂地受匈牙利国王统治。但匈牙利这种态度的特殊目的是否认这种吞并行为是奥匈帝国联合皇帝的行为，或者说皇帝的行为扩展了奥匈帝国的联合主权。因此，为了尽力反驳这种说法，奥地利人声称国家拥有对波斯尼亚和黑塞哥维那地区的主权，帝国有权管辖该地区。

事实上，尽管在匈牙利国王加冕时会出现“拉玛王国”的旗帜和标志，但匈牙利人对在波斯尼亚和黑塞哥维那拥有特别权利的要求仍十分模糊。土耳其对波斯尼亚和黑塞哥维那的所有权曾得到奥匈帝国皇帝的再三承认，特别是《西斯托瓦条约》(1791年8月4日)的承认；1878年至1879年，奥匈帝国军队根据欧洲各国赋予“奥匈帝国”的权力，占领了波斯尼亚和黑塞哥维那。然而，为了理解匈牙利与君权有关的领土学说，值得注意的是，正如亨利克·马尔卡里教授所写的那样[①]，匈牙

签订《西斯托瓦条约》

① 《匈牙利宪法》，第29页。——原注

利当局如此谨慎，从未放弃对波斯尼亚、加利西亚和罗多梅利亚的所有权——尽管加利西亚和罗多梅利亚曾在1867年为奥地利君权所有。

奥匈两国关系的彻底调整是不可避免的，从占领波斯尼亚和黑塞哥维那、保持奥匈帝国共同主权时的两国相互冲突的立场、匈牙利在弗朗茨·斐迪南大公宣布结婚方面的特殊地位和影响力以及匈牙利在政治和经济上从奥地利分离的趋势就可看出端倪。目前奥匈两国的关系存在嫌隙的同时也令人们感到疑惑，这为哈布斯堡帝国各族人民的政治发展制造了限制。这种关系是弗朗茨·约瑟夫一世统治时期曲折历史的产物，在某种程度上反映了弗朗茨·约瑟夫一世的个性。甚至在多年前弗朗茨·约瑟夫一世受召来到父亲身边时，他的个人形象就已初具雏形；在弗朗茨·约瑟夫一世统治期间的重大危机中，他的个人行为方式才最终定型。没有一个现代统治者经历过如此多的变化，也没有任何统治者经历过如此残酷的考验。从历史上看，弗朗茨·约瑟夫一世不是一个人；从心理上说，弗朗茨·约瑟夫一世是几个人的综合体。弗朗茨·约瑟夫一世接受着优良的教育，在1848年起义中继承了帝国的王位，因此，学会了不信任宪政、自由主义以及各种形式的进步的政治意愿；而作为一名专制统治者，在环境压力和保守派谋士的引领下，他也相信军队、教会、警察以及官僚是皇位最大的依仗。弗朗茨·约瑟夫一世二十五岁生日时向人民提出一项协议，其中包括国家以教会为尊。只是索尔费里诺的战败、伦巴第的沦陷和国家临近破产使弗朗茨·约瑟夫一世一度怀疑自己谋士的能力。1860年到1865年有一位半立宪皇帝，急于挽救自己在德意志王储中的地位。然而，由于1863年奥托·爱德华·利奥波德·冯·俾斯麦在法兰克福议会中使用的手段和1866年赫尔穆特·卡尔·贝恩哈特·冯·毛奇将军在萨多瓦战场上的大胜，弗朗茨·约瑟夫一世才被迫向马扎尔人求助，与匈牙利讨价还价，徒劳地用立宪的外衣遮住千疮百孔的奥地利，乞求着能挽回些许损失。1870年至1871年的联

赫尔穆特·卡尔·贝恩哈特·冯·毛奇

合皇帝深信，只有奥地利与匈牙利才能保证王朝繁荣的未来；然而，由于敏锐地感知到了国际事务的变化，不能忽略可能引领国内外发展新道路的政策线索；最后，匈牙利的立宪国王和奥地利的立宪专制皇帝，作为一个被王朝的信念、宗教情感和家族传统所说服的人，日夜追求着王朝永恒的目标。尽管民族之间会有争吵和斗争，但皇帝职能的权力和王朝的威望将引领民族和帝国进入一个更美好的未来。

哈布斯堡-洛林王朝的弗朗茨·约瑟夫一世就是这样一个人。没有人会说弗朗茨·约瑟夫一世“伟大”，因为伟大由皇帝的政绩来评判。

那些说弗朗茨·约瑟夫一世是“好人”的人主要考虑的仅是皇帝的个人形象。但大家都称弗朗茨·约瑟夫一世可敬，也有人称弗朗茨·约瑟夫一世聪明，很少有人对弗朗茨·约瑟夫一世怀有深深的敌意。哈布斯堡帝国能否在“体制”下统治，还有待考究。约瑟夫二世尝试过但失败了；克莱门斯•文策尔•冯·梅特涅试过，但计划在革命前就胎死腹中；亚历山大•冯•巴赫探索过，可在索尔费里诺遇到了对手；同样想要创建新体制的还有安东•冯•施梅林，甚至筹备了萨多瓦战役为新制的实施奠定基础。这些都是“体制”。后来出现了二元制，且稳定地持续了大约四十六年，但二元制的优缺点都过份明显，也不是万灵药。除了约瑟夫

安东·冯·施梅林

二世之外，弗朗茨·约瑟夫一世经历过所有这些“体制”，并且成为王者。弗朗茨·约瑟夫一世从经验中获得了一种感受，即制度是为当下和那些寻求应用制度的公众人物而生，皇帝的职能其实远不止于此，尽管有时皇帝与制度保持一致。令人怀疑的是，弗朗茨·约瑟夫一世是否曾在没有考虑过两种或两种以上替代方案的情况下批准过任何项目或政策，至少在内政方面只要稍微改变一下环境，或许就可行。因此，弗朗茨·约瑟夫一世有些优柔寡断，投机取巧，大多表现在前后矛盾上。如果弗朗茨·约瑟夫一世拥有创造性的政治家才能，也许他就会在统治期间利用自己的权力在历史上留下浓墨重彩的一笔。谁能说，如果约瑟夫二世在位，奥地利的皇帝政体，乃至整个中欧，又会变成什么样子？

哈布斯堡帝国的盾形徽章

1790年到1830年，约瑟夫二世掌控着哈布斯堡帝国的命运，或许是约瑟夫二世继承了祖先的优良品质。没错，约瑟夫二世可能在掌控过程中毁掉了自己的帝国，而那些认为“不管怎样，都是正确的”的人，在经济转型时期，要证明这一点并不困难。弗朗茨·约瑟夫一世的谨慎和愤世嫉俗的善意适应性，是保护哈布斯堡帝国所必需的品质。弗朗茨·约瑟夫一世微笑着回答一位热心向自己提出了帝国重组和复兴新计划的谋士。无论历史如何判定，都必须承认弗朗茨·约瑟夫一世的卑鄙动机和狭隘心胸。弗朗茨·约瑟夫一世要说明自己的管理工作，在履行任务时表现出一种永不衰退的责任感，一种自我否定的精神和一种永远存在的感情。尽管弗朗茨·约瑟夫一世更多是顺应——而不是掌控——事态的发展，但弗朗茨·约瑟夫一世的子民在发展过程中，没有一件事是因弗朗茨·约瑟夫一世插手而发生的。弗朗茨·约瑟夫一世为继任者留下了丰厚的王朝宝藏，因为永恒的真理是：在帝国的内部斗争和变迁之中，皇帝的影响力几乎是坚不可摧的。

第2章

第1节　国　家

虽然奥地利帝国和匈牙利王国确实存在于哈布斯堡王室的领土上，奥匈帝国也确实存在着共同政府。然而，严格意义上讲，历史上并没有哈布斯堡帝国这一说法，除非哈布斯堡的统治者敢大言不惭地说："这里是我的地盘！"正如一支军队的战斗价值不能用一本军事手册概括和衡量一样，奥匈帝国政体的基本构成要素也不能简单地用政治机构或行政机构来表达。对于二元君主制这种特殊的政体来说，分析促使二元制产生的原因或体现出的弱点比剖析二元制政体框架显得更加重要。单看政府机构的构成名单，我们很难了解奥匈帝国政府的精神驱动和工作方式，所以对国家职能机构的分类不仅需要包含大量信息，同时还需要能体现细节的东西。从某种意义上讲，奥匈帝国是由军队、官僚机构、警察和教会构成的，这些机构是这个帝国政府的主要职能部门。人民是为国家而存在的，而国家存在却并非为了人民——这就是国家需要治理的原因。"人民的意愿"可以通过议会来表达和实现。尤其是在奥地利，议会机构的职能范围囊括了从立法登记到政治市场等多个领域。议会虽说像一个有约束政府行为权力的安全阀，但议会很少会以人民的意志为由要求政府妥协。表面上，奥匈帝国大部分事务都受到法令和法规的监管，行政职权范围划分清晰，有争议的问题由行政法庭解决。但实际情况却并非如此，很少有机构称职到能肩负起应承担的责任。因此在这种体制的控制下，问题的成因既复杂又单纯。人的行为通常会受到传统、个人因素以及根深蒂固的信念的影响，使人们的动机总含有另一层深意。虽然权威感随着时间的发展影响逐渐弱化，却依旧是促成这种政治氛围的催化剂。奥地利学者斐迪南·库恩伯格讽刺这种氛围为“亚洲人”，也就是说，这种氛围在很多方面都带有半东方意味。因此，要了解奥地利，就必须抛弃先入为主的观念和偏见，实事求是。名字本身很重要，但更加重要的是名字背后的故事。这就是哈布斯堡帝国的秘密，这个秘密不是靠研究或思考就能预测的，而是靠经验去慢慢洞悉的。

第2节　军　队

最令哈布斯堡帝国称心如意的机构是军队。二元制诞生前，诗人弗朗茨·格里帕泽曾在赞美约瑟夫·拉德茨基·冯·拉德茨元帅的诗中写道：“你在，国在。”尽管1867年匈牙利宪法的重新制定及匈牙利和奥地利之间的“平等主义”对军队产生了一定影响，但马扎尔分离主义者对此仍十分排斥，认为军队是是一个没有感情的国家机器，并且对心怀鬼胎者有持续的震慑作用。最重要的是，军队是培育帝国情怀的摇篮；是为帝国和皇家服务的军队。根据宪法，皇帝在组织和领导军队方面拥有完全的控制权。在军队这个大框架内，奥匈帝国在国防政策的制定上优先保障军队的侵略性和军事意义，政治因素对国防政策的制定而言没有任何地位。奥匈帝国对德意志的仇视是因军国主义思想造成的，这种说法显然有失偏颇。虽然有许多军官来自贵族，甚至有些军官是高级贵

弗朗茨·格里帕泽

约瑟夫·拉德茨基·冯·拉德茨

族出身；但大部分军官还是从中下层阶级中选拔出来的，由收入微薄的平民组成。在这种情况下，贵族成员必须适应军营的朴实生活，努力工作、艰苦奋斗。由于兵团的特殊构成，军官们必须和其部下保持密切关系。奥地利士兵出色的战斗力是毋庸置疑的，士兵们从上百场战争中充分展现了自己的实力。拿破仑·波拿巴——拿破仑一世曾毫不吝啬地赞赏了奥地利士兵，他曾在阿斯彭战场上遭遇奥军，大败而归。然而，对于一支近半个世纪来没有受过认真训练的军队来说，将其作为战斗机器的价值进行武断评价根本毫无意义。奥匈帝国军队的有效价值在很大程度上必须取决于军官的素养；而在现代战争条件下，军队的价值则是取决于士官的素养及战争的性质。对于这个方面，专家的见解相当权威。至于专家提出的"公正的"意见，实际上是对奥匈帝国军官素养的一种恭维。因为人们普遍认为，奥匈帝国军官的素质要优于德意志帝国的军官。奥匈帝国军官更聪明，更容易适应环境，与部下接触更紧密，不爱挥霍，而且重点是没有傲慢的态度。比如某位军官为人很好，讨人喜欢，尽管有时他的体能明显不如别人，但身体结实，同样能在阿尔卑斯山脉不停攀爬，在尘土飞扬或白雪覆盖的平原上持续行进。鉴于奥匈帝国陆军在军事情报和指挥上的优势，军官们更应该在战争中充分发挥自己的能力。在1908年到1909年和1912年到1913年的局部动员中，陆军总参谋部与下属单位高度配合，充分展示了奥匈帝国军队优良的机动性。可是，就算奥匈帝国的军队可以始终保持稳定的战斗数据，也不可轻言它能适应任何战争局势。最近的数据显示，奥匈帝国的军队在军需供给及战场上安排了大量部队时存在着明显的缺陷；据了解，奥地利的军火装备并不优良，人员充实度也偏低，在实战中可能会出现士官突然受命来代替副官或尉官的职务的情况，而这对普通士官而言是不能胜任的任务。此外，奥军士官资源也严重短缺。奥地利目前正致力于改革士官制度，延长士官的服役时间，将士官资源的利用率最大化。即便如此，这

阿斯彭战役

也需要数年的时间才能看到成果。与此同时，奥匈帝国的军队正处于不利地位。军队的高级军官条件较好，唯独出生时几乎没什么特权。一个平民要想成功地通过战争进入总参谋部，必须要有头脑，还要有很强的工作和指挥能力。在众所周知的奥匈帝国军官的名字中，贵族的名字很少见，人们记得贵族的标志“冯”通常是在服役三十五年后才授予的军官称号。奥地利存在一种军事贵族，一种像官僚贵族一样的武士阶层。许多家境一般的家庭世代都是军人，这些家庭把自己的孩子送进陆军和海军。这些军人家庭是这个帝国的一大资产，穿着皇帝的外衣已经成为这批军人家庭的第二天性。军人不仅是色彩对比强烈的“黑黄派”[①]，也是弗朗茨·约瑟夫一世皇帝所说的“我的爱国者”。军人家庭的精神活跃了全军，影响了没有家庭归属感的士兵，也渗透到整个军队中。军人们驻扎到哪里，爱国精神就辐射到哪里。

虽然奥匈帝国军队的精神基本上是统一的，但军队分为几个不同的组织，在军事大臣和总参谋长的建议下，由皇帝协调战争行动。这些组织是：

奥匈帝国联合军；

奥地利国防军或民兵队；

匈牙利国防军。

除了这些正规组织之外，还有一部分是由身体健全的男性组成的后备军和征兵队，但后备军不在联合军、民兵队或国防军服役。虽然后备军几乎不算作现役军事力量，却是最强的后备力量。除非这支军队的组建理念符合一般人民军事组织致力于共同保卫帝国的原则。

综上所述，奥匈帝国拥有三支正规军。奥地利的民兵队和匈牙利的国防军都不是一般意义的储备部队，而是像联合军一样，自己征募新兵、

---

① 黑黄两色为奥地利国旗的颜色。——原注

提拔干部，并组织后备部队。民兵队和国防军实际上都是前线的军团，没有像联合军那样齐全的装备，也没有受过完整的训练。然而，这两个军团与联合军并肩作战时并不会削弱前线的作战效率，只是如果不向前线派遣后备军，便难以对抗德意志帝国的军队力量。军队在很大程度上独立，但始终服从于皇帝和总参谋部。皇帝和总参谋部控制着三支军队，并且各个部门都设有部长。因此，奥匈帝国联合军由隶属于联合战争大臣的帝国皇家战争办公室管理，联合战争大臣的等级高于总参谋长。理论上，联合战争大臣对评估并批准联合军事行动的奥地利和匈牙利军事代表团负责。奥地利民兵队由奥地利国防大臣领导的奥地利国防部管理，国防大臣对帝国议会负责。同样，匈牙利军队要服从于匈牙利国防军大臣，匈牙利国防军大臣对匈牙利议会负责。奥地利议会和匈牙利议会每年按人口为三支军队征募新兵。奥地利议会给予奥地利联合军队和民兵队新兵配额，匈牙利议会给予匈牙利联合军队和国防军新兵配额。除了匈牙利军团的军事司法程序具有一些特点之外，尽管“军团语言”因各个军团的民族构成而不同，但德语是整个联合军队和奥地利民兵队中使用的官方语言，也是指挥语言和服务语言。纯粹的波兰人、捷克人、鲁塞尼亚人和塞尔维亚-克罗地亚人军团虽然都用德语指挥，但这些军团在训练过程中都使用各自的语言；而混合军团几乎都是同时使用几种语言训练。在整个团中，只有少数人群（约百分之二十）有权使用自己的语言接受训练。联合军队的匈牙利部队，仅有六七个马扎尔军团可以使用马扎尔语接受训练。尽管这六七个马扎尔军团不断地设法增加马扎尔新兵的占比，但联合军的奥地利混合团也遵守以德语作为官方语言的原则，从而维持了德语的主体性，使匈牙利团成为联合军的军事工具。在从匈牙利本土征募的军团中，马扎尔语是官方语言和指挥语言；在实际可行的情况下，也是训练语言。但1868年匈牙利在克罗地亚实行殖民统治期间，匈牙利从克罗地亚-斯拉沃尼亚地区征召的国防军团的通用语言是塞尔维亚-克罗地亚语。

在多语言多民族的交错中依然能保持统一的情感和高效的组织，是政治和军事的奇迹。这个奇迹归功于军官们对工作的奉献以及军队成员们的机敏。从极端民族主义分子对军队的攻击即可判断军队的效率如何，特别是作为军事组织一部分的联合军队。常见的指控认为，这是一种德意志化的手段——一种既合理又缺乏根据的指控。在奥匈帝国，用于交流的语言总少不了德语。原因很简单，德语早已广泛应用于奥匈帝国人民的日常生活，但德语作为官方语言的日子已经一去不复返了。如今，德语甚至不是奥地利的官方语言，但受某些因素的影响，德语仍然是主流语言。相反，在匈牙利，尽管有一半人口是非马扎尔人，但马扎尔语仍是匈牙利的官方语言。只要看一眼奥匈帝国的钞票，就会明白奥地利和匈牙利的“国家理念”的真正内涵。奥地利钞票的面值是用德语、捷克语、波兰语、塞尔维亚-克罗地亚语（拉丁语和西里尔语）、鲁塞尼亚语或小俄罗斯语、斯洛文尼亚语、意大利语和罗马尼亚语来印刷的；而匈牙利钞票的面值仅使用匈牙利语，即便匈牙利的“民族”和奥地利一样多。因此，奥地利的国家理念代表民族权利的平等；而对于匈牙利，更确切地说是对于马扎尔民族而言，国家理念代表统治民族的霸权。如果从匈牙利王室的领土概念出发，那么要反对马扎尔人这种理念是有根据的。纵观联合军队，德意志人的影响是一个有价值的突破口。“国家理念”在整个帝国的领导地位远比马扎尔语在匈牙利的独特地位更加合理。

当某个非马扎尔人新兵掌握了些许马扎尔语后，除了能用于与地方和国家的交往，他无法学到任何可能对自己有价值的东西。然而，当某个非德意志人新兵学会了一点德语后，就学会了认识整个中欧和大部分文明世界的方法。奥地利和匈牙利的斯拉夫人意识到德语这种交流媒介非常有价值，除开书面交流，斯拉夫人经常使用德语进行口头交流。鲜有奥地利的斯拉夫人能够同样熟练地使用捷克语、波兰语、斯洛文尼亚语、小俄罗斯语和塞尔维亚-克罗地亚语来表达所有这些习语。因此，斯拉夫人将德语作为一种通用语。无论斯拉夫人多么怨恨和抵制曾经在某些高级行政部门盛行并至今犹存的德意志精神，斯拉夫人都不乐意看到德意志人失去优越的地位。

因此，奥匈帝国的军队，尤其是联合军，是统一的象征，是统一情感的源泉，更是帝国的主要支柱。虽然弗朗茨·约瑟夫一世允许联合军的匈牙利团在制服上与奥地利团有所区别，但弗朗茨·约瑟夫一世一再声明，并以行动证明，自己绝不允许军队的统一性受到严重损害。在匈牙利宪法危机期间，弗朗茨·约瑟夫一世发表了自己最著名的宣言之一，也就是1903年9月16日从加利西亚发出的军令："为利于我对军事价值的有利判断、我在奉献中自我牺牲的愉悦以及全部防御部队精诚的合作，我必须把握住他们现有的、历经磨难的组织，尤其是我的军队。必须知道，我永远不会放弃我的权利以及放弃赋予'战争的主宰'——我的军队至高无上的特权。军队牢固的联盟纽带正受到单方面的威胁。这种单方面的威胁源自军队为奥匈两国君主制的福祉而必须完成的崇高使命的误解。我的军队将保持联合、统一，用强大的力量保卫奥匈帝国，抵御每一个敌人。我的整个国防军将以团结和谐的精神继续认真履行职责。为忠于广大人民的福祉的誓言，国防军尊重每一个民族的特性，并通过利用每个民族的特性来解决所有对立。"这一军事命令在马扎尔人中引起了强烈的抗议，然后马扎尔人对帝国的宪法军事特权发起了攻击。以帝国的立场来说，这场抗议并不能造成什么根本意义的改变。实际上，马扎尔人的反对派采取了抗议的形式，马扎尔人反对政府没有在军事命令上签字，反对诸如"我的全部防御力量"（总国防军）这样的说法，而不是反对皇帝不惜一切代价维持军事统一的决心。作为对抗议的回应，弗朗茨·约瑟夫一世向匈牙利首相下达了一份命令。弗朗茨·约瑟夫一世认真履行了1867年《匈牙利宪法》第十二条所规定的义务，也就是“我决心保护我的权利不受削弱，并把它们原封不动地传给我的继任者。”该法令第二条所明确的权利已在上一章提及。在1903年10月制定的计划中，关于皇帝已经批准的解释的唯一改变，已经被一个由九名成员组成的匈牙利委员会接受。弗朗茨·约瑟夫一世也以当年蒂萨·卡尔曼内阁组建的基础所接受。在匈牙利宪法史上称为《九国纲领》的条款中包含了引入的军事刑法，规定军事法庭在匈牙利军团使用马扎尔语；将具有匈牙利国籍但在非匈牙利团服役的军官调往匈牙利团；建立匈牙利军官军校；关于宪法赋予国王的军事特权，承认皇帝有权在匈牙利军团中修改命令和服务的语言。不过，该方案补充说：“内阁的政治责任扩展到这一行动，就如皇帝的每一项行动一样，议会在这方面以及在每一项宪法权利方面的合法影响都保持不变。这种情况可以通过立法来改变，也就是说，由皇帝和议会共同决定政策。在强调国家权力的同时，自由党（大臣党）没有提出关于指挥和服务的马扎尔语的问题，由于重大政治原因会影响国家重大利益，这样做并不可取。”

虽然匈牙利不认为这项《九国纲领》是一项法律，但《九国纲领》对1867年《匈牙利宪法》第十二条第二款中“宪法”一词作出了解释。然而，在戴阿克·费伦茨和久洛·安德拉希伯爵看来，这个词无疑意味着皇帝安排一切领导与命令以及军队的内部组织是宪法承认的、“符合宪法的”组织。《九国纲领》对“符合宪法”作出了解释，即内阁对皇帝根据这一权利所采取的一切行为负责。这种行为也存在“合法的”议会影响力。唯一积极的宪法性结果，源于1902年年底开始到1906年4月结束的马扎尔人和弗朗茨·约瑟夫一世之间的冲突。1906年4月8日，马扎尔联盟领导人与弗朗茨·约瑟夫一世之间的和解中消除了对在冲突中至关重要的马扎尔语命令的需求。然而，这是证明马扎尔人倾向于破坏军队和帝国的统一的一个有力的证据，可能会使马扎尔人陷入无法躲避的旋涡。根据《匈牙利宪法》第十二条第十一款，马扎尔人认为将“匈牙利军队”与“奥地利军队”区分开来是合法的。承认“匈牙利军队是整个军队的组成部分”的存在是似是而非的。自1526年土耳其人在莫哈奇镇压匈牙利以来，除了1848年到1849年革命期间拉约什·科苏特领导的匈牙利武装力量与奥地利交战之外，还从未有过“匈牙利军队”。1867年宪法中使用的“匈牙利军队”一词是“军队”和“匈牙利军队”的一个类似表达，在1802年的匈牙利法律中这些表达都使用过，用来表示军团或者“匈牙利军团”。1868年，在匈牙利议院，戴阿克·费伦茨坚持认为，虽然1802年的法律和1846年的法律的解释都是“匈牙利军队”，

拉约什·科苏特

但法律并没有将其作为一种单独或独立的力量。戴阿克·费伦茨还说：“我提醒众议院的议员们，1848年，当我们的军队并没有在皇帝陛下一方的实际制裁意义上作战，而是反对奥地利时，独立且特殊的匈牙利军队成立了。如果有人疑惑为什么三级会议不要求建立一支独立的军队，那只是因为议会相信，按照实用主义制裁的要求，如果有两个独立的、特殊的军队的话，要想保卫祖国、王位或陛下其他领土任何一方都是不可能的。”戴阿克·费伦茨非常清楚《1867年奥地利-匈牙利折中方案》体现了匈牙利在不冒生命危险的情况下所希望获得的最慷慨的条件，并且还意识到这在奥地利和弗朗茨·约瑟夫一世心中激起了反抗当时刚刚恢复的宪法自由的劲头。经过十年的发展，奥地利越来越多的人认为，国家迟早要和马扎尔人重新算账。这些迹象都表明戴阿克·费伦茨对匈牙利立场的远见卓识，还有对企图侵犯王权将造成的后果的认识。

这些威胁就包括马扎尔人破坏联合军的整体性。因此，与其说这是对体制的威胁，不如说是对马扎尔人自身的威胁。奥匈帝国军队仍是国家仅次于皇权的强力支柱。军队在灾难中向人民伸出援手，这在人民教育方面影响甚广，因此，军队即便在镇压暴乱时也少有暴行。总的来说，军队的管理精神在于宽容与无侵犯性——这种精神的最佳状态是“尊重各民族的特点，利用这些特点为广大人民解决问题，并谋取福利”。

当然，这种崇高的精神不可能详细地体现在军事组织的各个角落以及各个军事部门的工作中。奥匈帝国的官员比欧洲大陆任何国家的同行都更在意繁文缛节和官话。奥匈帝国的战争指挥部、国防部和各军种的司令部中相当活跃的也就是俄罗斯籍官员了。在军队里，皇帝与作为皇帝代言人的大公的个人权力大于文官。而在文官官僚机构中，官僚机器的车轮会持续不断地碾碎人的生命和个性。安东·高尔戈齐将军就是个典型的例子，他曾是军队的传奇。当年“安东·高尔戈齐”这几个字一度出现在各类大小奇闻里。在奥匈帝国占领波斯尼亚和黑塞哥维那期

安东·高尔戈齐

间，需要尽快修建一条道路，任务艰巨，资金奇缺，时间紧迫。得益于安东·高尔戈齐将军忠诚的部下们，安东·高尔戈齐将军不费吹灰之力就完成了任务。接着安东·高尔戈齐将军汇报：“路已修好，已收两万弗罗林，支出两万弗罗林，无余。高尔戈齐。”如此简洁的声明震惊了军方审计员，为此军方审计员要求安东·高尔戈齐将军提供经费使用明细凭证。安东·高尔戈齐将军没有理会这个要求，军方又以一种专横的语气重复了一遍这个要求。然后安东·高尔戈齐将军补充道：“收到了两万弗林，花掉了两万弗林。再怀疑的人是笨蛋。”于是，审计长向弗朗茨·约瑟夫一世控诉安东·高尔戈齐将军的无礼并请求皇帝惩罚安东·高尔戈齐将军。弗朗茨·约瑟夫一世和颜悦色地反问道：“那你还怀疑吗？”

弗朗茨·约瑟夫一世与出色的军官们的关系更像是长辈与晚辈。一般来说，皇帝不会刻意寻求军官们的支持，而是给予他们深切关怀并予以嘉奖。在军官遭遇不幸时，皇帝常常开导安慰他们，还会帮助他们偿还一些债务，甚至充当他们的家长。不过也有例外。萨多瓦战败的指挥官路德维希·冯·贝内德克的例子就是悲惨的证据，证明了帝国的真实或假想利益往往优先于所有其他考虑。

约瑟夫·拉德茨基·冯·拉德茨元帅去世后，路德维希·冯·贝内德克将军是军队中最有能力和最受欢迎的将军。1866年，意大利和

路德维希·冯·贝内德克

普鲁士王国分别从南方和北方向奥地利发起进攻。路德维希·冯·贝内德克将军担任北方军队的指挥官，因为据说路德维希·冯·贝内德克将军久负盛名，有了他就相当于多了一支军队。然而，这与路德维希·冯·贝内德克将军所期待的并不一样。这一任命的真正理由是人们预料——至少是担心会又一次败给普鲁士王国。人们认为，唯一一位地位显赫的将军——阿尔布雷希特·弗里德里希·鲁道夫大公，不应该这么光鲜亮丽。当路德维希·冯·贝内德克将军接到从维也纳打来的让自己前往波希米亚上任的电话时，他严词拒绝了，并说道："我了解

阿尔布雷希特·弗里德里希·鲁道夫大公

伦巴第的一切，但对波希米亚人一无所知，更不用说易北河的形势。”路德维希·冯·贝内德克将军预备回南方时，弗朗茨·约瑟夫一世的侍从在深夜唤醒了路德维希·冯·贝内德克将军。因为皇室成员不能失败，弗朗茨·约瑟夫一世期望路德维希·冯·贝内德克将军为了帝国利益牺牲自己。路德维希·冯·贝内德克将军只好答应了这一请求，把自己的战功转移给阿尔布雷希特·弗里德里希·鲁道夫大公，并以萨多瓦的失败为自己的戎马生涯画上了句号。之后路德维希·冯·贝内德克将军只能在波希米亚自由地生活。虽然路德维希·冯·贝内德克将军口头答应了弗朗茨·约瑟夫一世，但行动上还是违抗了命令。因为在维也纳的帝国指挥部的干涉下，作战计划的失败使路德维希·冯·贝内德克将军成为众矢之的。路德维希·冯·贝内德克将军想亲自向弗朗茨·约瑟夫一世报告这次战役进程的愿望从来没有实现过。从伦巴第得胜归来的阿尔布雷希特·弗里德里希·鲁道夫大公请求路德维希·冯·贝内德克将军不要回应人民的质疑，也不要企图为自己辩解。路德维希·冯·贝内德克将军于1866年11月19日书面承诺，闭口承受一切。1867年12月8日，在官方的《维也纳时代报》上，出现了一篇贬低路德维希·冯·贝内德克将军成就的报道，文章宣称这使人民对帝国丧失了信心。在路德维希·冯·贝内德克将军的同代人和子孙后代的眼里，他的军事声誉受损，他知道军队在自己的领导下遭受了巨大的灾难，并且由于自己的失败，整个帝国都蒙受了损失，这对路德维希·冯·贝内德克将军来说比军事法庭的谴责更加严厉。不知道刊发这篇报道是阿尔布雷希特·弗里德里希·鲁道夫大公还是国防大臣弗朗茨·冯·约翰将军的主意，因为这两人都更正了校样。在路德维希·冯·贝内德克将军的遗嘱中，是这么形容这二位的行为："超乎我对权利、正义和体面的想象。我也默默地接受了这一切。"路德维希·冯·贝内德克将军补充道，"以我的人生准则还有自我克制，忍受了七年的艰苦士兵生活。我想我还是幸运的，即便

弗朗茨·冯·约翰

如此，我还保持理智，不去怨恨任何人。我做的事对得起这个世界，也对得起我自己，我问心无愧。只是在这个过程中，我的属下们失去了生命中所有诗意。”路德维希·冯·贝内德克将军还禁止格拉茨要塞的指挥官对自己的遗骸给予任何形式的军事荣誉，以此作为自己失去的“士兵之诗”美誉的标志。赢得利萨战役的海军上将——威廉·冯·特格特霍夫将军，受到的待遇并不比不幸的路德维希·冯·贝内德克将军好多少。由于某种不明缘由，威廉·冯·特格特霍夫将军在胜利后几周内就被解除了舰队司令的职务，并以需要学习外国海军为借口遭到了流放。利萨战役的神秘面纱也许有一天会被揭开。威廉·冯·特格特霍夫将军究竟是因为与审计官在庆功宴花销有出入这个问题而受到惩罚呢，还是因为威廉·冯·特格特霍夫将军太过认真地对待自己在国际悲喜剧中扮

利萨战役

利萨战役中被击沉的意大利军舰

演的角色而受惩罚呢？当时有一件事是可以肯定的——关于利萨战役情况的当代记录和出版的版本不能全信。没有人能大致了解在吞并波斯尼亚和黑塞哥维那前后情况的真相，在官方的影响下，媒体小心翼翼地向奥匈帝国公众隐瞒真相，使公众接受当代奥地利官方给定的所有版本。

第3节　官僚主义

对于每一个有组织的国家来说，国家官员与支持国家官员的人民之间的关系变得越来越重要，这一问题在奥匈帝国最突出。与暗中剥削、压榨人民的政府机构或导致国家四分五裂的等级制度相比，皇帝尽管更在乎自己的统治权威和使命感，但裁定事务是更加公正、仁慈的。从奥地利和其他国家的官僚统治性质的经验和反思中我们可以得出结论，官僚统治具有四个主要特征：

一、管理者或治理者存在权威感和优越感，这在以前是以官僚抱团意识的形式存在的，但这种权威感和优越感现在已经分散化和个性化；

二、管理者不愿意承担责任，因此管理者表现出来的政治行为变得难以捉摸，这是可以通过几代人的实践证明的；

三、等级精神。在等级精神的驱使下，官僚机构内阿谀奉承之风盛行，高级官员变成了万众瞩目的明星，各级官员都以追名逐利为目标，迫切地希望可以跻身上层阶级；

四、官僚统治把所有批评官僚工作、限制官僚权力或改革官僚机构组织的企图都看作一种卑鄙的行为，使人感到厌恶。

这最后一个特征可能是奥地利官员之间迄今为止最紧密的联系。举一个奇怪的例子：不久前，一家宫廷剧院的管理员希望重新排演一部由著名奥地利德意志人作家创作的喜剧，而这位作家本人就是上一任剧院管理员。询问过后，这位作家对当局是否会批准自己的作品重新上演表示怀疑，因为在随后的一部非戏剧作品中，检察官因其中一些文章含有冒犯帝国的话语而被扣留了。经询问，剧院管理员对作家的怀疑表示杞人忧天，法院当局和皇帝都不反对这部喜剧重新上演。因此，作家决定重新上演这部喜剧。但作家得到了一个建议：进行下一阶段工作前，最好先去查阅一下剧院的档案。作家在剧院档案中发现了奥地利前首相写给剧院上一任管理人员的信，信中说，鉴于那位作家对官僚机构的严厉指责，作家的戏剧不能继续在剧院上演。管理员当时向首相申请解除禁令，首相却说自己对此事无能为力。阅读斐迪南·库恩伯格的论文集为我们提供了理解奥地利问题的关键，斐迪南·库恩伯格最精彩的讽刺作品之一就是阐释这种官僚主义精神。斐迪南·库恩伯格和前官员约瑟夫·舍费尔将各种各样的腐败官员绳之以法。遍布郊区的草地和森林让

约瑟夫·舍费尔

维也纳成为欧洲最美丽的首都，但这些官员竟试图将草地和森林地带卖给犹太投机者。约瑟夫·舍费尔和斐迪南·库恩伯格拯救了森林地带，人们在默德灵建立一座小型纪念碑以铭记这二位的功绩。斐迪南·库恩伯格的讽刺作品《不诚实是最好的政策》[①]讲述了一个官员因为监守自盗被上级发现后发生的一系列荒诞故事。书中写到，在这位官员的贪腐行径暴露后，他的一位朋友不但不劝他自首，反而建议他一条道走到黑，不要理会媒体的公开谴责和人民的口诛笔伐。事实结果也证明，虽然这位官员遭到了公开谴责，却并未受到法律制裁，官僚机构内沆瀣一气，各级官员都不约而同地为他撑起保护伞。因为大家都曾秘密起誓，无论发生怎样的事故，回答一律都是“毫不知情！”。

正义精神以及所谓的“正义政治”，在处理奥地利事务中发挥着重要作用。这是一种叛逆的精神，一种否决的权利，可以用英语表达为“你不会！”。官僚主义有着巨大的阻碍力量，当官僚主义的权威受到忽视或其重要性受到质疑时，官僚主义就会运用一切手段设置障碍。否则官僚主义就是无害的，至少是没有攻击性的。一般来说，奥地利官员都是受过良好教育、举止文雅、性格随和的人，并非大奸大恶之徒。但在处理工作上，奥地利官员却更倾向于告诉市民投机取巧的方法或教他们如何绕过严格的审查。相对地，普通公民也必须承认官员的权力和权威，至少要默许官员的权力和权威。可以这么说，普通公民不会坚持公民自己拥有的权利，而是作为贫民上诉以寻求奥地利官员的帮助。例如，根据奥地利的《建筑警察条例》，从技术层面上讲，我们不可能建造一个剧院使之成为有利可图的事业，尽管新的剧院已经建成并日渐兴隆，但旧剧院的存在仍然违反了制度。管理当局很善良，愿意对非法行为睁一只眼闭一只眼。因为当局心照不宣地认为，如果国家发展的便利

---

① 《印章》，原版，第271页，“贼——他守得最远”。——原注

需要官员顺从，那么从这种纵容中获利的人就会灵活一些。剧院管理人员如果拒绝从节目单上删除一部令当局不快的戏剧，或者坚持认为该戏剧是由审查员授权的，那他便会遭到当局的报复——特别委员会会宣布把剧目的片场安排在条件十分简陋的剧院。如果剧院管理员足够聪明的话，很快就会明白这部戏的上演是多么不合时宜。此前发生了一桩奇案，与一段军事滑稽短剧有关。这个短剧是一位有文学爱好的前任军官写的。短剧的制作通过了审查，前后演出了十九次，不仅没有异议，而且让公民和军方感到非常开心。后来，一些好事者发现，剧中的一个人物是对一位重要军事人物的讽刺。当局虽然向剧院施压，但剧院管理员因为合同而没能取消短剧表演。因此，警察总部传唤剧院管理员到办公室，并建议剧院管理员宣布主演生病，短剧无法继续演出，否则此后剧场将无法上演任何戏剧。管理员年纪太大，无力反抗，准备接受这个决定。但舞台协会和作家协会对此进行干预，并恶意威胁说，如果剧院管理员接受这个决定，舞台协会和作家协会的所有人将联合抵制这个剧院。因此，剧院管理员请求当局禁演这部短剧。但当局相关管理人员害怕承担责任，回复剧院管理员，必须进行申诉。剧院管理员表示反对，并提出对戏剧进行“删减”或进行其他变动。当局宣称，在接受这项提议之前，必须咨询审查辅助委员会的意见。审查辅助委员会拒绝批准剧本改动，禁止了审查员最初批准的无害闹剧，并驳回审查员的决定，使剧本得以保持原样。

斐迪南·库恩伯格讽刺这种现象为“亚洲人”，更简单的说法是官僚主义下的奥地利人。官僚们觉得自己代表了国家，而对于广大公众来说，官员就是国家。因此，人们本能地认识到，奥地利的“民族斗争”在很大程度上是一场官僚权力的斗争。关于官僚主义，人们已经说了很多，也写了很多。德意志人和捷克人多年来一直努力加强自己官员的地位，并捍卫自己的遗产。这场语言斗争的实质是为官僚势力而斗争。同样，捷克人、鲁塞尼亚人、斯洛文尼亚人和意大利人提出了新建大学或高中的要求，但遭到德意志人、波兰人和其他民族的抵制。原有的官员选拔制度已经无法满足官僚机构的需求，议会和各政党都在想法设法提高官员的政治影响力，以扩大官僚队伍。在主要由官员组成的奥地利议会，政府有时会通过任命政治领导人的亲属担任国家职务或对其进行保护来获取政治领导人的支持，使他们之间能相互扶持。有时可以通过任命一名重要成员担任国务院常务副秘书长来获得整个政党的选票。一旦受命，这位重要成员就能够为自己民族或党派任命的其他官员提供便利。如此一来，政党所获得的每一个地位都是该民族或政党的政治遗产的一部分，并受到绝对保护，免受他人攻击。任命人数也因此成倍增加，这不但增加了纳税人的开销，还使公民办事流程复杂化。

1765年，约瑟夫二世在关于君主制国家的谅解备忘录中写道："有时，就算没有人在工作，八天内仍消耗了一百多张纸。没有灵魂，没有新的东西，也没有自己的想法。序言、冗长的摘要和两个意见词构成了我们的参考文件，这些参考文件的内容大致相同。"虽然说现在人们正在工作是不真实且不公正的，但这很容易证明，在奥地利国务院消耗的每一百张纸中，有九十张浪费在多余的东西上。世界各地普遍存在繁文缛节，这类行为在很大程度上阻碍了奥匈帝国的行动自由。这应该是给那些纵容官僚主义发展的国家的警告。约瑟夫·雷德利希教授是帝国议会的一位杰出成员，也是奥地利行政系统中一位称职的批评家，他似乎同意约瑟夫二世的观点。约瑟夫·雷德利希教授写道："我们的政府官员需要更多的公务填满他们无聊的人生……部分政府办公室人员的冗杂程度令人疑惑，可当你询问这些公务员的具体职责时他们却又支支吾吾说不出话来。比如你永远无法理解为什么一个下级的审计局中工作人员的数量与其上级单位相比有过之而无不及，所谓的'官僚主义'正是因为冗杂的官员体系产生的。"官僚主义有形无实，外强中干，表面光彩

约瑟夫·雷德利希

亮丽，内里却败絮一堆，政府公务员的增加自然是机构增多的结果。约瑟夫·雷德利希教授继续说道："让我举一个实际生活中的例子。在奥地利，如果一所工业教育推广学校的看门人向校长索要二十克朗（十六先令八便士）作为特别酬劳时，会发生什么事呢？校长向省级学校委员会转达了这一请求，并附上了一份请求书。这份请求登记并提交给委员会审计部门的一位高级官员。本部在三名独立的官员正式拟订、核实和修订报告后发表意见，省级学校委员会根据该意见向公共工程部提出报告。公共工程部对报告进行登记和编号，由一个部门的负责人交给一名特别官员审议，最终从该部审计部门获得意见，还可能需要与财政部达成谅解。在这种情况下，这份请求发送给财政部，同时附上公共工程部一份大臣的文件。这份文件在财政部经过登记、编号、合理复制、整理，并从一个部门转到另一个部门后，由一名官员报告、批准，并由其上级修改。最后省级学校委员会作出决定，通知公共工程部，由公共工程部通知省级学校委员会，并在那里再次登记和报告。最终，省级学校委员会通知学校的校长，不能给看门人发放特殊报酬！为了避免让人们觉得这个例子过于夸张，可以再看另外一个案例的操作流程。一名医生希望找到一所疗养院并申请执照。申请报送到司法部门，依法登记、审查、公平复制、批准、修改，转送两个技术部门。两个技术部门以同样的方式处理此事，并最终将此事连同意见一起发回司法部门，司法部门下令进行当地调查。当地的调查已经完成，调查报告会再次提交给司法部门，并在适当遵守官僚程序的情况下再次提交给两个技术部门。在这个部门办事是要接受专家检查的，第一次当地调查面面俱到，除非很少情况发生，技术部门建议司法部门指示地方当局进行补充性的当地调查，地方当局将调查报告发回司法部门，司法部门将报告发送给两个技术部门。之后，如果没有发现异议，医生就可以获得许可证，其合法持有人可以开始与省市官员进行斗争，这些官员都是对建筑及其他法规有管辖权的官员。记得在这个复杂程序的每一个阶段，每份文件都要经过六个程序。正如只可意会的官僚行话所说，我们完成了‘展示，展出，索引，优先排序，构思，修订，审批，删减，整理，对照和注册’的所有步骤。”由此可以推测，奥地利的行政系统有多烦冗。维也纳的一位前教廷大使，经历了罗马教廷又慢又拖的做事方法，几年前曾向笔者表达了自己对奥地利官僚机构拖延的愤慨。这位教廷大使说：“人们知道一份文件会在什么时候交到奥地利国务院，但一个年轻人会慢慢变老，不知道什么时候才能再见到这份文件。尽管梵蒂冈的办事流程也十分烦琐，却也不至于如此令人恼火！”

卡尔·鲁格

如此的管理体制必定会造成人民的苦恼，但没有人对真正的改革抱有多大希望。国家任命的每一位官员都成了既得利益者。我们需要一个像约瑟夫二世一样决绝的皇帝，或一位和卡尔·鲁格博士一样的官员，以及一场新的人民运动来对抗狂妄的官僚主义，简化办事流程。因此，对于那些与官场打交道的人来说，更明智的做法是与有影响力的官员建立良好的个人关系，并在特定的情况下通过这种良好的关系获得所谓的简短流程。这种聪明才智被广泛应用。令人惊讶的是，这台笨重的官僚机器的车轮在得到善意的润滑时，竟能运转得如此迅速。然而，如果没有善意，或者存在恶意，牧师的大门上可能会刻有这样的题词："放弃所有希望，走进去吧！"即便是皇帝直接下令，也无法克服顽固官员的抵制。这些顽固官员似乎决心磨练皇帝的权威意识，并向皇帝证明，国家是属于他们的。几年前，有一个商人非常受人尊敬，却因为自己考虑不周而身陷囹圄。一个卑鄙的律师和一个同样卑鄙的亲戚，设法给商人遭遇的困境披上虚假的外衣，致使商人入狱。愤怒于这样的不公正，商人的朋友帮助商人的女儿秘密接触到了皇帝。女孩讲述的故事感动了皇帝，皇帝下令立即释放她的父亲。然而这些阴谋已经使商人从富裕可耻地沦为贫困。虽然命令传达给了主管官员，但商人仍不能出狱，还病倒了。为了避免让商人蒙羞死去，朋友们帮助商人的女儿再次觐见，皇帝对官员无视自己的命令感到十分诧异，于是给了女孩另一个更加强硬的命令。女孩再一次向主管官员传达旨意，主管官员又说了几句轻蔑的话语，表示要阻挠帝国对受害者的宽大处理。幸运的是，那个女孩虽然还只是个孩子，却如此有勇气去强硬地责骂当事官员，并威胁说要揭发他，当事官员这才签了释放令。几周后，商人获得释放，孤苦伶仃地在家中死去。这些受到官僚主义阻挠的独特案例的名字和细节都是真实可查证的。

当国务院决定绕过司法程序或利用虚假文件套取经费时，如果成功了，不仅意味着政府官员玩忽职守，还证明了官僚主义作风对政治环境造成了破坏。早在1911年1月，在波希米亚一条铁路的平交道口，一辆满载木材的马车由于卧车腐坏而牢牢地卡在铁轨之间。一辆路过的火车撞坏了货车，两匹马一死一伤。地方法庭宣告车夫无罪，铁路管理局需承担责任。因此，车夫要求国家赔偿五十英镑。国家铁路管理局第一步措施就是禁止使用受伤但已经康复的马，然后七个不同的委员会对此事展开了“当地调查”，其中一些委员会由八人组成。委员会由来自皮尔森、埃格尔和卡尔斯巴德的官员组成，成员包括来自布拉格、埃格尔和卡尔斯巴德的兽医。兽医负责调查受伤马匹的状况。事故又“重演”了，一辆装满木头的马车停在了铁轨上，距行驶的火车只有不到一英尺的距离。同时，调查委员会禁止修理损坏的卧车，以免事故实际情况在委员会提出报告之前发生改变。一家当地的制造商提出自费修复有缺陷的地方，该制造商的卡车在同一个平交道口一再卡住，因此唯有自己出力才能将卡车抬出。毫无疑问，皮尔森的铁路交通管理部门肯定会禁止这家制造商的做法，以免因制造商的行为而损害国家铁路。1912年3月6日，也就是事情发生的一年多以后，一名国会议员将这件事告知了铁路大臣，并要求铁路大臣将其解决，但在1912年7月3日，国会议员收到了铁路大臣的通知如下："目前所讨论的问题正处于查证阶段，因此，皮尔森州铁路管理局在查证阶段结束前不能采取任何态度。目前已经开展现场调查以及对证人和专家的审查，正在等待专家的报告和对几名铁路工作人员的审查结果。"最后的结果我们无从知晓。然而不幸的是，车夫没有了马车，活着的那匹马又因禁令而无法使用或卖出，这导致车夫的生活雪上加霜。

官僚主义阻碍这类事件的权力正迅速成为奥地利最大的问题。铁路国有化使官员人数急剧增加，改革势在必行。国家铁路服务人员同时处于官员和工人的地位。如果旅客侮辱国家铁路服务人员，这属于"侵犯履行职责的国家官员"。然而，如果铁路服务人员心怀不满，可能会通过罢工或消极怠工来对付旅客，这种行为也仅仅包括是对规定的遵守。普鲁士王国制度将国家官员分为三大类：受过大学或技术高中教育的高级官员、受过中等教育的中级官员以及学历较低的下级官员。对此，奥地利尚未大胆地模仿普鲁士王国这一制度。奥地利在许多方面比普鲁士王国更有弹性，但也不确定是否仅模仿普鲁士王国模式。奥地利官员分为十一个级别。虽然大学教育通常是获得最高职位的必要条件，但一些受青睐的个人仍能迅速从一个级别晋升到另一个级别，并获得更高的职位和薪酬。普通民众往往要等上十年或十二年，才能从较低级别晋升到较高级别。薪酬和晋升是由法律规定的，但无数的条例和特别津贴给偏袒和特殊待遇留出余地。议会已经多次投票决定增加工资和津贴，但没

托马斯·卡莱尔

有政客有勇气来解决整个问题，也许是因为当下要实施能改善困境措施的时机还未成熟。用苏格兰社会评论家托马斯·卡莱尔的话来说，国家以及人民似乎并不急于进行改革，但都“注意到了正在阻碍改革的屏障”。卡尔·鲁格博士试图保护对抗垄断性的贸易和工业组织的“小人物”，这必然会导致机构和市政部门的增加。在奥地利，真正抵抗各种官僚主义的方法是培养个人的政治独立和经济自立精神，将官僚视为真正的仆人，而不是联邦的特权主人。而要想做到这一点是非常困难的。在奥地利，人民普遍默许国家及公务人员对整个社会产生的优越性，这妨碍了人民对官僚主义行为的警惕控制。如果改革可行，改革必须来自上级机关，或者来自官僚机构本身，其更聪明的成员目前可能会意识到

弗里德里希·威廉·冯·霍格维茨伯爵

部门的过度扩张和任命的增加给国家和自身带来的危险。自18世纪中叶以来，奥地利官僚制度的变化通常先于政治变革。将封建主义转变成中央集权制的过程始于玛丽亚•特蕾莎女王的半开明专制主义。玛丽亚•特蕾莎女王在弗里德里希•威廉•冯•霍格维茨伯爵的帮助和法国重商主义的影响下，努力吸纳大贵族、市政当局、修道院和教会的独立行政机构进入国家。与此同时，后来统治奥地利的类似的警察系统也逐渐发展起来，这种趋势自约瑟夫二世在父亲弗朗茨•斯特凡——弗朗茨一世于1765年驾崩、母亲玛丽亚•特蕾莎女王摄政后转变得更加快了。封建贵族的权力和管辖权被一点一点削弱，人民开始意识到新官僚主义比旧贵族

约瑟夫·冯·索南费尔斯

更有影响力。财政和军事系统重组，打破了教会的司法行政权力。犹太学者约瑟夫·冯·索南费尔斯等作家和教授制定了一套特殊的政治经济理论。约瑟夫·冯·索南费尔斯阐述了这样一种理论，即为了国家的利益，警察必须控制公共生活的所有表现形式。“启蒙时代”已经到来，从前无所不能的耶稣会士遭到废除和驱逐；共济会和其他秘密组织取代了耶稣会士的位置并蓬勃发展。新的官僚主义体制渗透着世俗精神，渗透着国家和教会的关系、婚姻契约性质和教育世俗性质等世俗观念。神职人员本身接受了部分新思想，并像贵族一样，默许了国家的职能和属性的扩展。起初，公共事业的逐渐集中化造成了社会混乱，但自1780年约瑟夫二世完全继承帝位后，约瑟夫二世便使用强硬手段，尽可能保证新制度成功落实。约瑟夫二世从早到晚都忙于政务，手下的官员也是如此。约瑟夫二世为官员们建立了“行为清单”，官员的晋升都依赖于秘密报告，并产生了窥探和拖延的行为。官员们熟练地操纵报告和“行为清单”，使共济会和其他“启蒙运动”的党羽能够为自己的提名人获得重要的职位任命。玛丽亚·特蕾莎十分厌恶犹太人，但约瑟夫二世赦免了一部分犹太人，使犹太人迅速发展起来。新教徒也发现自己受到国家的宽容和鼓励。那个时代的精神是源于百科全书编纂人和詹森主义[①]者，

詹森主义的发起人——科尼利厄斯·詹森

① 詹森主义，起源于17世纪的罗马天主教神学运动。强调原罪、人类的堕落及上帝恩典的必要性，运动的发起者为荷兰神学家科尼利厄斯·詹森。——译者注

但其传播渠道却是属于德意志的。约瑟夫二世的目标是在务实治理下，从构成哈布斯堡帝国遗产的多元因素中创建一个奥地利国家。因此，约瑟夫二世试图将德语确立为整个君主制的国家官方语言，并颁布法令规定只有懂德语的官员才有资格在匈牙利任职。然而，要把多样化的封建王国在如此短的时间内转变成中央集权的国家是不可能的，马扎尔人的顽强抵抗和约瑟夫二世自身的健康问题，都使约瑟夫二世统治的结局注定归于失败。但中央集权的官僚机构在约瑟夫二世的统治后幸存下来，并在整个19世纪一直作为政府的主要工具。

1790年约瑟夫二世去世后，当来自托斯卡纳的利奥波德二世登基时便已经计划培养秘密警察作为政府的爪牙，只不过利奥波德二世采取的

利奥波德二世

办法比约瑟夫二世温和得多。利奥波德二世利用温水煮青蛙的方法将秘密警察政策持续到了1848年，秘密警察给社会带来的影响才逐渐发酵。法国大革命的过激行为强化了奥地利的反动趋势，使利奥波德二世的继任者弗朗茨二世及大臣弗朗茨·科洛雷多和克莱门斯·文策尔·冯·梅特涅将警察和官僚机构转变成压迫工具，意大利北部和德意志大部分地区在这种压迫下抱怨了几十年。弗朗茨二世和弗朗茨·科洛雷多看到，在法国大革命中，就像在比利时和荷兰早期的骚乱中一样，律师、医生、文人、小资本家和低级神职人员扮演了重要角色，而大多数针对皇帝的对抗行动都是由贵族成员领导，并得到普通民众支持的。因此，弗朗茨·科洛雷多得出结论，对权力的威胁主要来自受过教育的中产阶级。弗朗茨二世的制度后来由克莱门斯·文策尔·冯·梅特涅接管并进一步发展。因此，克莱门斯·文策尔·冯·梅特涅试图通过控制官僚和警察来限制中产阶级的发展。严格审查阻碍了科学或文学作品的出版。皇帝精力的倒退使官员们不再按照自己的模式履行职责，也不再严格地遵守纪律。在这样的情况之下，约瑟夫二世建立的中央集权政府自然而然就会受到阻碍。约瑟夫二世在几天或几周内就能解决的事情，弗朗茨二世和弗朗茨·科洛雷多却花了三到十年。此外，弗朗茨二世在这方面与自己的继任者相似，他不信任有才华的人。弗朗茨二世认为有才华的人雄心勃勃、懂得创新、难以控制，而对他来说平庸才是首选。在整个19世纪，这种趋势在奥地利依旧很强烈，并且一直存在。这种趋势明确定义为“逆向选择原则”，这一原则的应用保证了皇帝和大臣们的表面和平，却使皇帝在危机时刻没有一个可信任的顾问。官僚主义受到的教育是低头服从和不干预。官员们不允许指出法律和条例工作中的缺陷，而且人们很快就明白，当官员问到专家对自己的意见时，官员希望得到的是奉承的默许，而不是批评。启蒙党的成员在约瑟夫二世领导下成长，这些成员在下层官僚机构中仍然很强大，他们愿意隐藏自己的头

法国大革命标志性事件——攻打巴士底狱

革命者攻占巴士底狱

脑，掩盖自己的存在。“文化”一词取代了“启蒙”。大家广泛谈论美德，声称对既定事物秩序的极度忠诚。这种顺从使该党免于毁灭，并至少在精神上沿用了约瑟夫二世的许多次要法令。

在后来的几十年里，微风拂过，奥地利的“自由主义”在老约瑟芬家族的土地上开花生长。这是一朵残缺的花，借着树的力量才得以保全。奥地利的“自由主义”曾经是温室里的花朵。然而，1867年至1879年，“自由主义”发挥了有益的作用，直到被吕格尔的基督教社会主义和社会民主主义所取代。“自由主义”的消失和奥地利议会制度的退化，使其变成一种由官员组成的内阁通过官僚主义的让步来购买议会团体或有影响力的代表的支持的制度，这些使官僚主义本身士气逐渐低落，并使官僚群体人数增加。现在，社会面临着一个历史性难题，这个问题在于一支军队。这支军队由拥有行政权力和巨大阻碍力但同时几乎没有创造力的官员组成。国家机器维护着一直毫无贡献的军队，这消耗了近三分之一的公共收入。社会和经济组织的复杂性日益增加，自然意味着社区中行政和调节因素的增加和生产因素的减少。但在奥地利，这种增长是不成比例的，需要加以遏制。除非找到办法减少数量，提高办公室和官员的效率，否则官僚机构本身就会名誉扫地，立刻变成特权阶层和受过教育的贫民。生活成本的上涨速度远远快于官员的工资就会逐步造成贫困和负债。议会有时会拨款,但官员的数量过多，数百万的经费会增加财政负担，这是一种治标不治本的行为，没有给人带来利益。与此同时，大学继续为成千上万的年轻人提供正式的职业培训。以前，这种培训几乎完全合法，并且让人们都能适应接受，并实际理解人民的需求。这些依法受过培训的官员，或称为法学家，仍然在奥地利官僚机构中占主导地位。仅在下奥地利地区，皇家代理官就有近二百人。不过最近，技术高中培养出了工程师和其他“专家”，在没有大幅提高行政效率的情况下壮大了官僚队伍。由于合法供给大于需求，各种政治影响和

“保护”都在发挥作用，以确保合格但失业的候选人获得任命。于是不良风气开始滋长，纳税人每年都要负担越来越多的官员，这些官员本可以更好地从事贸易、工业、农业，甚至是技术型工作。像中世纪的修道院一样，官僚机构迟早会吞噬土地，为了满足其贪欲，政策便不可避免地向官僚希望的方向倾斜。

尽管没有明显好转的迹象，奥地利官僚体制的变化也已显而易见。当数以百计有抱负的、经过人为训练的年轻人从底层挤进官僚机构时，一些高级官员，尤其是那些犹太人出身的人，正在放弃为国家服务，转而为私人或半私人的银行和企业服务；另一些人则早早领取养老金，并通过加入银行和工业公司的董事会来增加收入。而之前的官员生涯使这些人能够为公司提供有价值的服务。因此，官僚机构和私营企业之间的秘密接触点就增加了。理论上来讲应该控制这些接触点，但齿轮的不断转动，使奥地利事务处理工作变得更加复杂。

第4节　警　察

警察的作用和影响力不亚于官僚。那些从未在警察国家生活和工作过的人无法想象警察对这个国家的社会生活影响程度有多大。盎格鲁-撒克逊人认为警察是一种为了服务公众并保护社会和个人不受侵害而建立的机构，这与大多数欧洲人理解的警察职能截然不同。警察其实是神权理论的直接产物。皇帝在统治的过程中如果想要扩张领土或让人民臣服，就需要一支使人民屈服的军队，一个引导人民宗教愿望的教会，以及一批看守、监视、逮捕和引导人民的警察。因此，警察不是公仆，而是监督人民的教官。这些警察可以像普鲁士王国的警察那样粗鲁而粗暴地履行职责，也可以像俄罗斯帝国的警察那样腐败而隐秘地履行职责，或者像奥地利帝国的警察那样礼貌而低调地履行职责，但他们本质上的职责都是相同的。甚至在法国和意大利，警察精神仍然存在，经常为“民主政府”所利用。在奥地利，这种精神至少延续了与反宗教改革差不多的时间。宗教法庭详细阐述了这种精神。讽刺的是，这种阐述是为将警察精神注入整个国家的改革者和启示者——约瑟夫二世而保留的。

约瑟夫二世作为一个强势的皇帝，虽说保持着开明的原则，也并非一位绝对的专制主义者，但不允许有反对政策的意见出现。在这样的情形之下，约瑟夫二世自然想要发展并应用警察制度。犹太人经济学家和学者约瑟夫·冯·索南费尔斯曾写过一本关于警察和金融科学原理的著作。本书虽然虚语高论满是诡辩，却依然对约瑟夫二世造成了深远影响。通过“警察”一词，约瑟夫·冯·索南费尔斯洞悉了国家内部安全所有安排，并主张教堂、学校、慈善机构以及书籍和新闻的审查必须服从警察管辖。约瑟夫·冯·索南费尔斯写道：“宗教信仰无疑是保持良好的道德和品行最有效的手段。”因为宗教弥补了立法的不足。在法律无法约束的道德层面，宗教可以对不端行为进行谴责。因此，统治者不能忽视宗教的力量，必须确保每个公民都有正确的宗教信仰。约瑟夫·冯·索南费尔斯以此为由要求统治者成立教区，给教区牧师发工资，规范神职服务，因为“对神职人员的管理是宗教管理的基本特征”。同样，约瑟夫·冯·索南费尔斯还指出，警察必须密切关注教育。教育与一般福利关系太密切，不能让教育继续掌握在私人手中。因此，必须由警察来制定学校培养神职人员的课程，并审查“除书籍、格言、报纸、公众演讲、图画和蚀刻画外，一切具有公益性质的东西”。约瑟夫·冯·索南费尔斯提出采取公民登记、警察通行证、住家探访等措施，并认为这是很有价值的控制手段。加强肃清力度，“通过关爱堕落的女孩”制止儿童谋杀，斗殴必须承担刑事处罚。约瑟夫·冯·索南费尔斯并不认可这种制度，认为会扼杀公民自由，并且主张真正的自由是不违反民法的行事自由。

玛丽亚·特蕾莎执政时期，政府设立了地区办事处来加强执法力度；而在约瑟夫二世时期，政府把这些办事处改造成公共监督办公室，由警察控制。神父、医生、官员和律师若遭到警察的怀疑，那么之后的晋升之路必将坎坷。

1771年6月，约瑟夫二世颁布了一道法令，指出“批评不是谩骂”。该法令还规定所有出版物都必须得到官方的批准，意味着一切令当局反感的观点都会被镇压，约瑟夫二世大肆利用报刊，甚至剧院来传播自己的思想，人们对此噤若寒蝉。尝到甜头的约瑟夫二世开始不满于现状，他扩大了秘密“行为清单”的反馈内容，支持秘密线人，并利用神职人员赞扬政府的所有政策。1785年，约瑟夫二世在各省首府设立了警察局长这一职位，警察局长既从属于省长又独立行动，而警察的实际作用在于监视地方官员。除了身穿制服的警察，还 有一些“便衣”男女默默潜伏，他们的身份变幻莫测，可以是咖啡馆或者旅馆的老板、剧院工作人员、出租车司机、搬运工，甚至是妓女。便衣们不但渗透到了民政部门，甚至还潜伏在军队中。不过，由于大多数奥地利人善良而随和，这些“便衣”的罪行得到了宽恕，即便是官方授权，警察的权威也是毋庸置疑的。

约瑟夫二世驾崩后，紧张局势在利奥波德二世短暂过渡时期得到了普遍缓和，警察的地位也受到了一些小冲击，但影响不大。利奥波德二世确实维护并培养了秘密警察，只是在帝国的某些地方，正规警察的数量有所减少。然而，随着弗朗茨二世的继位，帝国涅槃重生，并在弗朗茨·科洛雷多伯爵的带领下达到一个前所未有的程度，甚至可以媲美阿卜杜勒·哈米德一世统治下的奥斯曼帝国。弗朗茨·科洛雷多吸取了法国大革命的教训，大肆推广约瑟夫·冯·索南费尔斯的主张。虽然各省都有警察进行施压，可从某种程度上说人们依旧还有自由言论的权利，但城市知识分子的生活还是彻底被摧毁了。警察的目标是阻止“危险知识”的传播，阻止反政府言论，秘密传播有利于政府的新闻、观点和原则，只不过很少使用暴力手段进行压迫和镇压。监狱和绞刑架为政治叛乱分子开放；以“观点”为名的行动可能引起了一些骚动。人们认为，警察的“警告”、对个人自由的轻微限制、持续的监视，以及对政府雇用的个人进行降级、转移和“隔离”是有效且可取的。总之，使用地下手段已成为政府的一贯作风，并一直沿用到今日。

当代英国观察家曾生动描述弗朗茨二世统治时期维也纳的情况。在约翰·罗素所著的《1820年、1821年和1822年：德意志与奥地利南部之旅》一书中有迹可循。“不过，”约翰·罗素写道，“奥地利人虽没有强大的思维能力，却也不是道德败坏、封建迷信之徒，这在很大程度上归因于政府。在维也纳，如果有一点负面思维存在，要不了多久，就会使道德原则受到一定的破坏。因为政府完全控制了人们获取信息的途径，人们能接触的只能是政府希望他们获取的信息，当权者以此来限制自由思考，使国民无法真正了解外部局势。所有教育模式都是按照这样的标准安排的，这使人民的头脑保持一种既不会被诱惑也不无法作出抵抗状态。”在莱巴赫大会上，皇帝对一所公立神学院的教师说出了诸如“我不要有学问的人，我需要无知的人，我希望人们只能按照我的命令行事。”的话，着实体现了这位皇帝的无能。可如此令人悲哀的政策还是在奥地利推广开了，无论本土他乡，所有知识，所有思想，所有公共事物，所有与政治事件和制度相关的事物，全都笼罩在“可以感觉到的黑暗”里。除了当局官员，谁也不知道这份可以察觉到的黑暗代表什么。而官员第一职责就是把所有知识都限制在掌控之内。

把奥地利警察形容成一种巨大而可怕的怪物可以说毫不夸张。这些警察像巨人阿格斯一样机敏，并且没有什么能干扰他们。这些警察拯救了人类的思维和智力，使他们摆脱了由政治忌妒所导致的野蛮状态。拿破仑时期的法国警察是最拔尖的，但在效率上也敌不过维也纳警方。维也纳警方通过强迫人们相信到处都有间谍、哪里都有当局耳目，成功地压制了自

莱巴赫大会期间的庆祝活动

由思想的表达。被间谍告发的后果十分沉重，代表着遭到秘密逮捕，以及各种未知的惩罚。

这样一个系统的效率取决于那些不为人所知的作为整个系统的工具的人。尽管在弗朗茨·约瑟夫一世统治期间发生了许多变化和改革，但对奥地利日常生活的实际了解让观察家们断定，至少在潜在程度上，奥地利警察仍与一百年前相差无几。伊格纳茨·贝德尔博士等老臣去世后都会有画像。《奥地利国家行政史》虽如古代壁画的颜色一般，随着时间的推移而变得更加苍白，但它依旧真实存在。在危急时刻，这些颜色会重新鲜明起来，并呈现出与当今相似之处，或者说身份更加明显。无论如何，一般来说警察的行动并不咄咄逼人。一个异乡人并不知道自己家的搬运工是一名便衣警察。这位“卧底”仔细地了解过异乡人的日常来往、生活方式、朋友的号码和名字，以及所有个人信息，然后交给警察，警察把这些资料保存在档案里，随时准备在必要时通知政治当局或财政当局。除非得到某个友好人士的提醒，否则这位异乡人不可能知道自己的通信正受到监视，警察正在“窃听电话”，并将异乡人的社交记录登记在案。这个异乡人在奥地利定居后，必须像在德意志帝国一样，填写一份公民登记表，并亲自拜访街区的警察专员，主动提供审查文件，并说明在奥地利居住的目的。如果解释令人满意的话，基本无后顾之忧。只是主管所得税的当局对这位异乡人多久开过多少次宴会，乘过多少次双马出租车或汽车，是否沉迷于昂贵的娱乐活动都了如指掌。此后，这位异乡人基本不再有可能对警察的行动有直接了解，除非这位异乡人拒绝按照有关家庭佣人的条例的要求提供证明，也就是可能会有一个不诚实的仆人是“勤劳、诚实、忠诚”的情况。当异乡人发现有人利用自己对法律和习俗的无知而求助于警察来对付自己时，一般这种情况，警察会耐心调解，但这种事情实际上是下级法庭的倾向，保护仆人不受主人的侵害，保护下层阶级不受中产阶级的侵害。下层阶级向警察求助的意愿是显著的，这表明当局为使普通人民感到国家是靠山而进行的一系列努力有了一定的成效。当然也有例外，比如有权势的贵族或高级官员与下层社会的某些成员发生纠纷。那么，警察或地区法院可能就不会那么轻易地偏袒“小人物”。当政治利益受到直接威胁时，警察和法院作为政府工具的表现才最明显。政治动乱和骚乱是按照官方利益的要求来处理的。1905年秋，支持普选的社会主义运动遭到暴力镇压，有人流血，有人入狱。但一周之内，高层风向突转，政府转而支持普选。接着在警方的许可下，社会主义者又组织了一次大规模的社会主义示威。警察接到政府的指示后，从维也纳的主要街道环行街撤离，将街道完全留给社会主义者，只留下一部分警察守卫霍夫堡宫和皇宫。1911年秋，一场政府不支持的社会主义运动爆发，矛头直指农民，要农民为食品价格上涨负责。在警察和军队大力镇压下，有多人丧命。这一次，法庭对十几岁以下的男孩施以重罚，并对所有承认扔过石头的罪犯处以长期监禁。

然而，一般情况下公众之间的关系，甚至罪犯和警察之间的关系都是很友好的。普鲁士王国的警察所表现出来的那种冷酷野蛮的态度，以及巴黎警察有时表现出来的那种无缘无故的野蛮行为，在奥地利是闻所未闻的。虽说奥地利警察不像英国警察那样是人民的公仆，却也不是恐怖分子。比起过激反应，人们会更偏向于接受宽和及适当的管制。即使是警察，也有艺术头脑，同时也容易体谅人性。奥地利警察的管理方法让人感到一种随和的舒适感，这在其他国家是很难想象的，只是这并不总是值得称赞的，即使在奥地利亦如此。但当涉及警察的职业虚荣心或某个领袖的个人野心时，警察就会变得心狠手辣。此时的警察是无情和暴虐的，通过恫吓或煽动新闻界传播有关其怀疑对象的诽谤性信息，这些人觉得谴责一个无辜的人，总好过让警察丢了面子。阿道夫·霍夫里希特中尉被判定毒杀了一名总参谋部的兄弟军官，就是个经典的例子。阿道夫·霍夫里希特无疑是有罪的，但警方在获得最不完善的间接证据之前就采取了追捕、诋毁的手段，即使阿道夫·霍弗里希特是清白的，这些手段也会毁了他。其他刑事案件也给奥地利警察的心理带来了奇特的启示。1911年秋，一个名叫福格特的流浪汉因强奸和谋杀而受审。凶手起初向警方供认了罪行，但在审讯中又改口。审判长提醒福格特，审讯供词与他起初在警方留下的供词有出入。被告坚称，自己认罪只是为了取悦警察局长，因为那位警察局长曾恳求福格特“不要忌妒他的成功”。“这，”法官回答说，“听起来不大可能。”福格特说道：“很有可能。那位长官边拷打我边恳求我，让我不要忌妒他的成功。我回答说，‘好，如果你想成功，那我坦白’。”(法庭上哄堂大笑)不久后，被审问的警察局长作为证人被传唤。法官问局长是否对犯人施加了道德压力，严刑逼供。法官补充道：“据囚犯说，局长要求囚犯‘不要忌妒他的成功’。”局长说：“我确信福格特是凶手，因为福格特不愿意通过忏悔来减轻自己的良心负担，于是我对他说，‘如果你不愿意主动承认，那你可以满足我个人的意愿说乐意承认’。”福格特站起来说：“警察局长的这一证词我表示尊敬。虽然局长在与我告别时说过‘我们可能再也不会见面了’，但我(优雅地鞠了一躬)还是很高兴能再次见到他。”法官说：“真是个幽默的家伙！”这种场景很经典，不仅表现了奥地利警察对待罪犯的态度，而且这类场景还经常在法庭上上演。

第5节 司 法

奥地利的司法行政必定会受发展条件和国家风气影响。法官不是女神的牧师，只是一心一意地服务律法；法官也是国家官员，听命于司法大臣，或者听命于更高级别的皇权。弗朗茨·约瑟夫一世确实在霍夫堡宫的外大门上刻了“司法至上”这几个字，但他对司法的概念，就像对爱国主义一样，倾向于“正义为我”。法官无论从理论上还是实际上都是受王室委任来履行司法职能的官员，这些法官均由皇帝或以皇帝的名义任命，并终身受聘，只能按照正常程序予以罢职或处罚。据1867年《十二月宪法》规定，法官可以独立行使职权。虽然高级法院有权决定部级条例是否生效，但他也不能挑战法律本身的权威。与国家的行政职能一样，司法职能起初是由封建贵族和地主以自己的名义行使的。更多的时候，这些贵族和地主掌控着别人的生死。玛丽亚·特蕾莎把民事和刑事司法案件集中到高级法院，只把地区法院交给地方权贵和地主。1848年革命后，亚历山大·冯·巴赫将整个司法系统“国有化”并进行了改革，还通过1867年《十二月宪法》和各级法院管辖权规定法对宪法进行了进一步改革。然而，法官（其中大约有七千人，而英国只有一百六十人）是独立且自成一派的。作为一个官僚机构，奥地利法官与世界上其他国家的七千名待遇低下的人一样清廉正直，正是法官的任命和晋升条件的规定使法官不得不独立于国家利益之外。法官的晋升由司法大臣一手掌控。当然，最终决定权还是落在皇帝手中。如果一位法官的态度让大臣或皇帝感到不痛快，那么他的升迁之路便遥遥无期。在地方法院的法官有希望晋升到省级法院或最高省级法院之前，必须有一个德高望重的人作为“靠山”，或者通过发表一篇有价值的法学论文而出名，再或者通过特殊的灵活性或技巧为政府服务。此外，高级法官通常选拔自国家律师或公共检察官，因为这些职业往往与行使司法职能没有太大联系。这些人的青春是在执行政府的命令或对具有反政府倾向的人提起司法诉讼中度过的，所以他们期望这些热情的付出可以让自己成为法官。也因为如此，在成为法官后，他们依旧是政府的傀儡和仆人，而不是法律与公正的裁决者。

在1909年12月著名的海因里希·弗里德永案[①]审理期间，法官们应对国家紧急情况态度的调整趋势，就是个明显的例子。案件的起因是一

① 罗伯特·威廉·塞顿-沃森在《南斯拉夫问题》中，对这项重大的审判作了准确而详细的叙述。——原注

海因里希·弗里德永

篇刊登在1909年3月25日《新自由报》上的文章，文章指责奥地利历史学家海因里希·弗里德永博士对克罗地亚议会所作的诬蔑性断言，遭到了克罗地亚的塞尔维亚-克罗地亚联盟的多方起诉。这篇文章是根据奥匈帝国外交部提供的关于海因里希·弗里德永博士的秘密文件写成的，目的是让外交大臣阿洛伊斯·莱克萨·冯·埃伦塔尔既大肆宣扬对塞尔维亚人的战争，又指控塞尔维亚-克罗地亚政客与塞尔维亚人的叛国贸易。如果爆发战争，军事法庭毫无疑问将根据这些秘密文件枪毙这些克罗地亚和塞尔维亚的主要政治家；但1909年3月24日俄罗斯帝国接受了德意志帝国在圣彼得堡提出的“最后通牒”，撤离了战场，使海因里希·弗里德永博士3月25日的这篇文章成为一篇多余的作品。否则，这篇文章就会被当作爱国的言论，人们就不会质疑它所依据的文件真实性，因为它所针对的人大多将被枪决或被迫逃离该国。然而，随着和平得到了延续，这些人仍然有权审查那些曾对自己提出的指控，并证明这些指控是毫无根据的。因此，塞尔维亚-克罗地亚联盟作为一个团体起诉了海因里希·弗里德永博士，联盟的领导人弗拉诺·苏皮洛与部分成员又以叛国和腐败的名义分别起诉了海因里希·弗里德永博士。案件争论的问题在于塞尔维亚-克罗地亚反对君主制的阴谋是否为塞尔维亚政府通过一个叫“斯洛文尼亚-瓦尔特”（南斯拉夫人）的学生社团提供的助力。此外，据称奥匈帝国外交部提供给海因里希·弗里德永的文件是斯洛文尼亚-瓦尔特秘密会议的纪要，该说法又是否属实？人们对这项审判非常感兴趣，因为这项审判可能会给奥匈帝国对塞尔维亚和塞尔维亚-克罗地亚人或者

弗拉诺·苏皮洛

南斯拉夫人的政策带来福音。总的来说，因为奥匈帝国驻外大使接到指示，要通知外国政府，君主制是被所谓的塞尔维亚-克罗地亚吞并波斯尼亚和黑塞哥维那的阴谋所动摇的。事实上，这次行动的真正被告与其说是海因里希·弗里德永博士及其同伙，不如说是奥匈帝国外交部及其特务机构。海因里希·弗里德永博士是名义上的领袖和历史学家。阿洛伊斯·莱克萨·冯·埃伦塔尔曾利用海因里希·弗里德永博士的历史学家声誉为一篇肆无忌惮的政治谴责文章增添分量和体面。如果奥地利拥有一个训练有素的司法机构，将正义的利益置于国家的假想利益之上，那么审判海因里希·弗里德永就会增加君主制的可信度，并提高君主制在南斯拉夫的威望。一些不重要的外交官与代理人会受到惩罚，奥匈帝国外交部会被批评为粗心大意，但也证明了奥地利司法的公正性。奥地利司法的美名也会因此响彻整个欧洲和巴尔干半岛各国。不幸的是，事实并非如此，国家的司法机构早已沦为大臣们的工具，不可能在一夜之间保护国家的最高利益。法庭早已与被告串通好，若能压倒原告，该案的审判长会因拥有“可靠”品质而获得晋升，且陪审团成员皆是帝国忠实的爱国者。法官适时地表明了自己的态度。允许在原告或原告律师陈述案件或盘问被告之前，让被告以极端爱国主义的口吻向陪审团长篇大论两天，并在法庭上出示自己没有原件的“秘密文件”复印件。为了以塞尔维亚-克罗地亚联盟领导人弗拉诺·苏皮洛的名义败坏联盟名誉，法院甚至传唤了假证人，半官方媒体因此得以释放。在弗拉诺·苏皮洛自辩之前，将弗拉诺·苏皮洛形容为“一具吊在正义之树上带着碎骨的政治尸体”。然而，在奥地利，就像在其他地方一样，再完美的计划也有漏洞。海因里希·弗里德永博士的“文件”声称是斯洛文尼亚-瓦尔特协会的会议纪要，却突然从贝尔格莱德带给了斯洛文尼亚-瓦尔特协会的主席、大学教授——博佐·马尔科维奇博士。可以看到博佐·马尔科维奇博士的名字附在许多神秘的“会议纪要”和弗拉诺·苏皮洛等人的账目上。几星期内，博佐·马尔科维奇博士在未经传唤的情况下来到维也纳，并通知法院自己在贝尔格莱德根据这些“文件”主持了阴谋者会议。然而事实上，博佐·马尔科维奇博士是在柏林参加法学讲座，还经常到德意志帝国的著名法学教授的家中做客。柏林警方在每一个细节上都证实了这种不在场证明，这给海因里希·弗里德永的案子提供了一个巨大的突破口。由负责外交事务的塞尔维亚副国务卿米罗斯拉夫·斯帕

米罗斯拉夫·斯帕拉伊科维奇

拉伊科维奇主持的示威活动又造成了额外的损失，海因里希·弗里德永博士声明那些秘密文件的编号、日期和语言是来自塞尔维亚外交档案部的奥匈帝国特工窃取的，以上这些信息都是在拍照后替换的，根本是虚假的，并证明了在针对弗拉诺·苏皮洛的伪证中所提到的一切情况都是恶意捏造的。在法官和陪审团的坚持下，海因里希·弗里德永博士作为一名“科学历史学家”的虚荣心战胜了理智，在重压下挣扎了好几天。直到法官暗示海因里希·弗里德永博士，检方得到了一个在政府领域产生崩溃影响的“文件”，直接改变了海因里希·弗里德永博士的态度，并提出了一项“体面的解决方案”，将海因里希·弗里德永博士从一个有偏见的恫吓者转变成一个仁慈的和平缔造者，让原告有充分的自由陈述案件，并证明对原告的指控既有内在的不可能性，也有实际的矛盾性。最后，在政府的压力下，法院“安排”被告和原告交换声明。外交大臣阿洛伊斯·莱克萨·冯·埃伦塔尔告诉记者，自己从不相信这些文件是真实的。奥匈帝国外交部作为官方机构，重申外交政策从未受到任何关于塞尔维亚-克罗地亚存在阴谋的影响，这一声明震惊外交界，可以想象到奥匈帝国的威望对南斯拉夫的影响。

塞尔维亚-克罗地亚领导人把自己的生命归于偶然，名声归于一位年轻的塞尔维亚教授无畏的诚实。尽管如此，塞尔维亚-克罗地亚领导人还是努力去发现这些臭名昭著的“文件”的真正来源。在一位捷克人——或者说斯洛伐克人——拥有着崇高的科学道德地位的学者，也就是托马斯·加里格·马萨里克教授的帮助下，一年后，塞尔维亚-克罗地亚领导人成功地证实了大部分（如果不是全部的话）“文件”是在奥匈帝国驻贝尔格莱德公使馆的一名成员的住宅内捏造和拍摄的，随后递交给了奥匈帝国外交部和其他有关部门。伪造者名叫瓦西奇，是个游手好闲的塞尔维亚人。在瓦西奇的手里，人们发现了伪造品原件。经过证实，这个原件有一码长，十五英寸宽。这个尺寸在阴谋策划的学生社团的“会议记录”中显得有些突兀，但正好顺应了摄影的要求，与奥匈帝国公使馆

托马斯·加里格·马萨里克

仆人房间门上的图钉洞完全一致。而这些“文件”是伪造后贴在这里方便拍照的。伪造者瓦西奇曾受雇于贝尔格莱德奥匈帝国公使馆的一名成员。塞尔维亚政府以叛国罪起诉了瓦西奇，并判处其十五年的劳役。

这就是奥地利公共事务的特征。像海因里希·弗里德永案那样彻底的失败，以及随之而来的可耻丑闻，本不应该导致变动与改革。审判结束后，法院没有对官员进行公开处罚。这位法官的行为在其他国家看来完全是损害了法官的清誉，但海因里希·弗里德永博士很快便得到升迁并在人们的尊敬中离世。即便审判过程中托马斯·加里格·马萨里克教授在代表团中揭露了伪造文件的来源，外交大臣阿洛伊斯·莱克萨·冯·埃伦塔尔的地位也没有受到丝毫的影响。斐迪南·库恩伯格的原则是，巩固有罪官员地位的最佳方式是公开曝光，因为曝光涉及整个官僚阶层的自尊，并使非官方影响无法获胜成为一个荣誉问题。这一原则的有效性再次得到了证明。当然，官僚主义最终还是有一些改变。据外交部媒体负责人称，外交部一开始就怀疑文件的真实性，这原本是在退休列表里的。表面上是由于当事件不合时宜时未能在最后一刻阻止海因里希·弗里德永博士的文章发表在《新自由报》上，实际上奥匈帝国在贝尔格莱德的大臣也转移到了德意志帝国的一个小省会。不过，这些措施没有引起公众的注意，因为公众无论是过去还是现在都对这些问题漠不关心。也许是因为人们自知无能，而不去深究其中缘由及那些别有用心的结果。正如一名讽刺家所言，当媒体叫喊“奥地利受到塞尔维亚-克罗地亚阴谋的威胁”时，群众回答说：“对！”当媒体又宣布“奥地利安全得很！”时，群众也会回答说：“是的，没错！”

第6节　教　会

事实上，奥地利的国家制度是符合人民特性的，就如同旧鞋比新鞋好穿一样。同样地，也只有在天气不好的时候才会暴露出旧鞋的缺陷。奥地利人，尤其是维也纳人，更喜欢悠闲自在地生活，让国家替人们管理事务。虽然奥地利人满腹牢骚，吹毛求疵，不过这些牢骚话很少是认真的。真诚让奥地利人感到厌烦。人民的艺术气质，以及政府一贯地鼓励“娱乐活动”并抑制人民对学术的追求和对公众关注问题的兴趣，这两者结合起来产生了一种对问题漠不关心和怀疑的风气，这种风气似乎阻碍了社会的持续发展。然而，在奥地利人的内心深处有一种古老的帝国自豪感，这种自豪感令奥地利人从未完全丧失对帝国命运的信心，并等待着某种真正的或显而易见的成功，让所有古老力量再次照耀全国。出于同样的原因，人们很少忘记或原谅侮辱和蔑视，无论是对国内还是国外的作家，奥地利人仇视所有带有批判性的言论。确实，奥地利人习惯回答为什么奥地利没有这样或那样做：“我们在奥地利，我们还没有那么先进。”但谨慎的外国人却反对这种自我贬低，并真诚地赞扬奥地利人的许多美德。这很快引起了共鸣，让我们得以窥视奥地利人内心深处。人们通常认为谦逊和自我贬低是“重归骄傲”的方式。一个精明的法国女人也曾肯定地说道“奥地利人永远是对的。”人们害怕遭到嘲笑，害怕“出丑”或“丢脸”，这也是许多官员和普通人不愿公开承认错误或赔偿伤害的原因，例如勇于承认错误并自发改正错误的这种高尚品德很少能得到赞赏。虽然奥地利人身强体壮，且习惯于艰苦奋斗，但他们特别缺乏道德毅力和坚定的道德目标，也很难摆脱这一缺陷。教会可以说是提高人民道德水平的工具，教会利用自己的影响力一方面为国家服务，另一方面完成着自己的政治目标。尽管自约瑟夫二世和利奥波德二世以来，当局在推崇教皇至上论的神权主义上有所活跃，但1792年3月3日利奥波德二世法令的精神依然强大：“牧师是灵魂的牧羊人，他应该永远如此。他不但应该是一位牧师和公民，还应该是教会中的国家官员。因为灵魂的管理对人们的情感有无限的影响，而且能直接或间接地参与最重要的政治事务。”奥地利的教会与其说是一个国家教会，不如说是国家的一个宗教部门，像军队、官僚机构和警察一样为政府工作。当教会设法控制在位的皇帝并利用皇室的影响来达到主教的目的时，教会将变得无所不能。斐迪南二世就是如此，但斐迪南二世只是耶稣会进行反宗教改革的工具。而像玛丽亚·特蕾莎和约瑟夫二世这样的皇帝则使教会沦为帝国的工具，并与罗马教廷保持距离，还组建了“宗教警察”。即使在斐迪南一世和弗朗茨·约瑟夫一世的统治下，受到驱逐的耶稣会教士及受到攻击的替身——救赎主义者虽然回归了奥地利，但教皇至上主义也没有取得什么进展。推崇教皇至上论的牧师一般没法获得晋升，牧师想要成为主教或大主教需要对帝国有深厚的感情。尽管就目前看来克莱门斯·文策尔·冯·梅特涅对罗马教廷青睐有加，但历史上奥地利帝国与罗马教廷的关系曾一度降至冰点以下。18世纪40年代后期，约瑟夫二世曾下令禁止在奥地利使用罗马教廷的祷文，于是整整一箱祷文被寄回了罗马。事实上，约瑟夫二世对国内宗教改革的影响一直持续到1855年8月18日教廷与奥地利签署《政教条约》。弗朗茨·约瑟夫一世将这份协定当作自己25岁生日礼物送给了国民。然而，弗朗茨·约瑟夫一世一直致力于废除《政教条约》，限制牧师对教育的影响，而这正是在《政教条约》中最强调的一点。19世纪60年代后期到70年代期间，弗朗茨·约瑟夫一世重新确立了国家至高无上的地位，并再次将教会置于从属地位。在1903年的教皇选举会议上，弗朗茨·约瑟夫一世命令克拉科夫大主教普切纳枢机主教对兰波拉枢机主教的选举结果宣告帝国否决，这曾引起三国同盟强烈的政治不满。奥地利提升普切纳枢机主教为圣彼得的主席，并成为教皇利奥十三世的继承人，这不仅在政治上是不受欢迎的，还冒犯了虔诚的天主教教徒。天主教教徒认为，选择基督的牧师应该受到圣灵的鼓舞。尽管教皇庇护十世宣布任何枢机主教在今后可能企图重复否决权时，应受到禁令的限制，但兰波拉枢机主教仍严肃地提出抗议。最终教会亲王还是遵从了哈布斯堡帝国的命令。普切纳枢机主教知道后十分震惊，他认为枢机团应该对皇帝滥用职权的行为表示不满，而不是屈服于奥匈帝国的强权。在基督教社会运动的早期阶段，教会反抗统治阶级的事常有发生。小教士们摆脱了主教的政治统治，发展出一种半社会主义、半教皇至上主义的精神。但1907年，保守派教士或“主教”党在国会与基督教社会党合并，将自己纳入基督教社会，以用旧的保守主义情绪使整个团体活跃起来，甚至1912年9月在维也纳举行的圣体大会也见证了奥地利对教会的感情利用占主导地位。皇帝

利奥十三世

庇护十世

和皇室与国会关系密切，国会逐渐成为哈布斯堡式天主教的典范。在圣体大会闭幕式上，皇帝和继承人坐在马车里，游行穿过首都的街道。维也纳人民对皇帝和皇室的敬意远远大于对哈布斯堡皇室所追随的圣体的敬意。

因此，奥地利的理想似乎与加富尔伯爵卡米洛·奔索的准则——“自由国家中的自由教会”相去甚远。罗马教廷最近认为，“自由国家中的自由教会”的“邪恶程度”低于全能国家中的屈从教会。约瑟夫二世宣称建立了“教会的自由”，然而，约瑟夫二世的意思是教会脱离罗马教廷的自由。实际上，约瑟夫二世切断了奥地利圣公会和罗马教皇之

加富尔伯爵卡米洛·奔索

间的一切正常联系。同时宣布宗教宽容，并消除许多以前强加于新教徒和犹太人的障碍。约瑟夫二世将罗马天主教神职人员置于国家控制之下，给神职人员留下了不可磨灭的印记。对于规范罗马教会与它所处国家的政治当局之间的关系的问题，也许从来没有，或者永远找不到明确的解决办法。不过，在所有可能的方式中，最糟糕的是使神职人员成为国家的精神警察。一位有教养、有哲学素养且富有宗教气质的奥地利政治家过去常说路德宗教改革破坏了整个教会的地位，因为路德宗教改革让自己对毁灭感到恐惧，为了拯救还未摧毁的东西，这位政治家把自己的灵魂出卖给了世俗权力。在宗教改革之前，这位政治家从来没有完全屈服于约瑟夫二世，并一直保持着与皇帝关系的疏离。无论是顺境还是逆境，这位政治家总能实现保护弱者以及帮助下层人民反对封建皇帝和领主的暴政的使命。宗教改革后，这位政治家成为皇帝的侍女，条件是皇帝必须帮助铲除异端邪说。从那以后，这位政治家站在了压迫者的一方，不太关心福音的力量是否能拯救灵魂，而更关心国家的力量能否粉碎异端邪说。就奥地利和西班牙而言，这一理论是正确的。耶稣会士是反宗教改革的使徒，耶稣会士们成功地影响和控制了盲信皇帝的行为，并不在乎这样做是否给信众带来苦难。耶稣会士有着许多令人钦佩的品质和模范的纪律，他们在这一点和在其他方面，都和犹太人有很大的相似之处，除了让人捉摸不透的一点——耶稣会士激进的行为不但是为了促进发展，同时也是在为自己设计一个热烈而悲壮的结局。耶稣会士的统治精神引起了反抗，诡辩方法甚至让自己人之间都起了疑心。耶稣会士最初的成功以及对自己优越感的信心造成了过分自信，对最精心设计的计划来说，这是致命的缺陷。当人们谈及整个耶稣会，提到的就是不加批判的指责。耶稣会有各种各样的人，每个人都被委以特殊的工作，很难能证明那些针对耶稣会整个团体的指控是不是合理的。许多耶稣会士教科书般的生活和虔诚的信仰仍保留在自己作为罗马教廷信徒的灵魂中。不然耶稣会士将无法寻求精神的避难所，也不知道自己所属的秩序政策及其所依据的原则。没有什么比这些耶稣会士能意识到真实的情况，却面临着另一种选择更加悲惨的了：要么默默忍受痛苦，要么把自己从希望献身的身体中分离出来。其中一位耶稣会士曾说："我已经得出结论，并呈给（耶稣会的）将军，'耶稣会主义'总结了正在消亡的罗马教会在耶稣会内外的所有弊病。因为它代表的是一套原则，而不是一个专门致力于传播这些原则的社会。"在奥地利，耶稣会士的个人道德标准和个人效率比其他宗教团体的成员要高得多。至少可以说，奥地利的耶稣会士和救赎主义者与其他教派的成员不同。耶稣会士通常不是奥地利的臣民，而是莱茵省、阿尔萨斯-洛林或巴伐利亚地区的原住民。因此，耶稣会士不会受爱国主义或者帝国忠诚思想的限制，耶稣会士所受的训练也不会让爱国主义情感消失，教堂的存在也没有代替这个感觉。从某种特殊意义上说，耶稣会士只是罗马的传教士和教皇至上主义的使徒。也就是说，地方爱国主义的考虑服从于教皇的命令，而教皇通常又受普通神职人员的影响，而往往不是耶稣会士的影响。在奥地利，耶稣会的影响一直在稳步地向传播教皇至上主义的方向发展。奥地利最好的两所学院——卡克斯堡学院和费尔德基希学院都掌握在耶稣会士手中。这里的学生无一例外都是受过良好教育、举止得体的年轻人，是朝着"理想"的方向发展的。一般而言，学生们可以胜任任何政府可能委派的职位，但不能就重要事项独立作出决定。耶稣会教育倾向于培养人才，而不是性格；致力于打造高效而低调的工具，而不是自主的个性。受过训练的年轻人会得到重视，只要人顺从和能干，就能得到保护和迅速成长。通过这些方式，耶稣会对国家事务的影响比表面上看起来的要大得多。事实上，只能与犹太人暗中施加的影响相比较。一位有着无与伦比的欧洲理论知识的法国历史学家，在不久以前就宣称："奥地利完全被宠坏了，先有耶稣会士帮忙，后有犹太人相助。"奥地利在现实中是否“完全被宠坏”是一个没有定论的问题。不过，这位博学的历史学家确实没能更深入地了解奥地利的事务。这位历史学家可能认为耶稣会士和犹太人的影响显然是至高无上的，两者的影响时而对立，时而互补，但总能通过一种独特的心理亲和力来理解对方。耶稣会士和犹太人两者都具有不可动摇的目的性，或者用一种不那么专业的说法，耶稣会士和犹太人的眼睛总是盯着“主要机会”，即眼前的目标，无论是金钱、权力，还是两者兼而有之。不过，除非他们能够控制国家，并在最后时刻让皇帝信服于自己，否则将永远不会成功。

然而，只有少数时候，哈布斯堡帝国的皇帝会反抗来自外界的控制。自马克西米利安一世统治以来，哈布斯堡家族对神职人员十分宽

马克西米利安一世

容，而且明显屈从于教会。教会牢牢地控制着任命权和宣教权。作为耶稣会士的创造物和工具的斐迪南二世，有时也不得不控制自己对宗教狂热的欲望，而履行自己作为皇帝的职责。利奥波德一世、约瑟夫一世以及查理六世以一种罗马教廷并不喜欢的方式来行使"皇室特权"。虽然玛丽亚·特蕾莎私下里仍然是耶稣忠实的女儿，但在玛丽亚·特蕾莎心中，"国家观念"逐渐胜过了对罗马教廷的服从。《尤斯蒂努斯·费布

利奥波德一世

诺尼乌斯》（特里夫的萨弗拉甘主教约翰·冯·洪泰姆所著）一书的出现对奥地利统治教会具有划时代的意义。这本书关注教会国家和罗马教皇的合法权力。1764年，在法国地位受威胁的文策尔·安东向玛丽亚·特蕾莎和国务委员会进言，禁止教皇克莱门特十三世在奥地利发布《教皇诏书》以维护耶稣会。1770年，康斯坦茨的枢机主教向克莱门特十四世报告称，奥地利国内上至国务大臣下至平民百姓，都反对现行的宪法和宗教限制政策。有历史学家称，玛丽亚·特蕾莎之所以下定决心打压耶稣会，是因为她无意间发现自己的证言是由耶稣会士写下并递至罗马的。无论这个说法是否属实，可以肯定的是，从1757年开始，玛丽亚·特蕾莎的注意力就集中在耶稣会的忤逆、对教育的垄断控制和对普通神职人员的影响上了。此外，耶稣会士开始意识到，与自己不共戴天的敌人不只存在于共济会，甚至在本笃会、年轻的修道士中还有皮亚里斯特会中都有自己的敌人。因此，当1773年教皇克莱门特十四世镇压耶稣会士时，奥地利政府不失时机地批准了教皇法令的颁布。维也纳大主教克里斯托夫·巴托洛梅乌斯·安东·米加兹告诉维也纳的耶稣会士说帝国会派一名钦差大臣镇压耶稣会，并在接下来的一年里没收耶稣会的财产。虽然不情愿，耶稣会士还是在匈牙利发表了一封致歉信，可这也于事无补。耶稣会因此受到了十分沉重的打击。仅在匈牙利，耶稣会就拥有二十三所学院和住宅。在维也纳，除了对大学的控制之外，耶稣会还掌握六所学院。耶稣会已经无法承受来自国家的一系列打击，因为耶稣会已逐渐成为一个无法容忍的、傲慢的组织，成为缺乏精神弹性、缺乏精神上的热忱和关怀、对教会敷衍、只关心维持自己的权力的存在。

在耶稣会士于弗朗茨·约瑟夫一世的统治时期重回奥地利并开始在神圣同盟扩大自己的影响力之前，约瑟夫二世的教会和行政改革就彻底改变了帝国的内部状况。约瑟夫二世于1781年10月13日颁布的《容忍令》和1784年到1785年颁布的加强版法令削弱了教会的权力，切断了

文策尔·安东

克莱门特十三世

克莱门特十四世

克里斯托夫·巴托洛梅乌斯·安东·米加兹

罗马主教的联系，限制了罗马对教会和神职人员的权力。这期间解散了六百多座宗教机构，僧侣人数减少到大约两千人。不仅如此，宗教秩序还受到严格的监督。不光教会向罗马的汇款受到限制，奥地利人也不能前往在罗马的德意志宗教学院学习。《区域占位法》得到了大力推广，《科埃纳·多明尼》和《乌尼根西佗》中规定罗马教廷特权的《教皇诏书》不允许在奥地利出版或发布。约瑟夫二世利用没收的教会财产的收入，成立了一个宗教基金会，以维持神职人员的生活。该宗教基金会在奥地利的教会收入中仍占近百分之九。和约瑟夫二世的行政改革一样，约瑟夫二世的教会改革在约瑟夫二世驾崩后仍有很大的影响力，并直到1848年革命之前在很多方面都没有改变。

在现代奥地利，几乎没有什么机构或制度是可以不参照约瑟夫二世的模型或1848年革命就可以快速理解的。1848年革命对于在1848年12月2日登基的弗朗茨·约瑟夫一世来说，非自由主义思想的影响从未彻底消除过。很大程度上来说，非自由主义思想是对“约瑟夫主义”①的自觉反应，也是导致1848年革命爆发或未能阻止革命的原因。约瑟夫主义在任何领域的影响都不如在教会事务中来得成功。约瑟夫主义的观点得到了宣传，并得到了一些皇室成员的强烈支持。皇室认为，如果教会、军队、警察和官僚机构都不能避免革命，那么主要原因就只能是在这七十多年来，宗教一直是政府的工具，宗教失去了对人民的控制。这一观点受到耶稣会和其他教皇至上主义者的支持，也得到了奥地利大臣利奥·图恩伯爵的肯定。利奥·图恩伯爵曾在皇帝的导师——维也纳大主教弗里德·劳舍尔阁下的帮助和亚历山大·冯·巴赫的默许下，与罗马达成《政教条约》，将教育、婚姻和许多其他事务置于教会的控制之

① 约瑟夫主义，神圣罗马帝国皇帝约瑟夫二世提出的限制罗马教皇和教会权力的主张。包括国家对教会事物进行管理和改革、限制教会滥用权力、限制教皇对信仰以外的事务的干预等。——译者注

利奥·图恩伯爵

下。随着皇室特权的废除，主教可以与罗马教廷自由交往。在国家的帮助下，主教有权对教区神职人员行使权威。自斐迪南二世统治以来，教堂改建成功，并成为整个国家的主导。《政教条约》是1849年5月和1849年6月在维也纳举行的主教会议上达成的。事实上，条约在实际缔结之前已经生效了好几年。1852年，自弗朗茨·约瑟夫一世统治以来，哈布斯堡帝国的领土再次正式向耶稣会士开放，当局允许耶稣会士秘密返回奥地利。《政教条约》签署于1855年8月18日，即弗朗茨·约瑟夫一世二十五岁生日那天。弗里德·劳舍尔在弗朗茨·约瑟夫一世的决策中发挥了相当大的作用，官方媒体称赞《政教条约》是“奥地利真正的宪法，比任何其他宪法都好”。在国外以及在弗朗茨·约瑟夫一世的那些开明的臣民看来，《政教条约》是国家对教会的绝对投降。《纽约时报》评论道："在这种情况下戴上的皇冠，配不上制作皇冠的金属。"奥地利警方竭力阻止任何外国意见传到奥地利人的耳朵里，并试图传播官方观点，即《政教条约》是"一种崇高的国家智慧行为"。但事实上，《政教条约》像奥地利的许多明显变化一样，影响的不是事物的实质，而是形式。亚历山大·冯·巴赫是一名前革命者，现在是一位刻意维护教会的权臣。亚历山大·冯·巴赫相信，《政教条约》对警方来说是一个极好的契机——签订《政教条约》等于为国家提供了一队精神宪兵，比约瑟夫二世组织的人数更多，更忠诚。因为教会能更自由地为宗教和教会的利益效力，而不至于名誉扫地。毫无疑问，在《政教条约》下，国家承担的风险要比在约瑟夫二世制度下更大。但倘若神职人员超出了自己的职责范围，国家也从未觉得自己失去了剥夺教会精神警察的特权的权力。弗朗茨·约瑟夫一世承认《政教条约》中"不受时间限制的权利来自教会的神圣起源"的合法性，尽管《政教条约》具有"永久"的性质，且还作为国家宪法在奥地利颁布，但皇帝可以随时撤回或废除宪法，就像弗朗茨·约瑟夫一世在1848年到1849年废除的各种宪法一样。

因此，即使奥地利教会多么无所不能，也未能避免成为皇室的附庸。罗马教廷可能欺骗自己完全控制了奥地利事务，但十二年后，在1867年建立二元制时，德意志自由党获得了崛起并逐一摧毁了《政教条约》的规定。1870年7月30日，皇帝弗朗茨·约瑟夫一世给大臣弗里德里希·斐迪南·冯·博伊斯特伯爵下达一份诏书，宣称教皇一贯正确的教义破坏了《政教条约》，因为一贯正确的教会领袖不受契约的约束。1874年，该诏书又得到法律的补充，正式废除了《政教条约》，规范教会自治，并规定教会干涉的限度，使其威胁不到国家不可侵犯的权利。直到19世纪90年代，教会才开始恢复原状，并开展了"摆脱罗马"，或者更确切地说是"摆脱哈布斯堡"运动。这项运动是在泛德意志主义者和奥地利自由德意志人之间组织起来的，以对抗费利克斯·巴德尼伯爵的将捷克语置于与波希米亚德语平等的基础上的法令，导致了牧师社会的形成。特别是圣博尼法斯和圣拉斐尔社会，打击了反天主教和反哈布斯堡势力，并支持德意志帝国的天主教民族运动。法定继承人弗朗茨·斐迪南大公受大主教学校联盟或学校协会的保护；卡尔·鲁格博士和基督教社会追随者打击了大学里反牧师和犹太人势力的气焰；后来，为了支持天主教反犹太媒体，“庇护协会”成立了，其中几个机构逐渐获得了相当大的曝光度和影响力。

很明显，教会履行的是义务警察的职能而不是教会的职能。“摆脱罗马”危机已退去，各教权组织进行了一场暴力的、完全肆无忌惮的反社会民主的运动。社会民主的进步引起了最高阶层的不安。这些教权组织最伟大的成就，无疑是1912年9月在维也纳举行为奥皇和皇室歌功颂德的圣体大会。那些只看到在教会的支持下奥匈帝国的臣民对帝国的热情投入的外国教会成员离开了，因为“异教徒”本就应该离开。在国外教士的眼中，教会在哈布斯堡帝国时期以最理想的条件生存和发展。但那些真正在奥地利工作生活、了解教会真实地位的外国神父和主教，悲伤地摇了摇头，他们认为教会仍受当局的控制，宗教再次成为促进古代王朝平稳发展的牺牲品。很少有哪个国家的教会像奥匈帝国那样对人民的日常生活控制得如此之少。对于教会来说，如果许多省份的神职人员本身都不具有正确的思想，那将是非常羞耻的。约瑟夫二世的制度倾向于将神职人员转变为公务员，许多主教、大主教和宗教界人士仍然享有巨额的收入，这些收入加在一起形成了一种教会倾向——神职人员渴望获得有利可图的任命，而不是履行一种精神使命。这使道德上的松懈变得十分常见，甚至与14世纪、15世纪中欧各国的情况无异。在这一点上，几乎只有耶稣会士和救赎主义者是无可指责的。但克洛斯特新堡、圣弗洛里安和沃劳的奥古斯丁教规，海利根克劳兹修道院、利连菲尔德和其他修道院的熙笃会，特普拉和维尔腾修道院的普雷蒙特雷修会，梅尔克、克莱姆斯林斯特和阿德蒙特的本笃会以及皮亚里斯特会和巴尔纳伯会的教学秩序，都或多或少因为以自我放纵为目的来解读誓言而遭到怀疑。此外，很多教区都是由这些修道会的成员服务的，结果却适得其反。修道院本身主要仍掌握在年长的僧侣手中，信徒的生活更像是古英语歌曲中的“神圣修道士”，而不是真正意义上的修道院的修道士。如果神职人员对一个民族道德的影响可以通过非法出生率来检验，那么这个检验并不总是可靠的，这表明奥地利神职人员的影响是非常有问题的。据估计，在维也纳等城市，这一比例为百分之二十；在蒂罗尔的布里森等宗教中心，这一比例高得足以让外国传教士瞠目结舌；在卡林西亚，这一比例为百分之四十一。在克罗地亚和匈牙利的一些地方，神职人员似乎认为独身誓言是唯一有效的。然而，与此同时，人民非常尊重宗教，男人经过教堂时几乎总是要戴上帽子，女人则在胸前画十字。几年前，一份支持离婚的请愿书获得了七万人的签名，而神职人员则轻而易举地列出了一份有四百五十万人签名的反请愿书。

对一个宗教组织活力的最高考验，即脱离当局的支持或不顾当局的敌意而完全依靠自己的力量发展，被迫坚持自己的立场，或者用自己的信条征服新的领域。这样的考验不太可能适用于奥地利的教会。尽管一些神职人员做了令人钦佩的工作，特别是在拥挤的城市和人烟稀少的山区完成的工作，但教会似乎仍要保持几个世纪以来的半政治职能。而且，在许多方面，教会使福音派的使命服从于维护其特权。此外，教会还享受着丰厚的收入（例如奥洛穆茨大主教，每年收入六万英镑，匈牙利主教同样有着可观的收入），不过充其量只是为了抵消犹太人和伪自由主义分子的分裂倾向。教会同军队、官僚机构和警察一样，是国家的工具，是王朝的附庸。

第 3 章

第1节 人 民

本节的标题应该从最广义的概念来理解。因为实际上并没有奥地利人、匈牙利人或奥匈帝国“人民”一说，有的是居住在哈布斯堡帝国境内的人或是哈布斯堡帝国境内的民族。哈布斯堡帝国的人民这一说法是不严谨的。当哈布斯堡帝国的皇帝需要就即位、宣布战争爆发、为节日祝言或致悼辞而在全体臣民前公开演讲时，“致民族”可谓演讲的标准开头。从某种意义上说，帝国中是有“人民”的，人民受到管理，但又区别于政府机构的管理；人民也是有人治理的，却也有别于当局行政的治理。人民有权参与选举，在国会、议会和市政委员会中担任代表，并有在公共媒体上发表意见的权利。然而，媒体在很大程度上只是政府的工具，同自身与当局的亲疏相比，对人民负责显然不是哈布斯堡帝国的媒体从业者最上心的事。尽管宪法对议会的责任描述十分明确，也详尽地就议会对代表民意的职能做了说明，但当政策落地，人民看到的议会却是另一副面孔。在奥地利，议会更像是一个大型俱乐部，各个势力的代表在这里集会、竞争，甚至结交。对委员和委员会的工作接触得越深，政党代表以及国会议员们就越能意识到，奥地利是一个由皇帝和全能官僚机构组成的畸形混合体。尽管排他主义的立场和个人利益的矛盾十分突出，议会代表们还是逐渐在这种畸形体制中获得了归属感。在议会中，虽然议员们看不起来自波希米亚的捷克人和德意志人、阿尔卑斯地区的德意志人、卡尼奥拉的斯洛文尼亚人、伊斯特里亚的克罗地亚人或意大利人、布科维纳的罗马尼亚人、加利西亚的波兰人或鲁塞尼亚人以及摩拉维亚的斯洛伐克人，但在与这些民族的代表们接触时，所有轻视与看法似乎都是无稽之谈。一方面议会是政治教育机构，另一方面议会也是政治腐败的研究所。

政府由皇帝任命的官员组成，皇帝通过满足党派或个别党派领导人的利益以获得更多的支持。奥地利的内阁政府充斥着各种形式的肮脏交易，各方势力都在利益的旋涡中周旋，争夺例如铁路、运河、桥梁、烟草的经营权，或是为得到当权者的承诺而极尽谄媚之事。奥地利的政客无论派别立场，所有人都在削尖脑袋为自己谋福利。在如奥地利议院这样盘根错节的地方，并不存在敌友之说。面对变幻的局势，未雨绸缪总好过随机应变。因此，议员的政治良知逐渐没落，取而代之的是官员对上级的盲从以及当局对人民变本加厉地剥削和勒索。奥地利官僚主义的拥护者将帝国政治体系的崩塌归因于议会成员对日常行政工作的过度干预；纯粹国会主义的捍卫者把奥地利议会制度的缺陷归咎于官方阴谋和政府“习惯性”给予的小恩小惠。无论如何，彼时奥地利的政治体制薄弱，政府官员及议会议员都缺乏正义精神的引导，无法忠诚于自己的使命。官员结党营私相互勾结，使奥地利的政治生态呈恶性循环的状态。

尽管议会已是名存实亡，但为了证明自己存在的意义，议会还是为人民提供了宣泄情感的途径。否则，若人民的情感无法释放，只会导致更严重的危机。奥地利的所有公民都能通过议会将自己的愿望和不满公之于众，检察官、警察和官僚机构无力制止这些言论，因为这是议会授予人民的特权。新闻界可以在不受到威胁或起诉的情况下，在报刊上公开讨论决策的利弊。这一保障措施所产生的效果十分理想。一名检察官若是因受到热心公共福利观念的激励或者出于自身利益对上级大献殷勤，以提高自己晋升为法官的机会时，可下令封杀或指控自己认为观点令人反感的期刊。禁令发布之后很少有投诉，既达到了给期刊造成经济损失的目的，又免去了烦琐的程序，也不会产生因被人民怀疑而受到公开审判的风险。然而，若遭到封杀的期刊与国会议员有关，则议员可在议会中质询检察官发布禁令的理由，并利用自己的特权撤销针对该期刊的禁令。之后期刊便能解禁，重新活跃在检察官和警方的眼皮下。其中最著名的就是几年前由奥地利的德意志人作家赫尔曼·巴尔出版的期刊——《维也纳》。赫尔曼·巴尔是个十足的爱国者，并因此得到了检察官的青睐。在赫尔曼·巴尔的期刊受到禁令限制后，一位著名的议员立即展开了质询，并在会议厅大声宣读期刊内的文章。因此，赫尔曼·巴尔才得以再次发行期刊，只不过发行的是删除了“敏感”内容并附加了质询文本的版本。在一个官员不把自己视为人民权利的守护者，而把自己视为国家或王朝权力的执行工具的国家，这样的政策对小暴乱的干预是极其有益的。

议会在维护公共利益和自由方面的价值往往受限于政府及其代理人对党派和个人成员的微妙控制。议员们不难发现，自己的公权是被限制在政府掌控的范围内的，自己的声望会因批评官方行为或者自己的正面行为受到政敌质疑时而一落千丈。其后果便是：受到抨击的议员无法在有影响力的期刊上找到对自己演讲的报道；当需要挑选议会委员会时，自己就如弃子般无法收到任命；该议员所在的党派也会认为，将他放在幕后才是两全其美的办法；在一些重要的场合，如在为代表团提名政党人选时，反对者可以利用直接的官方压力或间接的阴谋来排挤自己。在任何国家，国会议员都不是富有道德勇气的人，尤其在奥地利，出现英雄的比例会比其他国家更低。这并不一定是因为奥地利的政治家们特别缺乏道德毅力，而是因为除了一些斯拉夫民族外，奥地利的选民长期以来都不愿意支持说真话的议员。此外，奥地利人民倾向于认为那些公然违抗圣令的政客只是在为自己做广告，并乐于让政客付出更大的政治代价以平息争端。

但凡事都有例外，卡尔·鲁格博士就是最好的例子。卡尔·鲁格博士是在皇帝一再否决对自己的任命后，在一场强大的、有组织的人民运动的推动下才升任维也纳市长之位的。卡尔·鲁格博士有吸引普通民众注意的能力，普通民众也有充分的理由相信卡尔·鲁格博士的公正无私。社会民主党培养、提拔了一些令法院和官员不满的人——尽管在1905年至1907年的普选运动中，法院和政府明显愿意接纳任何可能暂时为帝国服务的政党或政客为盟友。奥地利在本质上是一个妥协之地，理想的愿景只会出现在党派计划和公共宣言中。议会在工作安排上也贯彻了妥协的原则，用一句意大利谚语来形容，就是山羊和卷心菜都可兼得——如果山羊吃了半饱，卷心菜的叶子也处理好了，结局皆大欢喜。议会常以平衡不满作为目标，深知忌妒的情绪会在不满中滋生，每当收到作出进一步让步的要求时，议会可以通过指出竞争对手的境况并没有好转以平衡双方。妥协的治国方略使奥地利当局可以巧妙地处理矛盾，结果每个民族或政党都认为，竞争对手的困境没有改善，甚至更糟，从一定程度上缓解了自己求而不得的不满情绪。

由此可见，一个政治领导人所做的最严重的叛国行为，莫过于把那些企图分裂国家的人选出并联合起来。1905年10月，达尔马提亚的塞尔维亚-克罗地亚、克罗地亚和斯拉沃尼亚组成了联盟；接着，根据在阜姆[①]会议上通过的一项决议，他们又与当时同皇室冲突的匈牙利反对派结盟。如此一系列动作令奥地利当局极其愤怒和沮丧。几十年来，奥地利

① 今克罗地亚里耶卡。——译者注

的目的就是要把塞尔维亚人和克罗地亚人分隔开，同时允许马扎尔人压迫和剥削克罗地亚和斯拉沃尼亚，从而加深匈牙利与南斯拉夫之间的世仇。人们之所以能解释1908年到1909年的吞并危机及包括海因里希·弗里德永的案子审判期间曝光的虚假文件在内的谜团，都要归功于奥地利人对阜姆决议起草者的怨恨——奥地利人怀疑该决议的主要起草者弗拉诺·苏皮洛先生可能是克罗地亚科苏斯族人，并因此对弗拉诺·苏皮洛怀有敌意。为了找到充分的理由证明弗拉诺·苏皮洛是塞尔维亚-克罗地亚联盟关系的促进者，无论是手足之情还是任何未经君主制裁和批准的慷慨美意，都容易受到奥匈帝国人民的怀疑。人们判断政策是否利于自身，最好的参照物就是看当局对自己的态度；只要人民意识到国家是满足自己福利期望的唯一存在，就不会为自己的命运而担忧。而且当人们对抗或反对国家时，除非自己足够强大或聪明，能够用自己的行动让国家难堪，否则受到的待遇只会更加糟糕。人们相信，为面子工程欣然贡献自己的力量才是保护自己权利最安全的手段。奥地利人民永远不会绝望。在必要时，只要人们能找到方法，就可以威胁政府。无能之人，或认为国家毫无用处的人，正独自处于无望的境地。达尔马提亚的意大利人的情况充分佐证了这一事实。只要奥地利还管辖着本国的意大利省份，并且还需要本土的意大利文化背景的官员来管理这些省份，当局就依然会维护达尔马提亚的意大利人的利益。达尔马提亚的意大利人控制着教育，同时还要考虑到经济利益。但在1859年伦巴第和1866年威尼西亚相继失势后，奥地利对意大利官员的需求开始下降，意大利元素的“实用性”也随之下降。当局发现达尔马提亚的意大利人在绝大多数斯拉夫人口中所占的比例微不足道（略高于百分之三）。当时的斯拉夫人愚昧无知，缺乏教养，各方面都落后得可怜。因此，当局决定让这些斯拉夫人散居在拥有高度文明的少数民族之中，于是斯拉夫人和意大利人之间的激烈斗争开始了。政府支持和鼓励斯拉夫人，同时竭力地在斯拉夫人和意大利人中间挑拨。不幸的是，意大利人一直以自己的威尼斯文化遗产为荣，当察觉到政府政策的走向时已经为时已晚。除了少数狂热的牧师和半文盲农民外，斯拉夫人没有领袖。如果最初拥有文化垄断权的意大利人帮助斯拉夫人发展而不是与其对抗，他们很可能已经成为双语省的自然领袖，并将通过与斯拉夫人的联合，迫使政府将达尔马提亚当作一个整体并为其做些什么。然而，意大利人选择了参与政府的游戏，并且渐渐失宠。直到仅剩首府扎拉受意大利人的控制、其他公社一个接一个地落入斯拉夫人之手后，意大利人才怀着内心的痛苦，向亚得里亚海对岸投以渴望的目光，祈祷祖国能为自己伸张正义。奥地利当局以此谴责这些意大利人"不爱国"，并采取措施对抗"民族统一主义"的威胁。最终，更敏锐的达尔马提亚的意大利人似乎开始有了一种现实感，并发现自己唯一的希望在于与斯拉夫人达成谅解——斯拉夫人愿意与意大利人一起，打击德意志联邦广播公司目前对奥地利的亚得里亚海岸地区推行的日耳曼化政策。

的里雅斯特的案例提供了斯拉夫人和意大利人需要合作的另一个例子。除了南部和沿伊斯特拉海岸，的里雅斯特周围的领土完全属于斯拉夫人。在城市中最落后的地方，只能听得到斯洛文尼亚语。意大利人组成的市政当局和斯拉夫人各组织之间的斗争十分激烈，并且像在达尔马提亚一样，促进了德意志人和德意志化机构的渗透。因为当局十分畏惧"民族统一主义者"情绪爆发，或偷偷地把意大利三色旗挂在一些市政建筑上，因此，一旦的里雅斯特的意大利人需要向中央政府索要特许权，总能获得政府最大程度的让步。政府在这些的里雅斯特人身上吃尽了苦头。在当局计划为这座城市采购物资时，又出现了以筹建新码头或索要其他物质特许权为目的的勒索。然而现在，帝国正稳步对意大利发动战争。意大利王国的臣民正受到意大利政府的驱逐，在一个月内发生了多达九十次驱逐事件。意大利人申请奥地利国籍一直遭到拒绝，即使

的里雅斯特

申请人是的里雅斯特的意大利人。[①]此外，政府一直拒绝批准在的里雅斯特建立一所意大利法学院。这所学校曾位于因斯布鲁克，在1904年遭到泛德代表领导的德意志帝国人民洗劫并摧毁。任何一个有公平意识的政府都会谴责这些破坏者，并让意大利人感到满意。但奥地利政府却并非如此。德意志人很强大，可以用上百种方式让意大利人难堪。意大利人很软弱，而且越来越软弱。因此，意大利人的请求被无限期拖延。经过多年的努力后，意大利人终于得到了一个承诺——意大利法学院将在维也纳成立。但从最近的意大利中心乘火车到维也纳也需要一天的时间，而且维也纳是当时欧洲生活成本最高的城市之一。奥地利狡猾的政客们不以为然，并表示作出这一决定完全是出于对意大利人理想的同情，奥地利的意大利人青年和其家人应该心存感激！

因布拉格的捷克人大学已人满为患，捷克人一直希望能获准在摩拉维亚首府布尔诺建造第二所捷克人大学。虽然捷克人对奥地利政府的勒索力度极大，但迄今为止捷克人的愿望也没能实现。因为在维也纳、因斯布鲁克、布拉格和格拉茨都建有大学的德意志人挡住了这条路。鲁塞尼亚人或小俄罗斯人有近四百万在奥地利，有五十多万人在匈牙利。鲁塞尼亚人一开始要求在伦伯格[②]建立一所独立的鲁塞尼亚人大学却没有得到任何支持，直到后来政府认为这所大学可能会成为一个强大的能吸引两千五百万俄罗斯帝国的鲁塞尼亚人或小俄罗斯人的中心，来传播奥地利和天主教教徒的影响力。和往常一样，恐惧是这种变化的动机。俄国的煽动者已在加利西亚东部和布科维纳开始了一场宣传运动，支持让属于希腊联合教会的鲁塞尼亚人改信东正教。在一定程度上，这场运动似乎是对伦伯格的希腊联合大主教和斯坦尼斯瓦夫·塞普提基伯爵的提

① 的里雅斯特的总督霍恩洛厄亲王在最近的颁布的法令前写道，命令将所有非奥地利人从市政工作中解雇。——原注
② 即今乌克兰利沃夫市。——译者注

斯坦尼斯瓦夫·塞普提基伯爵

案的回应。人们怀疑大主教和斯坦尼斯瓦夫·塞普提基伯爵是为了让奥地利人能够控制越来越多的小俄罗斯人。奥地利当局对这场运动的态度引起了俄罗斯帝国的警觉。奥地利当局采取了镇压措施，这让俄罗斯帝国开始谴责这些措施是奥匈帝国加利西亚和布科维纳当局的政治迫害。在此影响下，奥地利政府突然改变了对在伦伯格建立一所单独的鲁塞尼亚人大学要求的态度。弗朗茨·约瑟夫一世也受到蛊惑，一转对波兰人的态度，开始向他们施压。弗朗茨·约瑟夫一世并未料到，为了平息之后的危机，他要将所有精力都投入到镇压波兰人的运动中。最后，建立鲁塞尼亚人大学的想法原则上是通过了，也就是说，这个想法受到了搁置，等待进一步的发展。这些事态发展的性质可能将取决于奥匈帝国和俄罗斯帝国之间的政治关系：若俄奥两国关系恶化，鲁塞尼亚人可能要等很多年才能上大学。因为大学不仅是传播高等教育的一种手段，更是俄罗斯帝国采取侵略性文化政策的工具。这所大学将不再属于鲁塞尼亚或小俄罗斯，而属于乌克兰。也就是说，这将代表把边境两侧的小俄罗斯人奥地利化和天主教化，并把小俄罗斯人从其对俄罗斯帝国的忠诚中剥离出来。相反，如果俄奥关系有所改善，激进的奥地利政策很可能会搁置。除非俄罗斯帝国在基辅建立一所小型的俄罗斯人大学，帮助扭转斯拉夫人在奥地利的局势，使鲁塞尼亚人或小俄罗斯人的要求得到满足。

因此，奥地利的大学问题，绝不是简单的促进或阻碍特定民族的文化和启蒙问题，外界在议会危机时也经常能听到关于这个问题的讨论。政府更愿意先从政治效用的角度来看待问题；其次，也许会从财政支出的角度来看待，批准大学录取的民族和党派也主要从政治立场来考虑。当局对大学的让步，除了能体现设法敲诈的政党在政治上的成功之外，更体现了当局对国家政治的基本考虑。大学对年轻人来说，是走上政治生涯、打开参与国家政府大门的新钥匙。因为高级官员需要拥有大学学位，尤其是法学学位。最近，技术学位已纳入某些政府系统。但法学学位仍是进入政府机构的主要通行证。因此，奥地利大学的法学院人满为患，每年都培养出了上千名年轻的法学博士。然而，这其中只有一小部分人选择从事法律职业，大多数人更渴望受到政府的任命。没有空缺职位时，政党和政客个人常常利用政治压力来获得新的职位，结果可想而知。在一些国家铁路局，人们称这些法学博士为法学家，做一些私人行政部门留给办公室文员或打字员的工作。在某些国家和省级部门，法学家的职位过冗是一种不堪的罪恶。前文曾提到，仅在下奥地利的总督中，就有将近两百名这样的法学家。在波希米亚、加利西亚、摩拉维亚和其他省份，情况也并不乐观。在内政部，甚至在财政部，到处都充斥着法学家。由此可见，政府应当抵制建立新的大学和新的法学院，阻止更多没有任何实际经验或训练的"法学家"产生。可要改变这一现状着实困难，除非有官员敢于站出来，停止任命新官员，并通过规范就业条件来努力纠正奥地利人民的思想观念，让人民意识到"国家能够赋予公民个人尊严，并使其地位高于个人努力所能达到的地位"的观念是错误的。奥地利人之所以对公职有这样的误解，从根源上来说是因为奥地利人自然地认为，国家是高于人民的，在并非人人都出身贵族的情况下，政府公务员的身份必然要高于平民。国家清楚地知道这种思想的危害，却又不愿破坏这一观念，担心损害到自己的权威。如今主要掌握在犹太人手中的贸易和工业的发展，以及强大的中产阶级的崛起，或许能有助于打破这一恶性循环。但目前，中产阶级觉得自己依赖于这个国家，而这个国家正是中产阶级们希望获得更高社会地位的基础。中产阶级为军队提供军官，为国家部门提供官员，为大学提供教授。因此，指望从这方面得到改善似乎是徒劳的。

农民阶级是奥地利，特别是匈牙利的支柱。农民阶级独立存在，对国家或该省的其他部分几乎没有直接影响。对蒂罗尔的登山者、上奥地利和下奥地利的德意志农民、加利西亚的波兰人和小俄罗斯人、波希米亚的捷克人及斯洛伐克人、摩拉维亚和匈牙利东北部还有匈牙利低地那些健壮的马扎尔农民来说，这些人的共性除了都从事农业活动外，不存在其他联系或情感。所以必须有一本关于每个省和民族的专著来描述这些农民的各种特征或生活条件。在政治上，国家仅仅将农民视作工具人，视作土地的耕耘者或将文书代表送回议会的底层选民；在财政上，农民拥有纳税人身份；在军事上，农民也很重要，因为农民为军队提供了大量的新兵；在社交上，农民永远位于社会底层，除非农民能把自己的儿子送进教堂，或接受高等教育并得以在政府任职。农民阶级话语权很低，农民阶级的政治视野不允许农民扮演重要的政治角色。

相反，贵族阶层仍具有与其所履行的职责不相称的影响力。所谓贵族，指的是地位崇高的人。一些贵族与王室有着特殊的关系，享有着特权；另一些人则拥有巨大的影响力，因为他们拥有大量的地产和巨额的收入，足以与伦敦最富有的地主相媲美，同时也拯救了美国最富有的百万富翁。富豪们的收入一部分来自租金，一部分来自对自家房产的直接管理，还有一部分来自贸易。在一些牛奶店的招牌上可以看到许多贵族住宅的名字，这代表着出售的产品来自他们自家的牧场。其他贵族有的从事林业和木材贸易，有的从事煤炭开采，有的从事养马业，而少数则从事大型内陆渔业。奥地利贵族最值得称赞的一点是对自己产业发展的关心。因此，奥地利贵族通常是一个健康、开朗的人，智力发展良好，也不会因为音乐和运动方面的苛刻品位而感到困扰，同时也是一个既深知自己的优越地位和阶级又不会过分骄傲的好人。从某种程度上来说，贵族们与自己家族的分支也是有关联的。奥地利的“第一社会”是一个“表亲社会”。也就是说，这个社会主要关心自己的事务，并认为这些事务比一般的公共事务更重要。贵族家庭的成员对外部世界的认识，通常是通过旅行和道听途说获得，而不是通过学习所得。贵族们会因参加大型射击比赛或其他感兴趣的运动而远行，这有助于提升贵族与生俱来的礼仪，并赋予贵族们知识和经验。但除了少数例外，奥地利贵族，尤其是奥地利的德意志贵族仍然是徒有虚名，而不是一个有用的社会成员。在某种程度上，匈牙利贵族、波兰贵族和波希米亚贵族属于不同的类别，他们对公共事务有着浓厚的兴趣，同时也在不断地行动。然而，这些奥地利的德意志贵族知道，自己很难在政治上发挥领导作用，因此，他们会把自己的政治活动限制在偶尔出席上院或代表团的会议上。在军队事务里，这些贵族早已不再热衷于获得最高指挥权，外交官身份为自己提供了一个更大的活动领域。普鲁士王国的外交家曾嘲讽地说道，在多数的奥匈帝国大使馆和公使馆中，你一定能找到一位地位极高、彬彬有礼，却丝毫没有外交头脑的贵族，而在幕后操劳的都是在大使馆办公处默默工作的犹太人的儿子。但实际上，这种言论更多的是对奥匈帝国的诽谤而非事实。奥匈帝国的外交部门，即使官职再高，贵族阶级也无法垄断外交部门。奥匈帝国的外交史足以证明，除了一些不以能力为用人标准的职位以外，非贵族出身绝不是晋升路上不可逾越的障碍。已故的约瑟夫·亚历山大·黑布纳伯爵和海因里希·弗赖赫尔·冯·卡利斯以及一些仍在世的大使和退休大使的生涯就是很好的例子。哈布斯堡帝国似乎更喜欢下层社会的仆人而不是上层社会的仆人，

约瑟夫·亚历山大·黑布纳伯爵

而且有时非常不信任大贵族所表现出来的独立精神。虽然弗朗茨·约瑟夫一世通常把宫廷的主要职位留给大家族的子嗣，但关于皇帝的最机密和最有影响力的职位往往由出身相对较低的人担任。在官僚机构中，有些小钱的贵族，甚至富人阶级都找到了为国家服务的重要机会。已故加利西亚总督安德鲁·波托基伯爵的私人年收入可达数十万英镑。几年前，安德鲁·波托基伯爵被一名鲁塞尼亚人的学生暗杀。然而，安德鲁·波托基伯爵大部分时间都在繁复的行政工作中度过。现在两个重要省份的总督都拥有高贵的头衔，而伯爵的头衔在同僚和下属中并不罕见。人们一般认为，奥地利贵族参与公共事务的程度要低于英国或普鲁士王国的贵族。打猎似乎才是贵族们生活的主要目标，许多贵族都笑着承认了奥托卡·切尔宁伯爵逸事的象征意义。奥托卡·切尔宁伯爵忠实的仆人曾听见奥托卡·切尔宁伯爵在垂死之际的喃喃自语，内容是："当上帝询问我'你这一生做了什么事呢？'，我必须回答'噢！上帝。我猎过兔子，猎过兔子还有猎过兔子，真的微不足道'。"不过，贵族的影响仍是很大的。英国人爱一个领主的说法也适用于普通的奥地利人。从理论上讲，在奥地利，"人类始于贵族"的说法已经过去了。尽管现在男爵头衔常常是犹太血统的象征，但头衔的巨大社会价值仍然存在。出租车司机或服务员都知道，如果不将普通公民统称为伯爵，就没有靠谱的方法可以得到可观的小费；店主永远不会忘记在自己最卑贱的顾客的名字前面加上"冯"字来表示高贵的地位。仆人们经常称呼中产阶级的男女主人为"陛下"，并在早晚的一言一行中对主人行吻手礼。中产阶级中的势利有时甚至达到奴性的地步。中产阶级们常以"即使不是贵族，也要像贵族"为目标。在过去，汽车在出现之前就已经放弃驶进赛道的荣耀。按照惯例，普拉特大街的主要道路都要洒大量的水，这使赶马人或者乘客到达目的地时身上都沾满了泥巴。马匹越快，泥浆就越厚，就越能掩盖这些中产阶级蹩脚行为。愤世嫉俗者们常乘坐

奥托卡·切尔宁伯爵

一种绰号为“自在”的单马马车，以假装成那些不光彩地乘坐禁忌交通工具去参加比赛的人，这些人总会在作为“净土”的普拉特大街前别出心裁地用泥巴弄脏自己。结果，一位前法国大使惊呼：“在这里，我们拥有所有力量，甚至是泥泞的力量！”

在社会民主党的指导下，工人阶级的崛起给奥地利的公共生活带来了一种新的、在某些方面更加健康的影响因素。工人运动在奥地利已有几十年的历史，但自1906年到1907年实行普选以来，工人运动的力量并没有成功凸显出来。而基督教社会党的选举人——神职人员也主要来自中产阶级下层。在一些地区，农民、社会民主运动或工人运动与德意志帝国的无产阶级运动一样，主要由中产阶级政治家领导，其中一些领导人是犹太人。奥地利社会主义领袖维克多·阿德勒博士和卡尔·马克思、斐迪南·拉萨尔以及其他著名的德意志社会主义者一样，都是犹太人，而且还是一个具有先见之明、自我牺牲精神的犹太人。正是这样的犹太人才能将以色列人民从只崇拜金牛犊的指责中拯救出来。维克多·阿德勒博士的个人财产相当可观，但他主要将资金用于政党的建设上，尤其是用于发行党的中央机关报刊《工人报》上。在党的问题上，维克多·阿德勒博士坚持马克思主义正统的立场。《工人报》经常以开阔的视野和政治家般的把握来处理更大的政治、社会甚至外交问题，向欧洲所有独立期刊致敬。虽然有时事与愿违，但《工人报》的专栏是唯一的常识宣讲营，也是唯一能够帮助奥地利抵御半官方主义和金融利益洗脑的德意志媒体。尽管维克多·阿德勒博士的政党宣传和辩论方法总受外界诟病，且《工人报》对提高工人阶级读者的道德和政治水准也没有太大帮助，但总的来说，与其他一些国家的社会主义报刊相比，《工人报》代表的是一种正面的教育力量。正如奥地利社会主义运动产生的成果一样，因为教会日益僵化腐朽，狭隘的民族主义或地方利益对中产阶级的吸引力正逐渐增大。奥地利社会主义运动引起的广泛的问题，是社会主义对维也纳和布拉格等大城市人民的最终影响。社会主义坚持无产阶级的权利，但除了对阶级和党的忠诚以外，无产阶级运动领导人没有向其拥护者灌输相应的责任感。在社会主义和资本主义不可抗拒的经济和政治发展进程融合在一起之前，无法定论所有社会罪恶是源于“资本主义”和“军国主义的傀儡”，不过这个问题终将在之后诸多的动荡和暴力事件中得到答案。超然的观察者判断社会和政治运动的道德价值的唯一标准是激励自己的忠诚程度。在社会主义的追随者看来，献身的理想高于眼前的私利，每一个能够经受住考验的社会运动都是值得尊敬的，值得拥有更多的关注。无论这场运动有多少拥护者和既得利益者，

维克多·阿德勒

卡尔·马克思

都必须尽可能为其宣称的目标而同外界进行斗争。虽然收益甚微，但奥地利的社会主义运动必然会提高人民群众的知识水平，提高工人阶级对公共事务的兴趣，克服民族竞争的影响，迫使政府更加关注工薪阶层的福利。如果有人反对说，社会主义运动破坏了奴性精神，甚至破坏了宗教和政治上的尊重，对此的回应必须是：在奥地利这样的国家，最终废除农奴制是在世人的记忆中进行的，国家和教会联合起来，硬生生地改变了普通人的日常生活。资本主义工业的发展必然会使当局放松对人民群众的控制，并承担获得自由之前的道德和社会现状的支持者所不愿看到的后果。

在盎格鲁-撒克逊人看来，关于奥匈帝国人民拥有多大程度的“自由”是最有趣的问题之一。在奥地利，自由取决于无所不包的国家的特权，并且在不止一个方面与经院学说所承认的基督教教徒的特权的自由相似。《美国宪法》有一句宣言，“人有‘与生俱来的生存权、自由权和追求幸福的权利’”，这与奥地利国家的基本原则相矛盾，就像与著名神学家托马斯·阿奎那的门徒们的观念自相矛盾一样。正如基督教教徒认为自己生于罪恶，他们的自由完全取决于自己是否履行了拯救灵魂和生存的首要职责。因此，奥地利人的自由取决于对国家的绝对服从，而这种服从是这个王朝的态度。皇帝是一切权利的源泉。有时，皇帝授予臣民的权利，臣民们受到法律、法令和条例的制约；而在制定这些法律、法令和条例时，人民很少有决定性的发言权。不过自由的感觉是主观的，而且只要上述施加的限制符合要求，那么客观自由的程度对其他人来说就不是什么大问题。正如在鸟舍里孵出来的鸟不会觉得自己受到束缚，反倒认为铁丝网可以保护它们，躲避猎人的攻击。在哈布斯堡帝国，国家在某些方面履行了其作为保护者和公众看守人的职责。尽管在其他方面，国家有时似乎屈从于强大的私人利益组合，但其政策的平衡性可能有利于普通民众的福祉。例如，虽然国家默许并明确允许信托公司和集团以更高的关税和更高的价格向公开市场对购买者征税，但在另

托马斯·阿奎那

一方面，国家通过一种复杂的工业法规，限制了信托公司和所有劳工雇主的活动。不仅如此，甚至还限制了个别工匠的活动。这种法规颇有中世纪的风格和一种超前的味道。

国家对工业和商业活动的监管引发了过多的问题和广泛的讨论。大多数文明国家已然默认了一个原则——为了确保少数群体的利益而祸害整个社会的利益，这样的私人活动是不可容忍的。在奥匈帝国，这一原则不仅适用于私营贸易和工业，而且也适用于私营金融。从盎格鲁-撒克逊人的角度来看，应用这样的原则是必要的，因为这并非任何先入为主的理论，而是对国家未来经济发展有实际必要性。如果奥匈帝国货币改革者在1892年承担了规范帝国混乱货币体系的任务，人们一定会劝这些改革者放弃，因为正是他们的努力将促使“禁止私人投机黄金”原则的产生。然而，在一个现代化的国家，公众交易不会因私人银行家的“套利”行为而蒙受损失，改革者们还会嘲笑这种杞人忧天的言论。货币改革者们致力于建立一种正统的金本位制度，使金币自由流通，让黄金与纸币完全可以互换。奥匈帝国货币改革者淘汰了“套利”投机者所珍视的老弗林银币①，取而代之的是一枚价值只有1od.的金币——克朗。但改革者们忽视了一个事实，即在国家长期强制货币制度下，人们已经习惯于使用纸币，并且强烈抵触使用金币。每当奥匈帝国国家银行将黄金投入流通时，硬币就会不断地物归原主。在20世纪头十年，国家银行向公众发行了近八千四百万英镑的金币。其中超过七千四百万英镑很快又回到了银行。因此，少于一千万英镑的金额代表了五千万帝国居民的黄金储备总额，而且这一数字必须减去奥匈帝国和外国的银行家、货币兑换商持有的或被金匠和珠宝商熔化的奥匈帝国的黄金数量。在奥匈帝国，实际持有金币的居民屈指可数。如果纸币的短缺迫使服务员、收银员和店主用金币找零，那么他们通常会向顾客致歉。这种对纸币的偏爱产生了一个影响，那就是将几乎整个君主制时期的黄金供应都集中在国家银行的金库中。因此，英格兰央行通常持有的黄金储备是英格兰央行发行部门的两倍以上。根据《宪章》的条款，英格兰银行的纸币发行量只能选择性地兑换成黄金，波动范围在九千万英镑到一亿英镑之间，并且可以在总督斟酌决定的情况下大幅增加，但需要进行一定的财政检查。尽管如此，纸币始终与铸币面值保持着微不足道的距离，有时甚至要求溢价。而英格兰银行贴现率显示出的均匀度差仅次于法国银行。

① 曾是皇帝制的标准货币的弗林银币的汇率不断波动，由此，犹太投机者在汇率或“套利”操作方面获得了巨额利润。许多波动是由这些投机客人为引起的，他们把本国货币当作私人财产来赌博，对奥匈帝国同其他国家的商业和货币关系产生了不利影响。——原注

英格兰央行

这些结果主要是通过所谓的银行的外汇政策或黄金政策实现的。这一政策基于对内部黄金草案的豁免权，银行有权拒绝以硬币换取纸币。奥匈帝国货币改革家们相信，自己的目标是建立一种传统的金本位制，使黄金和纸币在国内外完全可以互换。改革家们似乎忽视了公众对纸币的偏爱给世界银行带来的有利优势。然而，银行的经理们逐渐认识到，自己实际上垄断了黄金经纪人和票据经纪人在其他国家履行的职能。银行经理们明白，通过适当购买和出售外国支票和黄金票据就可以稳定市场，并且可以在外国收支差额所规定的限度内，控制黄金的流动和汇率。随后银行接管了海关和国家铁路的黄金收据，并受委托向国外支付外国投资者购买奥地利和匈牙利股票的息票。银行经理们在外国银行开设账户，并直接利用这些账户，剥夺了投机者利用汇率对抗帝国的所有机会。在这种结果的鼓舞下，英格兰银行从一项可称为“治愈性的黄金政策”过渡到“预防性的黄金政策”。在成为最大的黄金票据持有者和经纪人之后，便开始以这样一种方式支配价格，结果围绕铸币平价水平的外汇汇率波动变得几乎难以察觉。从前扶持和发展套利投机行业的维也纳渐渐地失去了优势的地位。私人银行家们很快发现，自己的海外投机要求没有得到许可，一个利润丰厚的副业被悄然扼杀。银行通过以低于“黄金输出点”的价格提供合法的黄金期票需求，维持了交易所间的平衡。在某些情况下，交易所已经达到或超过黄金输出点，仍拒绝提供黄金、短期票据或现金转账。熟悉市场有助于银行区分合法需求和投机需求。如果有疑问，则要求申请人证明其要求的合法性。商人们试图规避英格兰银行控制，但不止一次地受到英格兰银行的惩罚。英格兰银行在没有征兆的情况下突然压低了黄金期票价格，给投机者上了严肃的一课。英格兰银行的目的自然是阻止私人金融家向海外放贷，使其无法节省更多的资金。因此，英格兰银行制定了一项革命性的重要原则，即仅仅为了让私人投机者获利而将银行高贴现率的重担压在一个国家的整个贸易和工业上是不合法的。换句话说，这证明了这样一个事实，即一个国家的财政资源是一项国家资产，不能任由私人国际金融家摆布且无相应惩罚。但英国仍未重视这一事实，法国也只是模糊地瞧到了一点端倪。特殊情况时奥匈帝国银行在处理与外国的关系时能够维持传统的金本位主义以及在本国国内业务中采用可自由转换的纸币标准，能防止其他地方轻易效仿世界银行的做法。这一做法所依据的原则是如此健全，最终必定影响到整个国际金融的结构。

奇怪的是，从某种意义上来说，奥匈帝国在心理或地理上是距离所谓的“前经济时代”最近的欧洲国家，奥匈帝国成为第一个将国家控制权扩展到以前不受管制的私人活动分支的国家，也应该因此成为向人们普遍认同的现代经济发展的无意识目标前进，即跨入“后经济时代”。工业贸易中个人主义的时代正在迅速没落，私人金融和银行业似乎没有理由逃避一般经济法的运作，尽管资本的流动性和不负责任的流动财富的相对无形性可能使这些业务部门难以定位并被置于纪律之下。不过，从长远的角度来看资本的聚集问题，如垄断集团向贸易和工业的急速扩张，是利于国家经济发展的。政府当局会认为，金融家对资本操作于国家经济发展而言是利大于弊。就当时奥地利国内局势而论，国家渐进式的经济改革的前景是十分抽象的，与实际而言并没有积极的意义，但当理论成熟到可以应用于实际时，一个政府或它所代表的利益集团便只能在两种结果之间作出选择——一种是由强大的经济集团公开或秘密地控制国家经济，另一种则是限制经济活动。

从没有人像英国经济学家约翰·阿特金森·霍布森一样如此关注这个问题。二十年以来，这位英国经济学家将军事组织的发展与资本主义企业的发展进行了有趣的对比，并支持了这样一个论点——正如国家军队接替了传统的职业常备军一样，旧的专业常备军已不足以应付国防和国内的政治危险。[①]因此，国有企业很可能会取代私人资本主义企业。约翰·阿特金森·霍布森认为，这种事业将因官僚化而失去一定的效率，就像受过两三年训练的现代士兵的效率不如从前的职业雇佣兵。但他声称，为补偿个人效率的流失，国家需要做的是通过更严格的安全禁令以限制个人活动，而不是加设军工厂或工业设施以提供更多的就业岗位。无论这论点正确与否，都有一个不争的事实：在奥匈帝国，除了国家控制之外，金融和工业企业的官僚化正在迅速滋长。如今大银行、大型制造业和商业企业为个人人才提供的职位比二十年前甚至十年前还要少。此外，规模较小的公司倾向于寻求大银行的支持，而一些规模可观的工业企业最近转变为纯粹的金融机构的单纯分红部门。一些有行政才能的人找到了有报酬的职位，例如这些合并企业的业务经理或技术经理。然而，普通的商人正逐渐沦为领薪水的职员，旋转于庞大且没有灵魂的机器之中。商人对工作身不由己。因此，在没有国家干预的情况下，资本对个人活动的限制已经是不争的事实。不过，这些企业的头领与国家之间的关系问题仍然是未解而有待斟酌的。这个问题在美国相当棘手。然而，美国政治制度的松散性，又加剧了保护政府和公众不受富人控制的金融和工业企业权力影响的难度。在奥匈帝国，困难在于维持工业、金融官僚机构与国家官僚机构之间的界线。国家高级官员倾向于为私人和半私人事业服务，这一困难的性质得到了一个有力的例证。这些官员难免与自己以前的同事仍保持着友谊或其他联系。不仅如此，拥有这种友谊和联系有可能加大了官员们对私营企业的潜在价值，这些私营企业与国家保持着频繁且机密的关系。在奥地利，甚至在匈牙利，这种官员的职业生涯很典型。一个不出名的省级拉比[②]的儿子，靠运气或庇护在政府部门获得了一个职位。凭借敏锐的头脑和灵活的应变能力，再加上自

① 约翰·阿特金森·霍布森：《现代资本主义的演进》。——原注

② 拉比是犹太人的特别阶层，主要为有学问的学者，既是老师，也是智者的象征。——译者注

己的实力，逐渐上升到官僚阶层，进入了负责“通知”新闻界工作的国家新闻局。这位官员在提供信息的同时，从秘密基金中向善意和爱国的记者提供补贴。这些记者大多数是犹太人，生来就以金钱和善良为生，犹太人可能永远不会恩将仇报。否则，与之相关的尴尬事实可能会浮出水面。在记者们的帮助下，这位活跃而勤奋的官员能够掌握新闻界的大部分资源，并为上司提供不可估量的服务，如果上司是首相的话尤其如此。这位官员小心翼翼地把所有资源都掌握在自己手中，并通过在自己所掌管的期刊上煽动反对者的情绪以攻击或恐吓当权者。此外，要谨慎地借用自己日益增长的影响力来任命或提拔值得信赖的门徒到自己所属的国务院以外的其他部门去。这位官员总是能知道这些部门的情况，并能精巧地利用自己在新闻界的知识。否则就会挫败官员可能拒绝的阴谋和野心，或进一步实现其认为值得鼓励的目标和计划。总之，他变得不可或缺，甚至在一定范围内无所不能。在这位官员的帮助和支持下，一个内阁大臣，或者至少是一个首相，在卸任后仍能长期握有实权。然而，当结局似乎近在眼前时，如果这位无所不能的幕后“英雄”能够不再支持他的“领袖”，转而支持另一位首相候选人，那么则会使前者淡出政治舞台或后者上位的速度加快。凭借技巧，这个过程可能会重复，直至幕后操纵者耗尽了晋升的可能性，并饱尝了半秘密权力的所有乐趣。这位官员早已把自己的犹太人名字改成了德意志人或马扎尔人的名字，并及时改变宗教信仰，皈依罗马天主教，在真正的天主教教徒的支持下接受洗礼。如果可能的话，这位官员还会以官方身份向赞助者提供一些通信服务，或者与某个有影响力但不太显赫的家庭中天赋异禀的女儿结婚。国家为了回馈他的忠诚，或许会任命他为枢密院议员，享有高贵的尊号。这些和其他一些次要的发展为该官员奠定了一个基础。在这个基础上，该官员能在上议院获得任命，并在必要的时候进入一些经济金融机构的高层，获得一个有利可图的职位。这位官员在新职位上可以立刻获得财富，扩大自己在金融界的影响力，同时保持与官方世界的联系。尽管哈布斯堡帝国素以保守主义著称，但哈布斯堡帝国可能会理直气壮地宣称为最卑微的公民提供了一个向人才开放的就业机会，尤其是面向犹太人才。在哈布斯堡帝国中，这种职业生涯一直存在并且仍然存在。

第2节　犹太人

犹太人在奥匈帝国这个多民族国家中扮演的角色堪称主角。一般来说，尽管犹太复国主义运动产生了一个犹太民族组织，但犹太人仍算不上哈布斯堡帝国的一个民族。1907年，有两名犹太复国主义代表和一名自称温和以色列人的政治家在议会中担任代表。在帝国统计年鉴中，官方仅将犹太人划归至教派一类。从人口数量上看，犹太人占帝国人口的比例没有像德意志人、马扎尔人、捷克人、波兰人、鲁塞尼亚人、塞尔维亚-克罗地亚人、罗马尼亚人等那么多，人口数量只有二百三十万，仅超过了斯洛文尼亚人和意大利人。然而，从对帝国的经济、政治和总体影响来看，犹太人的地位却非同一般。尽管许多外国观察家们都曾试图无视，或以一种非理性、反犹的思维态度来抵触奥匈帝国的犹太问题，但犹太问题始终是无法忽视的。难以获得精确和可靠的信息是理解这个问题的最大障碍。相较之下，了解波希米亚的捷克人与德意志人之间的问题或是达尔马提亚和伊斯特里亚斯拉夫人与意大利人之间的问题的真相，甚至了解匈牙利马扎尔人和非马扎尔人之间的复杂斗争的原因，都要比了解犹太人问题的是非曲直容易得多。这些民族或宗教问题具有地方性和特殊性。通常可以用语言、信条或公开宣称的政治愿望来阐述。但犹太人的问题是普遍且难以捉摸的。无论是从宗教、国籍还是民族来说，犹太人问题都无法真正得到阐述。犹太人似乎注定会激起他们所接触的人的热情，这种情感对犹太人来说是不公正的。的确，有些犹太人认为，承认犹太人问题的存在，这本身就是向反犹太主义低头。人们称这些人为同化论者。另一些人为解决犹太复国主义意义上的问题而奉献出自己生命和精力，谴责所有试图隐藏自己民族和宗教的犹太同胞是叛徒。犹太人的陈述和立场相互矛盾，不抱偏见的学者往往感到困惑，绝望地放弃了“了解”犹太问题的一般意义或是犹太人问题对个别国家的影响。

然而，准确来讲，没有任何问题比犹太人问题更值得认真研究。犹太人问题可以呈现出多种形式，延伸到国家和国际生活中意想不到的区域，且无论结果好坏，最终都会影响文明的发展。研究犹太问题的重点在于难以锁定问题的源头，难以找到一个合适、有利的位置，让人厘清问题发展的脉络。犹太问题到底是民族问题还是宗教问题？也许两者皆是，或者还有更多。犹太问题是经济、金融和国际贸易的问题吗？确实是这些问题，但也还有其他因素。犹太人的优势和劣势同时形成的特殊特征是宗教迫害的结果，还是因为这些特性使犹太人的庇护者对自己产生憎恶从而进行迫害？这个问题的历史和“到底是先有鸡还是先有蛋”的争论一样古老。从历史和宗教的角度来看，犹太人问题具有复杂性是必然的。尽管犹太人的问题令人兴奋，但事实证明，犹太人问题是难以解释的。分析犹太人问题必须实事求是，根据犹太人分别作为个体和民族的直接经验推导。获得了直接经验后，犹太教《经典》和基督教《圣经》就会焕发出新的光芒；先知的语言将变得容易理解；施洗约翰的强烈谴责、基督寓言的微妙讽刺和革命力量，都将得到前所未有的赞赏；人们将耶和华的概念看作犹太人思想的忠实反映。现代经验在证明大祭司、文士、法利赛人和撒都该人可能存在或实际上存在于今天的犹太人中时，也许犹太人回到了属于自己的地方。除了美国外，世界上没有任何一个地方比奥匈帝国更适合进行犹太人问题研究。虽然哈布斯堡帝国境内犹太人的数量比俄罗斯帝国少，也不存在俄罗斯帝国划定的专门的犹太人居住区，但哈布斯堡帝国也不像同样犹太人人口占少数的英国和意大利那样，能给予犹太人晋升到国家重要职位的可能。尽管如此，除了在堕落和解放的极端阶段，哈布斯堡帝国还是给学生们提供了各种机会，让学生在各种环境中观察犹太人。犹太民族主要有两个分支：一支是西班牙裔犹太人，主要由波斯尼亚和黑塞哥维那以及的里雅斯特的犹太人组成；另一支是来自加利西亚、匈牙利和波希米亚的德系犹太人。若非犹太精神的引领，西班牙裔犹太人与德系犹太人间一定会产生激烈的矛盾与摩擦。民族学家仍未确定西班牙裔犹太人是否属于犹太民族中与德系犹太人不同且更加高贵的一个分支，尽管经验表明，若非有民族基础，西班牙裔犹太人声称自己的血统优于德系犹太人很可能还有社会历史基础。从生理上讲，西班牙裔犹太人的优越性是毋庸置疑的。如果有人反对说，德系犹太人中常见的如弓型腿、退化的等令人厌恶的形象是基督教迫害时期的产物，那么又怎么解释在埃及和巴比伦尼亚的纪念碑上会发现同类型的形象，或者又怎么解释梵蒂冈的伊特鲁里亚博物馆收藏的花瓶和其他陶器上会出现类似形象的讽刺画——一种反犹太主义漫画家都不会描绘的旧衣商人或者德意志犹太证券商人的形象。现有的证据表明，虽然各地存在的犹太人都并非原住民，但也都是有历史积淀的。如果还需论证，那我们还会进一步证明犹太人群体的力量及其民族特征的集中强度。

《摩西律法》在《塔木德经》的包装下帮助保持了这种民族特征的集中强度，这是犹太问题的主要特征和基础。这个问题既是定性的，也是定量的。无论是谁说“犹太人就像是地球上的盐，但你不能吃盐”，总之，至少到目前为止，这个问题都与非犹太人有关。反犹情绪几乎总是可以用犹太人与非犹太人的比例来表示，这种比例与整个社会的其他因素混杂在一起。当比例超过某个临界点时，之后的每一点都由非犹太人的特性决定。如此一来，反犹太主义就会出现，从社会排斥到屠杀犹太人，反犹太主义将以不同的方式表现出来。反犹太主义在奥匈帝国不但体现在政治层面上，还体现在地方层面上。在摩拉维亚的斯洛伐克村庄和匈牙利的西北部，随着犹太高利贷者、小贩和酒类经销商的数量的增加，这一地区的失业率此起彼伏。在匈牙利最近的一次竞选活动中，一位不再有犹太信仰的犹太籍候选人在斯洛伐克选区竞选议会议员。当候选人询问犹太同胞平时生活怎么样，是否还过得去时，候选人得到的回答是："这个村子只有我们两三个犹太人的时候，一切都很顺利，每个人都有自己的生活。但当有其他犹太人踏足村庄，所有事情都变得很糟糕。然后又是竞争，而且农民很讨厌我们。"经过适当的调整，大城市开始面临同样的情况。如果不是加利西亚和匈牙利成千上万的移民不断涌入前人征服的领域并对犹太人和非犹太人发动经济战争，也许维也纳的犹太人早就不再受到反犹太主义者的煽动。富裕的维也纳犹太人经常讨论要在维也纳、下奥地利和德意志的波希米亚建立一个保护区来抵御来自加利西亚的移民涌入，但由于这个计划不切实际，于是也就放弃了这个想法。然而，犹太人能有这种想法，说明犹太人已经认识到自己的民族与其他人类文明所面临的问题的本质。除了奥地利宪法保障的行动自由之外，犹太人在加西利亚地区实在太过拥挤，即使这种限制是合理的，但也很难实施。犹太人可能是剥削他人劳动的人，但若认为犹太人只剥削非犹太人，那可就错了。东伦敦的血汗工厂里，工人的状况恰恰相反。在加利西亚，就像在匈牙利的几个地方一样，犹太人残酷地剥削同胞，其残忍程度是其他任何犹太人剥削基督教教徒的情形都无法比拟的。受剥削的人逐渐减少到接近"标准生活水平"，即可怜地接近饥饿点；甚至在无法达到这样的标准时，犹太人就会以不同的移民方式溢出。只有在一个国家严重受到移民问题困扰时才会想方设法限制境内移民的数量，当今犹太人问题最严重的一个方面，就是美国和英国等国家对移民出台的遏制措施。

据估计，在1881年到1908年间，约有二百万犹太人从俄罗斯帝国、奥匈帝国和罗马尼亚等地移民到美国和英国。其中从奥匈帝国移民出去的犹太人超过三十万人。美国接收了一百七十五万名犹太人，英国接收了剩下的一大部分人口。美国移民统计显示，移民到美国的所有人群中，最贫穷的就是犹太人。1911年，移民必须证明自己在抵达美国时拥有至少二十五美元的财产，这一规定不针对每年移民入境的数千名犹太人。之后，单纽约就有一万四千五百名移民遭到遣返。1901年时规定还没有那么严格，犹太移民平均拥有8.7美元，相比之下，苏格兰移民拥有41.5美元，英国移民拥有38.7美元，日本移民拥有37.6美元。英国移民法也阻止了大量贫苦犹太人移民，除非犹太人会离开俄罗斯帝国的犹太人聚居区和奥匈帝国的犹太区。大部分俄罗斯犹太人的贫困往往归因于政治迫害和被限制在犹太区内。加利西亚没有这样的监禁，但大多数犹太人仍十分贫困。在加利西亚，犹太人只占人口的百分之十一，还占没有固定工作居民人口的一半以上。犹太工人一周能挣十四先令都是幸运的，其他更富有的犹太人是酒贩子、小贩、高利贷者和马贩子。这些相对富有的人在生活大多数方面仍然过的是贫民区的生活。

犹太人聚集在城市或城镇的一隅，拥挤不堪。犹太人似乎对开阔的乡村生活有一种难以克服的厌恶，这是他们大规模民族活动中最显著的特点。目前犹太人和亲犹太作家对这种倾向的解释是，这是犹太区生活的结果。犹太区是由压迫者创造的，目的是便于控制一个过于活跃的外来民族。然而，《密西拿》和《塔木德经》认为，犹太区的出现是《摩西律法》在发展或被曲解的过程中产生的必然结果。这一观点更符合逻辑，也更符合历史。几年前，德意志犹太殖民协会向奥斯曼政府提交的谅解备忘录就暗示承认了这一点，其中指出，“向(土耳其的)不同地点派遣移民不得导致其个人和家庭完全分离，因为犹太人为了能够履行自己的宗教职责，必须和相同信仰者一起生活”。就犹太人而言，如果犹太人选择恪守自己的信条，坚持在与非犹太人交往时保持自身的纯洁性，必然会使非犹太人认为，建立犹太区对犹太人来说是刚需般的存在，且通过警方的协助可以有效地将犹太人聚集起来，便于对犹太人进行控制或隔离。在伦敦、维也纳或纽约并没有这样的外部警察安排，但在每一个城市都有犹太人居住区。居住区过分拥挤，几乎与敖德萨或罗兹的犹太区一样明显。从那些因犹太复国主义运动而衍生出的最新且真实的文章中，人们发现犹太区对犹太人的必要性是真实的。雅各布·弗罗默博士是俄罗斯帝国波兰地区罗兹城的犹太人，曾在柏林的犹太人社区担任图书管理员。雅各布·弗罗默博士作为研究《塔木德经》的权威，同时也作为维尔纳·桑巴特的重要著作《犹太人与经济生活》的

维尔纳·桑巴特

评论家，以真实的角度定义了这个问题。在努力还原雅各布·弗罗默博士的著名作品《现代资本主义》的过程中，维尔纳·桑巴特受到指引，去调查“资本主义精神”的起源。在分析马克斯·韦伯关于清教主义和资本主义发展之间关系理论的过程中，维尔纳·桑巴特教授得出结论：清教主义对资本主义精神的发展作出了巨大的贡献，而这一切都源于犹太教。维尔纳·桑巴特进一步调查研究，在对犹太教和犹太历史耐心研究之后，他确定了犹太人与资本主义形式的经济生活发展之间的因果关系。也就是说，维尔纳·桑巴特认为犹太人是文明世界从前经济时代进入经济时代的主要影响因素。那些对经济学问题感兴趣的读者请务必参阅原著[①]，在此仅对维尔纳·桑巴特的著作做一个简短的总结。

马克斯·韦伯

① 维尔纳·桑巴特：《犹太人与经济生活》，莱比锡，都宏出版社，1911年。——原注

维尔纳·桑巴特以现代德意志帝国学者的现实主义为指导，确立了一个原则：商人除了赚钱，别无目的。系统、便捷、计算，这是商人的三大原则。这些资本主义的基本假设可以在犹太教中找到。犹太人与耶和华的关系不是孝道，也不是慈爱。犹太教从本质上来说，不包含任何对神圣恩典的信仰，也没有所谓的神秘主义。犹太人与神灵之间的关系是严肃的、机械的、有条理性的；犹太人所有行为都记录在天上的账簿上，好的行为记在贷款方，坏的行为记在借贷方，甚至连利息都计算在内。除了对世俗财物的得失，《旧约》中几乎没有提到对正义的奖励或对邪恶的惩罚。后圣经时代的犹太教把利润和损失转移到另一个世界，但除了遵守神的命令之外，犹太人仍然把获得财富作为生活中最值得称赞的东西。《塔木德经》是对《密西拿》注释的编纂，而《密西拿》又是对《律法书》或《摩西律法》注释的编纂，这其中充满了敏锐的商业戒律。犹太人和非犹太人的区别促进了这些戒律的实施，这种区别使非犹太人成为犹太高利贷者和放贷者剥削的合法对象。维尔纳·桑巴特声称，世界上几乎没有一个民族像犹太人那样与自己的宗教如此紧密地联系在一起。因此初步证明了资本主义本质上是犹太人思想的产物。

然而，宗教并不是一个民族生活中的唯一因素，甚至可能也不是主要因素。宗教也会发展和变化。如果在一个民族进化的所有阶段都能发现永久的特征，那么这些特征必须归于某种更深层次的原因，而且必须假定宗教戒律本身已经接受这种特征，因为宗教大体上符合该民族的原始气质。在一些现代犹太作家和17世纪西班牙作家的间接影响下，维尔纳·桑巴特在组成犹太人的游牧部落中找到了对这些永久的犹太特质的相关解释。犹太人在沙漠中的漫游估计已经持续了几千年的时间，他们也因此获得了不可磨灭的游牧民族特征。在炎热的沙质荒原上，从一个绿洲流浪到另一个绿洲，犹太人的民族特征变得固定下来，他们的血液也获得了其特有的品质。没有礼物，没有对美好未来的憧憬，没有带上自己的财富，犹太人从一个地区到另一个地区，从一个国家到另一个国家，从一个民族到另一个民族，没有一个地方能扎根，甚至在应许之地迦南也无法扎根生存。维尔纳·桑巴特认为，如果犹太人留在东方，或者生活在思维敏捷、热血沸腾的民族之中，现代资本主义就永远不会产生。然而，犹太人从西班牙和葡萄牙迁移到欧洲北部，并定居在冷血的、思维迟钝的北方人中间，这导致了美国现代资本主义贸易和现代工业的发展。这一发展是由犹太人在新旧世界的分散所促成的。

就像德意志帝国的许多科学体系一样，如果维尔纳·桑巴特的理论没有完全推导出来，那么其理论的可信度就会提高。从某些方面来说，分散在世界各地的犹太人在旁人眼里是特殊的存在，犹太人不但拥有独特的东方智慧，对金融领域也有长期的探索和研究，而且能敏感地把握时机，充分利用时下新兴技术与发明，如指南针、印刷术和蒸汽机的发明，就像犹太人后来利用电报和其他形式的科技成果一样。中世纪的公会制度，商业和工业活动的限制，诚实的商人必须物有所值且不屑于引诱友商顾客的原则，在犹太人对人为限制及摆卖商品降价、广告和信贷销售的不耐烦之前，上面所有这些东西必然会让步。如汇票、股票、股份买卖、银行票据、债券、创立农产品交易所，并向王室、政府或商业企业提供融资服务等，这些无疑在很大程度上都是犹太人的发明。这其中的所有或大部分似乎都包含在《塔木德经》及其教义中。不过，将资本主义制度的创立归结于犹太人似乎是一个严重的错误，因为这将引导犹太人对当前金融和工业的官僚化负责。正如维尔纳·桑巴特本人所观察到的，这一过程正趋向于减少犹太人在德意志帝国和其他国家管理重大金融问题中的数量，甚至可能减少犹太人的影响。维尔纳·桑巴特写道："综合所有方面来看，犹太人在经济生活中的影响最近开始减弱。这是毋庸置疑的，并且是可以通过简单的列举来确定的。在大银行的经理和董事中，犹太人的名字越来越少。犹太特征似乎真的正在失去优势。探究这一重大现象的原因是很有趣的，导致这种现象的原因可能会有很多种。一方面，非犹太人更适应资本主义制度的要求。犹太人对资本主义已经十分熟练，已经在一定程度上失去了以前对资本主义的特殊才能，因为他们社会地位提高了，宗教感情减弱了。另一方面，我们可能必须在经济生活本身发生的变化中寻找犹太人经济影响力下降的原因。资本主义企业越来越多地将自己转变成官僚行政机构，不再像以前那样需要特殊的贸易能力。官僚主义正在取代商业主义。”

除了维尔纳·桑巴特提到的原因以外，还有其他原因也同样导致犹太人对大型资本主义事业的影响力减弱。尽管犹太人的群居本能很强，但从心理上来说，犹太人仍然是个人主义者，不受外部纪律约束。而且犹太人还是广义上的投机者，受限制的官场生涯对犹太人没有什么吸引力。犹太人的心理敏感性使其更喜欢从事其他行业，并随着金融和商业变得官僚化，犹太人的交易倾向也相应地转移到了其他行业。艺术、舞台、法律、音乐、新闻和政治对犹太人有吸引力，因为这些行业为其活动提供了一个更自由的领域。犹太人对自己超群的思维很自信，因此犹太人总是成为自由的倡导者，对各种限制失去耐心。这就是犹太人的政治激进主义。称作自由主义的政治经济学说主要是由犹太作家、隐秘派犹太作家或亲犹太作家建立起来的；特别是在德语国家，进步党派的成员主要都是犹太政治家，他们得到了犹太机构的支持。德意志帝国经济学中“曼彻斯特学派”的倡导者主要是犹太人，曼彻斯特学派的目标似乎是建立斐迪南·库恩伯格在另一篇文章中定义的那种自由，即“狐狸自由地游荡在鸡窝里”。奥托·爱德华·利奥波德·冯·俾斯麦反对德意志的激进主义和社会民主倾向，因为这些具有强烈的反犹性质。卡尔·鲁格博士的基督教社会主义也是反犹太主义，旨在保护不适应经济的人们，使他们免受无限制的资本主义企业最明显的罪恶的侵害。至少在德意志帝国和奥匈帝国，革命性的社会主义和社会民主是由犹太领导人领导的，并受到了犹太教义的启发。卡尔·马克思，犹太人，创作出社会主义经济学说《资本论》；卡尔·马克思的对手、德意志帝国的社会民主党联合创始人斐迪南·拉萨尔也是犹太人；辛格、伯恩斯坦、阿隆斯、菲舍尔和斯塔塔根等犹太人的名字在德意志社会主义近代史上更加突出。今天，德意志国会中有一半的社会党成员是犹太人。在奥匈帝国，社会主义的传播很大程度上是犹太人宣传的结果。维克多·阿德勒博士是奥地利党的创始人和领导人，和他本人众多的追随者一样，维克多·阿德勒博士也是犹太人。匈牙利党派也是由犹太人创立和积极推进的。毫无疑问，这些现象在一定程度上可以归因于犹太人的机智和聪慧。根深蒂固的思维促使犹太人与未来交易，或者说，在政治和商业上都要与未来交易。大家认识到资本主义制度倾向于按照卡尔·马克思预见的方向发展，国家和富有的资本主义公司之间的伟大斗争中的决定性投票可能由有组织的人民群众投出，这无疑影响了犹太人更加清醒的头脑，并促使卡尔·马克思等人利用社会主义思想及时而努力地控制群众，希望对立法和未来的社会建设产生有力的影响。社会主义具有成为经济反犹太主义的解毒剂的优势。德意志帝国的社会主义领导人对反犹太主义者的攻击以及追随者对犹太经济活动的有害影响的抱怨的回应是，抱怨的罪恶是犹太人拥有的资本主义制度所固有的，犹太人确实是资本主义制度中最杰出的代表，但这些人并不全是犹太人。消除这些罪恶的唯一方法要在阶级斗争、组织有阶级意识的无产者中以及在国际革命的社会民主主义对社会的征服和改革中找到。

无论原因是什么，犹太人在当代社会主义运动中的突出地位，就像历史上的自由和激进运动一样，是一个已经确立的事实，不需要过多阐述。犹太人在人类社会中就像酵母一样起作用，或者血液中就像外来物质一样，一出现就会引起化学反应，这些说法只能稍微解释这种现象。将犹太人的革命活动归因于强烈的抽象正义感，迫使犹太人反抗社会和政治不平等，比起更愤世嫉俗的论点，这也不是什么委婉的说法。犹太人总是赞成消除残疾和外部限制，因为犹太人意识到自己有能力在公开领域智胜竞争对手，这种解释更加充分。如果要对这个现象找到合理的解释，很可能必须先区分犹太人和印欧人或“雅利安人”最显著的精神特征，再从中寻找。这一特征是超丰富的知性主义或抽象推理的力量。如果这个世界由逻辑所统治，并根据从既定前提推导出的理性原则来组织，犹太人可能会在治国方略方面有建设性的优势。专注的能力，强烈的内心生活，不受地方和国家束缚的自由，务实的理性主义和工作的目标，将使犹太人在某种特殊的程度上适合于统治一个按照对称的、理智的、计划组织起来的世界。在这样的世界里，每一项行动都有其合理的目标，每一项政治特权都有明确的宪法制裁。社会主义运动，特别是马克思主义运动，旨在使社会结构合理化，在国家和国际生活中用“智慧”取代武力。维尔纳·桑巴特在对犹太心理学[①]的深入分析过程中坚持认为，整个犹太问题都包含在“大脑对抗武力”一词中；并引用了典型的意第绪语[②]谚语“愿上帝保佑犹太人免受智慧和非犹太势力的侵扰”。“武力仍然统治世界，已经统治世界，将统治世界”的信念与现代犹太激进主义文章中表达的犹太理想背道而驰，即商业和金融利益的国际化必须从长远的角度来防止战争的爆发，因为战争是没有价值的。“有价值”和“没有价值”本质上是犹太人的概念，就像爱尔兰裔美国人说“并非生活中所有‘有价值的时刻’都能用美国货币来表达”，这句话所体现出的正是非犹太人的情感。犹太人的活动总是有理性而直接的目的。如果有不可告人的优势，比如说宗教、知识、金融或政治上的优势，那就更好了。然而，在一个显然毫无目的的宇宙中默许，在毫无价值的事物中快乐，在一个没有可发现目标或物体的各个时代里不断滚动的世界中形成一部分

① 《犹太人与经济生活》，第312页到第328页。——原注

② 意第绪语即中欧犹太人使用的语言，又称“犹太德语”。——译者注

阿图尔·施尼茨勒

的感觉，一种与宇宙精神神秘地交流的渴望，这些很少出现在犹太人的思维里。正如维尔纳·桑巴特真正观察到的那样，现代犹太作家如阿图尔·施尼茨勒和乔治·希施费尔德的半感伤悲观主义源于对无目的的信念，也因此源于对世界悲伤的信念。对存在这一事实表现出孩童般的喜悦，以及对结果毫不在意的古希腊人努力表现出的喜悦，都是非犹太人的。约翰·沃尔夫冈·冯·歌德在《上帝和世界》中询问：

上帝会从外面传来什么？
用你的手指盘旋宇宙？

似乎是针对一个像耶和华那样的神的概念，耶和华站在宇宙之外，根据自己的喜好控制着一切。真正的犹太思想家认为一个不符合逻辑的宇宙毫无用处，他们对非理性的天才也很少钦佩。在处理民族问题和文明的目的时，有人说过[①]："在具有文明的人类身上，有意识的创造性智力取代了盲目的本能。智力的任务是消灭本能，是用有目的的意志去取代冲动，去反思，而不仅仅是感知。只有当个人的理性活动消失，取代了所有现有的倾向，抑制了人的本能，这个人才会成为一个完整的人。当脱离本能的状态完全结束时，我们面前就有了绝对的天才，其内心完全不受自然法则的约束。文明生活的任务是把自己从一切神秘主义中解放出来，从本能生活中的一切模糊和冲动中解放出来，发展为纯粹理性形式的智力。"按照这个标准来判断，莱昂纳多·达·芬奇、威廉·莎士比亚和约翰·沃尔夫冈·冯·歌德这些自称天才的人，即使人们承认他们在萌芽时期发展了文明，也会变得一无是处！这样的文明将不会给非理性的感知留下多少空间，也不会给对美丽、自然、艺术或道德自发的喜悦留下多少空间。然而，人们通常认为这种喜悦是文明的标志，其实不然。一个文明的水平是通过其特有的品位来判断的。如果可行，这种犹太人的文明观将产生一个不可容忍的理性存在的世界，类似于正统政治经济学家所设想的抽象个体：这是一个聪明、艰苦、不宜居住的世界，是一个充满贪婪、吹毛求疵的自负者的世界，生命的气息将从犹太人身上消失。

然而，很清楚的一点是，在一定范围内，特别是在易受逻辑影响的人类活动的各个分支中，犹太人头脑的敏锐智慧及其迅速推理和结合的能力，表明犹太人已经并且很可能为文明作出宝贵的贡献。犹太问题对文明而言造成的影响是犹太人和非犹太人都没有认识到二者之间的深刻差异。金融和政治权力集中在犹太人手中，这可能会再次导致非犹太

---

① 伊格纳茨·祖尔昌：《民族问题基础理论——尤其以犹太人为例》，1910年，第298页。——原注

乔治·希施费尔德

约翰·沃尔夫冈·冯·歌德

莱昂纳多·达·芬奇

威廉·莎士比亚

人多数对犹太少数群体的本能反抗，而这种反抗在犹太人动荡的历史中占很大比例。犹太人不甘平庸，非犹太人怀恨在心，两者一次又一次地阻碍了本可以为共同利益开展的富有成果的合作。犹太人似乎不知道，在许多高度文明的国家，反犹情绪的浪潮有多么强烈。甚至在德意志帝国——这个德系犹太人特别热爱的国家，或自称热爱德系犹太人的国家，最近公开的反犹性质出版物也取得了非凡的成功。甚至在一本反犹主义宣传册中，[①]竟出现了将所有不具备德意志公民身份的犹太人驱逐出德意志的提议。提议还补充道，对于有公民身份并于1871年前在政府备案的犹太人或犹太人后裔（无论纯血或混血），都无法视为真正的德意志人；帝国将受洗和未受洗的犹太人排除在所有公职之外，排除在军队服役之外，排除在律师之外，排除在特许经营权之外，排除在进入议会的资格之外，排除在银行公司和剧院的董事职务之外，排除在报纸的所有权和编辑权之外，排除在新闻业之外。这位作家在书中敦促说："（国家）也应该剥夺犹太人拥有土地的权利或以土地抵押贷款的权利，并且应该要求作为外国人支付双重征税。"作家补充道："这是一个'拯救德意志灵魂'的问题。"像这样的书，在短短的几周内完成了十几个版本的修改，这不仅是一本小册子，更是时代的标签。这本书的成功使人们更加认识到，维尔纳·桑巴特为研究犹太问题的学生，甚至对犹太人本身提供服务的重要性。这项服务得到了有能力的犹太作家的认可，最热情的莫过于上面提到的《塔木德经》学者雅各布·弗罗默博士。1911年10月28日，雅各布·弗罗默博士在《未来》周刊上发表了对维尔纳·桑巴特作品的惊人评论，这本身就是对犹太问题文学的一个启发性贡献。雅各布·弗罗默博士写道，尽管维尔纳·桑巴特的文章过于系统化，所引用的一些证据的价值也令人有所怀疑，但维尔纳·桑巴

① 丹尼尔·弗莱曼：《我若为王》，莱比锡，1913年，第71页、第78页。——原注

特的作品对犹太人的研究仍具有非同寻常的意义。凭借对历史联系的直观认识，雅各布·弗罗默博士对犹太人晦涩的文学进行了深刻剖析，不带个人色彩，公正地看待问题，因此，他的这篇文章超越了他迄今为止的所有作品。这是第一次真正尝试以科学精神来处理犹太问题，并采用从一开始就应该采用的方法，即寻求知识的方法。“如果要找到犹太人问题的任何解决办法，必须解决三个问题：第一，犹太人的工作成果是否因外界力量而得以保存，尽管这些力量对犹太人的生活造成了干扰；第二，这些力量是否在任何情况下都不可摧毁，因此可以充分利用；第三，如果这些力量得到证实是可摧毁的并且质量低劣的，那么通过什么手段可以成功地击垮这些力量。”一旦认识到对知识的需要，就不难理解现代犹太历史学家造成了多大的损失。凡是习惯于站在自己的立场来看待事物的人，都无法对犹太人有一个清晰而准确的认识。雅各布·弗罗默博士继续说，以摩西·门德尔松为原型的现代犹太人，已经打破了

摩西·门德尔松

犹太人祖先的传统，并明确表示，犹太人希望永久地留在外邦人中，并为外邦文明所吸收。根据这项宣言，犹太人提出要求并得到了平等的权利。然而，现代犹太作家并没有明确指出某些古老的特征、用法和观点必然会延续几代犹太人，相反，犹太人在努力地掩盖真相，使获取犹太知识的艰难途径更加黑暗和困难。现代犹太作家宣称犹太人的精神自圣经时代以来就存在于犹太人的大脑中，即塔木德主义[①]，滋养了所有犹太人。现代犹太人的能力并不亚于传统犹太人，并创造了前所未有的奇迹，让一个没有国土的人在几个世纪里保持身心健康，成为能够承受恶劣环境影响的犹太人。现代犹太作家曾明确表示，这个国家绝大多数忠于传统的犹太人是堕落的，而犹太区是为了进行种族隔离而必须设立的。有史以来，犹太人一直生活在歌珊地、迦南地、亚历山大港、罗马、西班牙、葡萄牙和其他地方的犹太区中，这些犹太区也正是居住在这里的犹太人的一项发明。犹太人殉难，自愿隔离的结果，无论如何都是由于外邦人的暴行造成的。最后，这些现代犹太历史学家把犹太人的名字从民族名单上删除了，并表示犹太人仅仅是一群由一个宗教派别联系在一起的人。这是以科学、真理和严谨的客观性的名义宣布的！

雅各布·弗罗默博士称，维尔纳·桑巴特是第一个通过深刻钻研《塔木德经》，不考虑其他外部因素，从而清晰理解犹太人的非犹太学生，也是第一个在两个迄今为止彼此陌生的世界之间朝着达成协议迈出第一步的非犹太学生。但问题来了，什么是《塔木德经》犹太人，以及《塔木德经》的权力从何而来？雅各布·弗罗默博士回答说，《塔木德经》很大程度上是法利赛人对希腊主义反应的产物，在亚历山大大帝征服东方后，犹太人开始与法利赛人接触。犹太人曾经受到两种倾向的影响，一种是游牧民族、摩西、法利赛人遵循《塔木德经》的影响，另一

① 塔木德主义即犹太教徒所信奉的《塔木德经》的教义。——译者注

种是适应环境，由外邦人同化并忘记律法的教义。犹太人对埃及奢侈生活的渴望，对金牛犊的崇拜，结果犹太人不顾法律和先知的警告与异教徒通婚的倾向，显示了从有记载犹太人或象征性的历史开始，犹太人同化倾向有多强烈。以斯拉[1]给出的名单证明，即使在祭司的儿子中，也有很多人娶了异族女人。正如犹太妇女在埃及[2]对耶利米的挑衅性回答那样，犹太人极不愿意停止“在犹太王国和耶路撒冷的街道上，像我们和我们的父亲、国王和王子一样，为天上的女王烧香，给她倒水献祭”。

耶利米

① 《耶利米书》，第44节，第16条到第18条。——原注

② 《以斯拉记》，第10节。——原注

这种不情愿的原因是犹太人与耶和华之间的损益关系，事实上也是与“天之女王”之间的损益关系。但“自从我们不再为天之女王进贡，我们期待得到的一切悉数被刀剑和饥荒吞噬了”。迦南犹太人的历史在很大程度上是游牧民族、摩西律法和同化农业本能之间斗争的历史，不过，从长远来看，游牧、摩西律法看上去总是更加强大；法利赛人严格遵守法律，将法律纳入其中，这表明法律深深植根于人们内心。如果没有希腊文化的影响，它是否能够成功地使犹太人不受其他民族所吸纳，这是一个有趣的问题，但现在这主要是一个学术问题。尽管希腊的教义和伦理威逼利诱着犹太人的智慧，事实上，希腊在更有文化的阶层中取得了进步。但哈西典党派①却发动了绝望的战争，而法利赛人——哈西典人的宗教子女，完成了自己该做的事情。阿伯特先生在书中写道：“他们的计划是保持犹太教古老的排他性。”②“所有公共事业、国家行为以及私人交易，都将以严格的宗教标准来衡量。”法利赛人善于使用法律，根据民族主义的要求和文士们的解释，这个国家的思想将会延伸或摧残。这种死板的正统观念，伴随着纪律和个性的牺牲，完全符合希伯来人的气质，而希伯来人必须将法利赛人看作广大同胞所珍视的观点的解释者。对希腊的索菲亚，法利赛人反对法律，反对《摩西五经》。法利赛人以诡辩家的敏锐和海难中找到安全跳板的水手的感激之情，对《律法》进行思考和评论。日夜研究《摩西五经》，并遵守其中无数条礼仪戒律，成为犹太人虔诚的理想。“不从恶人之计谋……不坐亵慢人的座位，这人便身在福中。唯独喜爱耶和华的律法，昼夜冥想。……无论做什么，他都会成功。”③这里再次清楚地表明了犹太人与神明之间的

① 哈西典党派是一个犹太宗教团体，在犹太人争取独立的马卡比战争期间发挥了重要作用。——译者注

② 《在欧洲的以色列人：希伯来文化与希利尼文化》，第六页。——原注

③ 《诗篇》第1节。——原注

损益关系。正如雅各布·弗罗默博士所观察到的那样，犹太教的教条并非毫无意义，一切都有其原因和目的。“这种冷静虔诚的原始特征从族长通过摩西主义和塔木德主义不间断地延续至今。亚伯拉罕对耶和华的服务与信徒们对宗教的虔诚信仰之间没有本质的区别。两者都是基于一种互利互惠的制度，与基督教给予恩典的教义截然相反。”①

几个世纪以来，撒都该人一直在与法利赛人斗争，撒都该人试图把犹太教裹在戒律和评注的绝缘外衣里，但耶路撒冷城的陷落决定了这场斗争肯定是有利于法利赛人的，因为法利赛人对律法的评注很多，从而导致编纂法典变得不可或缺。撒都该人制定了一部被称作《密西拿》的法典。《密西拿》由六部分组成，涉及农业法、宴会法、婚姻法、民法和刑法、寺庙法和卫生法。《密西拿》又成为人们崇拜、研究、评论和诡辩解释的对象。法典内的每一个字母和音节都经过竭尽全力地检查。一代代传下去，《密西拿》的评论越来越多，数量多到变得无法管理。这也再次证明编纂是必要的。5世纪中叶，《密西拿》法典在巴勒斯坦完成。5世纪末，《密西拿》在巴比伦又形成了第二个法典。这两部法典均被称作《塔木德经》(研究或调查)。巴勒斯坦的《塔木德经》在犹太人后来的生活中起着微不足道的作用，而巴比伦的《塔木德经》却被视作民族的财产。《塔木德经》仍然是正统犹太人的“书籍”。《塔木德经》取代了《摩西五经》，成为所有智慧的源泉和日常生活中每一个细节的指南。尽管《塔木德经》的特点是对起源不明的法律作出评论，但《塔木德经》不仅保护了犹太民族，而且赋予了该民族一种法利赛人的精神，并可能永远地把犹太民族与人类文化的主流分离开来。基督的教导是对顽冥不化的法利赛人的持续抗议，但首先，基督的教导是针对犹太人的抗议，并以即将实现救世主的预言为基础。使徒圣保罗的基督教走得更远，对

① 《未来》，1911年，10月28日，第113页。——原注

希腊主义发起了进攻并将其击败，但基督教的胜利是以牺牲犹太人和非犹太人两者之间的区别为代价的。另一方面，法利赛犹太人继续“杀害先知”，以《塔木德经》为挡箭牌，恪守经文教条，谨慎地生活至今。

雅各布·弗罗默博士在自传体著作《犹太区的黄昏》中描绘了《塔木德经》对犹太人问题的启示。在犹太区，有学问的《塔木德经》研究者受到过人的尊重，尽管研究者很穷，需要靠妻子微薄的收入来维持生计。非犹太人很难想象会有如《塔木德经》和《准备好的餐桌》等精通儿童经济的著作，因为非犹太人在自己的经历中找不到与这些现象相对应的东西。能够利用这两部法典的知识，聪明地解决问题的男孩，是长辈眼中合格的女婿，会广受人们欢迎。这类问题往往是最令人生厌的。雅各布·弗罗默博士举了一个问题的例子，而这些问题构成了雅各布·弗罗默博士在《塔木德经》研究中“论述训练”的一部分。雅各布·弗罗默博士写道，论述研究包括收集、检查和比较《塔木德经》及其评论人士对某一特定主题的所有论述。有些问题是司法问题，例如，“法官可以作为证人被传唤吗？”；另一些是心理上的问题，例如，“一个人已经承认了一半责任，而这一半责任是无法被证明的。”一些《塔木德经》研究者认为此人可信，因为他可能已经否认了全部责任。另一些人认为，否认全部责任需要比所有人都更厚颜无耻的态度，并得出结论说，此人只是出于软弱才承认了一半责任。关于这一点，人们期望年轻的《塔木德经》研究者能给出一个合理的观点。再者，“安息日那天生的蛋不可吃。但若有一半在星期五日落之前生，一半在日落之后生，那也能说是安息日那天生的吗？”，大名鼎鼎的助理牧师会回答说：“这颗蛋有一半是很棒的。”但《塔木德经》研究者不会通过开玩笑来逃避问题，而会认真地去处理无数的仪式、商业、社会和法律问题，研究者的回答越聪明或越诡辩，名声就越大。雅各布·弗罗默博士在去看望自己的叔叔的路上讲述了自己的惊人经历，他的叔叔是创造奇迹的拉比。拉比的朝圣者中，有许多犹太人都希望能为女儿找到会赚钱的丈夫。有个人在路上碰见熟人，熟人的儿子也来了——一个十五岁的瘦弱青年。这个人想用一些有关《塔木德经》的问题来使青年难堪。青年小心翼翼地回答，然后立刻转过身来，青年的知识打动了提问人，问青年的父亲是否已经为他找到了妻子。青年的父亲轻蔑地回答说，婚姻介绍所的人总是想要他，但自己并不着急，因为青年的学识与日俱增，青年的价值也同样与日俱增。讨价还价就开始了。最后的结论是签个合同，就是青年一定得娶比他大三岁的提问人的女儿，报酬是四十镑外加养青年十年，包括每天给肉吃！

类似的场景经常出现在犹太戏剧中。这些戏剧通常充满了智慧和悲怆，尤其充满了犹太人喜欢讲的典型的犹太笑话——尽管犹太人很少不为自己的聪明才智感到自豪。那些从未与犹太人生活在一起或从未接触过犹太人的人，很难意识到犹太人在本质上与非犹太人的世界有多么的不同，以及犹太人在现代文明中面临的问题有多么尖锐。犹太人在这个问题上分成两个主要的思想流派：一个或多或少是同化主义者，另一个或多或少是犹太复国主义者。同化主义者的观点大致是，可以通过对犹太人进行同化，使犹太人自愿放下身段，消除同化的障碍，达到吸纳犹太人的目的。同化主义者认为，在不存在障碍的地方，犹太人问题迅速呈现出一种无害的宗派特征，不再具有民族或政治意义。在非犹太文化和社会的良性影响下，即使是倾向于将以色列儿童作为特殊民族加以保护的宗教习俗也失去强势。从某种程度上说，同化主义者采取了撒都该教派立场，而且他们的主张很容易得到证明，即在完全平等的情况下，从表面上看犹太人和那些优秀的英国人、德国人、法国人、意大利人或美国人并没有区别。但有争议的一点是，同化主义者们把一切都设想得过于美好，总是认为人人都愿意随大流，让自己与周围人同化。关于这一点，我们不可能十分自信或者非常肯定地说话。犹太人的民族特征如此明显，结果犹太血统一旦进入非犹太家庭，犹太血统就会延续几代人。这种压力可能源于美貌或天赋，或者说，也有可能会带来精神错乱。这种精神错乱比较常见于较富裕的犹太家庭中。维尔纳·桑巴特在《犹太人的未来》一书中，根据维特·克努森博士的学术权威结果，给出了一些惊人但不完整的统计数据。这些数据显示犹太人和非犹太人之间的婚姻不如类似情况下纯犹太人或纯非犹太人婚姻的平均结果，并断言异族通婚的子女往往缺乏精神统一和平衡。异族通婚的孩子是否能够至少在第一代就摆脱了在世界各地的混血儿中显而易见的性格二元论，这的确是一个问题。在摆脱这种特性后，一个民族的特征通常会由另一个民族特征所支配。笔者拥有一封非同寻常的信件，信件主人的父亲是奥地利犹太人，母亲是非犹太人。信件主人出生于西欧并接受教育，品位、习惯和对生活的态度总体上与西欧人完全相同。这封信写于1905年秋，来自匈牙利首都，一个称作“犹太佩斯”的城市。信中写道：

……多年来，我在一定程度上认识到了犹太问题对民族的至关重要性以及对政治和经济的重要性(因为要完全理解它无止境的分歧和影响，我几乎无法做到)。但我还没有准备好，我也不相信一百个人中会有一个消息灵通的人为我在这里所遇到的一切做好准备。我听说过布达佩斯的“夜生活”，因此，我准备听听狂欢的声音，然后疲惫不堪地从常去的酒馆出来。我惊讶发现街道上死气沉沉，剧院、咖啡馆、音乐厅，甚至名声不那么好的地方都空无一人。赎罪日就在眼前！在这个人口众多的国家中心，正过着一个外来民族的斋戒日。斋戒期间，这种生活(这可能是对死亡的现实置之不理的悲惨借口)包括金钱的花费和财产占有全部暂停，这个城市驰名欧洲，在人们心中的地位之重，犹如圣城麦加之于信徒；但现在对于这些沉迷于声色犬马中的人来说，这座城已经死了。你能想象这辆火车上有多少倒影，即使我有时间描述也说不完！

真的是这样的吗？这个民族把它的触角牢牢地系在这块土地上，无论这个民族是兰花还是蜘蛛，除了死去的树干还有不流血的尸体什么都没有留下？所有银行、所有分销行业、几乎所有零售行业和大部分土地都在犹太人手中，这是真的吗？匈牙利贵族真的把土地留给拥有农民的身体和灵魂的犹太人了吗？犹太人真的通过放高利贷，将小经营者的利益压榨殆尽，还渗透到这些可怜人赖以生存求以庇护的国家中，通过经营酒馆和妓院来掩饰自己本身的弱点、维护脆弱的道德吗？

如果这是真的，或者说几乎是真的，那就不存在真正意义上的匈牙利问题。现在有个犹太人问题，这个可怕的民族不仅意味着要征服世界上最伟大的战士国家之一，而且正在有意识地努力加入到反对北方另一个伟大民族（俄罗斯人）之列。斯拉夫人是迄今为止唯一一个站在犹太人和世界强国目标之间的民族。

我错了吗？告诉我。就算犹太人不是真的统治英国和法国，情况也差不多是那样了。而美国，被毫不知情的人控制着，正在缓慢而绝对地向国际的阴险霸权屈服。记住，我有一半犹太人血统，但在我有权利之时，我不会是犹太人。我钦佩犹太人的力量、坚定的性格和智慧，但我讨厌犹太人，因为犹太人的本性是邪恶的，而雅利安人的本性是善良的。

一个并没有纯正“雅利安人”血统的人竟然将问题分析得更深刻，无论作者心中对犹太人的同情多么微薄，也没有人能写得如此痛苦，因为没有人能了解到混血儿的经历，意识到犹太人的双重心态和头脑中两个民族本性之间的斗争。然而，一些纯种犹太人写下了几乎同样苦涩的

海因里希·海涅

文字。例如，德国诗人海因里希·海涅对本国的同胞们写道：“这个原始而邪恶的民族长久以来一直受到诅咒，诅咒者的折磨将代代相传。哦！埃及！埃及的产物不受时间限制，金字塔仍然屹立不倒，木乃伊依旧不可磨灭，就像那些裹在信中的旧包装里游荡在地球上的木乃伊一样。信是世界历史上久经考验的一部分，是一个靠买卖国际组织的旧裤子来维持生命的幽灵。”但狂想曲不能阐明犹太人问题，知识和源于知识的理解是必需的。尽管这个问题本身可能无法解决，但知识至少会让外人对它采取不那么贫瘠的态度，而不仅仅是反犹太主义的态度。另一方面，要防止人们受到犹太案件中的半官方同化主义者言论的误导。这种说法通常是基于未经证实的假设，即犹太人完全可以被同化。犹太人对外部环境有着非凡的适应能力，这是毋庸置疑的。不过，仍有待观察的是，尽管犹太人对眼前的目标有着顺从和坚定的意志，但犹太人是否有能力适应内部环境。我在德意志、法国、意大利和奥匈帝国的经历和观察已经持续了二十多年，我对这个问题持否定观点。在欧洲的犹太人的两个主要分支中，即西班牙裔犹太人和德系犹太人里，西班牙裔犹太人无疑是更好的选择。西班牙裔犹太人的适应和同化能力似乎比德系犹太人更强。尽管在西班牙裔犹太人当中，民族类型的强度及其心理特征几乎是不可战胜的。从数量上来说，西班牙裔犹太人的问题也不像德系犹太人那样紧迫，因为西班牙裔犹太人的人数较少，也不太容易自愿聚集在犹太区。即使在萨洛尼卡和巴尔干其他地区犹太人人数最多的地方，西班牙裔犹太人也不像位于加利西亚、俄罗斯、波兰、波兹南、伦敦东区和纽约等地的德系犹太人那样存在同样意义上的问题。此外，还有一个有趣的历史事实，西班牙裔犹太人十分厌恶德系犹太人。例如，17世纪的汉堡，葡萄牙犹太人区对德意志人或德意志帝国的犹太人当局负责，迫使这些德意志人不得买卖赃物，也不得从事其他不诚实的交易。但不到几个月，老德意志犹太人就被传唤到时任总统的西班牙裔犹太人面前，并遭指控称违反了约定。类似更极端的例子还可以从法国的西班牙裔犹太人的历史中找到。尽管西班牙裔犹太人和德系犹太人经常向非犹太人世界展示联合阵线，但两者之间的区别依旧非常明显，西班牙裔犹太人享有更大的威望。然而，从同化主义者的角度来看，德系犹太人的问题是唯一严重的问题。无论德系犹太人的直接原籍国是俄罗斯帝国、奥匈帝国还是德意志，德系犹太人广义上都可以定义为“德意志犹太人”。至于他们的犹太名字起源，即使是德系犹太人学者，他们所有理论和传说也不尽相同。有些人声称自己是德系犹太人后裔，戈默之子、贾费特之孙；还有一些人提出一个理论，大意是，在耶路撒冷沦陷后，巴勒斯坦民族的花朵消亡了。一部分平民被罗马人奴役并定居在一个地区，这个地区相当于现在的巴伐利亚巴拉丁，以其第一任总督阿斯卡尼亚的名字命名。这些阿斯卡尼亚人或德系犹太人的语言受邻国的德语方言的影响，并获得了以意第绪语行话为标志的半德语基础。在这些犹太人受到迫害并最终迫使他们中的大多数人接受波兰国王提供的保护时，他们大量移民到波兰，定居在现在的加利西亚、俄罗斯、波兰和波兹南。在这里，由于波兰和俄罗斯元素的加入，犹太人原本的语言受到更多影响。然而，许多犹太家庭保留了德语名字。此外，再加上玛丽亚·特蕾莎后来强制要求使用德语名字，这也解释了为何波兰和俄罗斯的犹太人大多使用德意志父姓。

事实和想象似乎不可分割地混合在了一起。这个理论是由一个博学的奥地利希伯来人向笔者提出来的，解释了世界各地的德系犹太人所表现出的亲德倾向。这位学者说："德语是我们语言的基础，除了巴勒斯坦，德意志就是我们的家乡。因此，我们对德意志有着特殊的情感。"尽管这位学者对德系犹太人亲德倾向提出了其他一些不那么伤感的解释，但这些解释经常总结在这样的断言中：自1870年以来，犹太人一直认为德意志是一个崛起的大国，并因此而努力地"支持胜利者"。任何与奥地利犹太人有过交往的观察家都不会怀疑，一些比眼前利益的期望更微妙的冲动驱使犹太人摆出德意志人的姿态，与德意志主义联系在一起，而不会与任何非德意志倾向联系在一起。有意与捷克人、塞尔维亚-克罗地亚人、斯洛文尼亚人、斯洛伐克人或匈牙利罗马尼亚人交往并寻求与斯拉夫人同化的犹太人数量极少。匈牙利犹太人似乎接受了与马扎尔人同化，这种情况很特殊。匈牙利犹太人对马扎尔人的忠诚还有待证明。大多数迁移到维也纳和奥地利其他地区的加利西亚和匈牙利犹太人都声称拥有德意志国籍。而真正的德意志人否认犹太人的时候，这些犹太人回答说自己"感觉上像德意志人"，这一断言遭到真正的德意志人的强烈否认。关于犹太人是否能感觉上像德意志人的争论已经引起了更多类似重复的名称，例如“日耳曼德意志人”——不久前奥地利商会主席席尔维斯特博士就使用了这种名称，这种名称只能理解为在日耳曼人和闪米特德意志人①之间存在一种差别。这种差别在奥地利的德意志人政治圈中发挥了重大作用，结果一位著名的犹太记者痛苦而真实地宣称，反犹太主义是奥地利的德意志“民族”党不同派别之间的唯一纽带。至少在奥地利，泛德意志主义一直有反犹太倾向。据奥地利泛德意志党创始人和前领导人格奥尔格·里特尔·冯·舍内尔描述，在最初的政

格奥尔格·里特尔·冯·舍内尔

① 闪米特人是犹太人的祖先，此处以及后文偶尔用闪米特人代指犹太人。——译者注

党纲领起草后得到了林茨国会的赞同，其中增加了一项条款，将所有非雅利安血统的德意志人排除在成员之外。历史学家海因里希·弗里德永博士制定了这个计划。海因里希·弗里德永博士的泛德倾向很强，但作为一个纯种犹太人，海因里希·弗里德永博士帮助组建的政党竟把自己排除在外。具有讽刺意味的是，尽管这些排外倾向在“日耳曼德意志”的“自由派”中盛行，但纵观整个“自由派”——非神职人员，奥地利的新闻界应该掌握在犹太人手中；德意志“民族”政党在奥地利的国内政策应主要由布拉格的德意志人的影响来决定，其中大多数是犹太人。奥地利其他地区名副其实的德意志人的政治利益——施蒂利亚、卡林西亚、上奥地利和下奥地利、萨尔茨卡默古特、蒂罗尔和福拉尔贝格的政治利益——长期以来一直服从于捷克人和波希米亚德意志人之间斗争的迫切需要。在这场斗争中，布拉格的犹太-德意志报刊及其盟友——维也纳的犹太-德意志新自由报刊即使不是决定性因素，也是重要因素。因此，当维也纳的一篇犹太评论最近开始警告布拉格的犹太人，鉴于当时捷克人和德意志人在波希米亚的主流倾向，是时候开始“中立化”了。这篇评论写道：“只要捷克和德意志的斗争还在持续，犹太人往往就会受到环境保护，而这是掌握在犹太人自己手中的。”[①]因此，双方都不敢对犹太人造成太大伤害。不过，当两个波希米亚民族确定了自己的势力范围后，便将不再尊重犹太人，并将为犹太人在民族问题上的行为(即捷克和德意志的民族斗争)付出代价。迄今为止，波希米亚的犹太人一直奉行与德意志文化相对应的纯粹的理想主义政策。并且从结果来看，无条件地遵循着德意志人最糟糕的策略。最初宽容的捷克人传播反犹太主义，而自负的德意志人并没有放弃反犹太主义。尽管犹太人往往比泛德意志主义代表人物格奥尔格·里特尔·冯·舍内尔有更多的泛德意志倾

① 《奥地利周刊》(犹太人利益机关)，1912年8月。——原注

向并忠于自己所追随的信仰，而这通常与反犹主义者的特征相比也是大同小异。从今以后，犹太人只能奉行犹太政策，并且必须决定去奉行这个政策，结果对经济和道德的反犹太主义造成损害。

不管是不是忘恩负义，这份坦率的声明必将被视作一个健康的信号。如果犹太人的危机确实是危险的话，那犹太人并不在于宣称和捍卫一种特定的犹太立场，而是在非犹太人的外衣下掩饰犹太人的思想和利益。犹太人的身份和奥匈帝国或世界上的任何其他民族一样，有权充分考虑自己的权利和利益，但只要犹太人试图在泛德意志主义中超越德意志人，或在压迫匈牙利的非马扎尔人过程中超越马扎尔人，犹太人就不能享有尊重。当以犹太沙文主义代表一个占主导地位的民族时便极其令人厌恶。笔者永远不会忘记几年前匈牙利一位犹太社会科学教授给笔者留下的令人不快的印象，这位教授声称匈牙利西北部的斯洛伐克人应该受到压迫，如果必要的话应该消灭斯洛伐克人，因为斯洛伐克人不愿接受与马扎尔人同化。健康的思想开始在奥匈帝国的年轻一代犹太人中流行，这主要归功于犹太复国主义宣传的影响。关于犹太复国主义的领土问题，现在没有必要考虑。[①]尽管有了移民限制，但加利西亚、俄罗斯和罗马尼亚的部分犹太人区仍人满为患，这是一个相当重要的问题。道德犹太复国主义，或者更确切地说，犹太复国主义理想的伦理和心理影响，更需要引起当局的重视。在《新自由报》的文学编辑特奥多尔·赫茨尔发起犹太复国主义运动时，奥匈帝国年轻的犹太知识分子确实处于分裂状态。与外部世界的接触剥夺了这些知识分子中许多人对父亲的信仰，也剥夺了犹太人对《塔木德经》中粗鄙内容的理解。除了不断变得愤世嫉俗和怀疑之外，犹太复国主义运动并没有提供其他替代物。许多有文化的犹太青年试图抛弃自己的本性，完全认同日耳曼主义，接受德

① 在领土方面，即便领土接近东边的问题不是最重要的部分，犹太复国主义至少也要是一个整体，这涉及奥斯曼帝国的未来。——原注

意志的政治和伦理理想，并真诚地试图让自己感觉上像德意志人。经过多年的努力，有一个这样的人自杀了。此人发现一个犹太人并不能成为条顿人[1]，就像一个埃塞俄比亚人不能改变自己的肤色，一只豹子不能抹去自己身上的斑点一样。像犹太复国主义这样的思想具有传播福音的力量：做一个犹太人并以此为荣；去发扬犹太民族的力量和顽强，发扬民族的传统、胜利、苦难以及对迫害的抵抗；坦率地面对世界，享受道德和文化的熏陶；为赋予基督教世界神性的人而感到自豪，正是他们指引了世界上一半的一神论者，一神论的思想已经渗透到了文明之中，而世界上从未有一个民族能做到将自己的文化渗透到世界文明里；犹太民族的才华塑造了现代商业的整个机制，信奉一神论的艺术家、演员、歌手和作家在世界上所占的比例远高于其他民族。这些东西，或者说类似这些的东西，是犹太复国主义者在年轻的犹太人头脑中点燃的火花，对奥地利大学的犹太学生产生的影响立竿见影。此前，这些犹太学生一直受到鄙视和虐待。这些犹太学生凭借对他人顺从、假装谦卑、敏锐的心理和秘密的保护，一步步地获得了任命，获得了自由职业。如果受到雅利安学生殴打或唾弃，犹太学生很少敢回击。但犹太复国主义给了犹太学生们勇气。这些犹太学生组成协会，学习体育技能和击剑。最后，这些犹太学生终于以牙还牙。目前，战斗的德意志军团中最优秀的击剑手发现犹太复国主义熏陶下的犹太学生可以像任何条顿人一样有效地割破脸颊，因此，犹太人也可以公平地成为大学中最好的击剑手。今天，犹太复国主义者的标志性的紫色帽子和任何学术团体一样受到人们的尊敬。

犹太复国主义的这种道德影响不仅影响了大学生，也影响了其他犹太年轻人，大家都从中找到了抬头的理由。犹太年轻人站在过去的立场上，抬起头来直视未来。参加犹太复国主义的犹太人在维也纳犹太区

① 条顿人是古日耳曼人的一个分支，后世通常以条顿人代指德意志人。——译者注

的利奥波德城发起了集会。对于那些目睹了犹太人剥削犹太人、蔑视非犹太人以维护自尊为己任的犹太区肮脏和痛苦的人来说，这是一次颇具启发性的经历。有时可以看到数以百计甚至是数以千计的洗得干干净净年轻男子和衣冠楚楚的少女，以及为数众多的犹太工人，全神贯注地听着别人诵读《圣经》。领土理想，即在巴勒斯坦或其他地方建立一个犹太国家，无疑吸引了大部分犹太复国主义者。但这一理想的主要效果是为了给这些复国主义者自信和坚守信念的勇气。人们不能指望犹太复国主义会突然赋予所有犹太人勇气、智慧和正直，但犹太复国主义应该已经在很大程度上为知识分子和道德精英提供了一个能够唤起信仰和热情的理想。然而，许多正统和半正统犹太人对犹太复国主义怀有严重的疑虑，他们几乎没有掩饰对犹太复国主义的敌意。这些人似乎担心，通过公开露面，犹太复国主义者可能会落入敌人手中。1913年3月29日，一个有影响力的德意志犹太人协会，即“德意志犹太信仰公民中央协会”，通过了一项强烈反对犹太复国主义的决议。决议中写道：“社会不仅要求其成员履行公民义务，而且要求德意志人民对国家充满情感，并在公共生活中表达这些情感。”后文写道：“作为德意志人，我们希望在德意志祖国的土地上，在德意志文明中开展合作，并继续忠实于宗教和历史，维持神圣的伙伴关系。只要犹太复国主义者努力为被剥夺权利的东方犹太人提供一个有保障的家园，或加强犹太人对其历史和宗教的自豪感，我们欢迎犹太复国主义者成为我们的成员。然而我们必须与犹太复国主义者断绝关系，因为犹太复国主义者否认德意志民族的民族情感，认为自己是陌生民族中的客人，并且只认为自己是犹太民族。”①

这项决议是对半同化主义立场的精确定义，它主要针对德意志帝国的“年轻犹太人”运动。德意志帝国的文学领袖们采用了“真理只为

① 《新自由报》，1913年3月31日。——原注

真理而存在”的方法，并像雅各布·弗罗默博士一样，坦率地宣布了同化主义者和半同化主义者们几代人努力隐瞒的事实。决议承认犹太复国主义的潜在用途，但谴责其指导思想。毫无疑问，犹太复国主义，像所有伟大的运动一样，也有其值得怀疑的一面。许多德意志犹太人充满了同化主义精神。德意志犹太人认为，如果可以巧妙地利用犹太复国主义运动，则可以在政治和财政上都有所作为。在新土耳其时代提交给土耳其宫廷的众多计划和谅解备忘录以及在犹太金融和伪慈善组织支持下以“犹太复国主义”名义进行的阴谋活动的描述，将在现代犹太人的任何真实历史中构成有趣的一章。一份来自德意志犹太人协会的谅解备忘录指出：“如果土耳其向犹太移民敞开大门，我们在（其他国家）占据高位的同一教派的人将在不违背他们对自己国家的责任的情况下，利用他们的所有影响力来促进奥斯曼宪法政府的政治和经济发展。”因此，土耳其朝着进步的方向前进，并将获得重要的优势，也将获得可靠和有影响力的联盟。土耳其政治家建立了这个持久的联盟（在犹太人和土耳其人之间建立的联盟），这些国家一定会感激这些政治家。谅解备忘录还提道：“我们可以承诺并保证犹太人对新犹太移民中心的忠诚与友谊（包括巴勒斯坦、叙利亚、美索不达米亚和安纳托利亚地区），以此证明自己对政府的忠诚和友谊。因为我们有办法带来这些感受。我们是一个由最大的犹太社团的代表组成的社团，我们确信我们的建议将会得到广大犹太人及犹太团体的支持。”

这份谅解备忘录所依据的理念与犹太复国主义的基本理念截然相反。谅解备忘录的目的不是建立一个犹太国家——虽然这是每个公正的犹太问题研究者都必须同情的目标——而是要土耳其人与犹太人同化，以换取政治和财政优势。而这些优势显然是通过犹太人在所有国家占据影响力的地位并赋予奥斯曼帝国的。在所有形式的犹太复国主义中，这无疑是最不可取、最不真诚、最容易产生混乱的一种形式。这将使同化主义护教的模棱两可的特征永久化。公开和诚实是对解决犹太问题达成一个可以容忍解决办法的唯一希望，因为真正的犹太复国主义者的理想也是倾向于这个方向。这是几个世纪以来，对犹太人来说最引人注目的且最有希望的迹象。同化主义者强烈要求，如果要建立和承认一个犹太国家，全世界的反犹分子就会站起来对犹太人说："现在你们有了自己的土地，走吧！"这一论点是虚伪的，并揭示了迄今为止犹太同化主义者所持立场的模糊性。虽然犹太复国主义者没有自己的国家来解释和证明自己的分散是合理的，并且仍然相信弥赛亚将会恢复以色列王国，但没有什么比完成祈祷、比"明年在耶路撒冷"的祷告更远离犹太人的心！因此，真正的犹太复国主义在繁荣的同化主义者和"分散主义者"中引起了强烈的反感。分散主义者的理想似乎是维持犹太人在帝国中名副其实的国际影响力。

对犹太人来说，掩饰自己的真实目的已经成为犹太人的第二天性。犹太人的问题坦率地摆在世界面前，犹太人对此感到痛惜，并坚决反对。事实上，犹太国家的最终建立不会导致犹太人从其他国家被驱逐出去，尤其不会导致西欧和美国富裕的犹太社区里的犹太人遭到驱逐。希腊王国的建立也并没有把希腊人从法国、英国和美国驱逐出去。然而，犹太国家的建立迟早会影响犹太人在世界各地的地位。犹太人最终将不得不在接受犹太公民身份和绝对认同收养他们的国家之间作出选择。德意志帝国、英国、法国和美国的犹太人之间的纽带往往会简化为仅仅是宗教或教派之间的纽带。这些问题将会简化并澄清。在巴勒斯坦或其他地方建立犹太国家是否可行，这是犹太人关于未来的问题。但与此同时，犹太复国主义者正在努力创造条件，以实现建立犹太国家的夙愿。巴勒斯坦的犹太复国主义殖民地正在建立；希伯来语被用于教学和日常交流，并逐渐取代意第绪语；摩西土地法及其健康的规定正在实施，即一个家庭没有权利永久拥有不能使用或耕种的东西。德意志帝国的犹太

弗朗茨·奥本海默

复国主义者弗朗茨·奥本海默博士不久前在维也纳的犹太复国主义者大会上自豪地说，“在教授了世界一神论之后，犹太人将根据《摩西律法》解决财产和苦难问题”，这可能距离实现复国的目标还有很长的路要走；但从某种意义上说，这一问题触及了犹太人问题的根源，即资本主义和财产形式。犹太人的问题只能由犹太人来解决，摩西很可能知道犹太人的倾向，制定了法则，将犹太人从自己手中拯救出来。非犹太人只能抱着同情的心态来观察这个过程。在非犹太人的认知里，如果一件事有助于事物的积极发展，那么人们就会平和地接受，并会以消极的态度抵抗不健康的发展方向；然而，非犹太人向通过犹太人学习的举动，敢于沿用犹太人称呼的勇气，保持清醒、不受“犹太主义”的蛊惑，拒绝无差别的反犹太主义的立场才是最重要的。犹太人问题是世界上最大的问题之一，任何人，无论是作家、政治家还是外交官，只有在努力正视它的优点后才能做到成熟地思考犹太人问题。

第3节　媒体与公众

曾有一句烂透了的话：“每个国家都应该有犹太人。”如今人们套用了这个说法：“每个国家都会有媒体。”这种说法实际上是在回避一些老生常谈的问题，而回避是国家一贯解决问题的方式。一个国家，或者更确切地说，一个国家内的人民，并不是无差别、质量均衡的媒介，而是像试管中的试剂一样，根据介质不同而决定产生的反应。民族特征、生长环境、传统和权威机构力量都在一定程度上决定了人民在诸如犹太人和媒体等代理人影响下的反应。一方面，倘若像在哈布斯堡帝国一样，当媒体从业者几乎全是犹太人时，看似简单的问题背后的根源就会变得复杂；另一方面，虽然媒体业的兴起可能会促进犹太人的流动，但是也会剥夺犹太人接受公正教育的权利，并给犹太人的发展带来某些便利，逐利心会使犹太人无法冷静、理智的判断问题。保持自我克制和节制这些美德对犹太人来说是极其困难的，几个世纪以来的民族隔离和常年的困苦，造就了犹太人那种非欧洲人的性格，也避免了犹太人了解非犹太人对自己的厌恶。当犹太人无意间违反非犹太人的潜规则时，被暴力反犹太主义施以言行上的攻击令犹太人深感惊奇与不公，这也提醒了犹太人，烦扰的日子不会轻易结束。接着犹太人开始倾向于混淆因果关系，并将其归因于反犹煽动——要不是煽动者发现了大量的炸药，这次爆炸是不可能发生的。大多数奥地利犹太人将基督教社会的反犹运动归因于卡尔·鲁格博士及其同伙的煽动，但也忽略了一个事实：卡尔·鲁格博士只是让一股强大的情感潮流成形并发展出政治一致性，部分原因是一种可以理解但并非完全合理的倾向，即把犹太人当作让大家在1873年金融风暴中遭受损失的罪魁祸首，让犹太人做替罪羊。一些更有远见的犹太人将奥地利的反犹太主义的增长归因于人们对《新自由报》的厌恶。犹太人认为《新自由报》集中体现了奥地利德系犹太人令人不齿的特点，甚至将它夸张地描述为“一本带有恶魔之力的期刊”。事实很简单，犹太人在哈布斯堡帝国，就像在大多数非东方国家一样，只是半适应、半同化。在这种环境里，犹太人首先要注意的是，尽量减少与民族多样化的人居住在一个政治社会中，以免酿成不可避免的摩擦和冲突。但更加明智谨慎的犹太人由于害怕授人以柄而不敢公开批评或指责同为犹太人的轻率行为。因此，抑制公众情感而施加的影响是专业反犹分子以及宗教煽动者的专属技能。

此外，在哈布斯堡帝国，尤其在维也纳，媒体的性质不是舆论机构，而是用来制造舆论的工具。媒体优先尊崇国家当局的意愿行事，其次才为金融和经济公司的利益服务。正如前面所说，犹太人实际上控制着整个媒体界，但犹太人还控制着金融和经济公司。犹太人也在国家的小机关中拥有立足之地，这些机关是媒体的灵感来源。犹太人在警察和半司法工作人员中多半担任有影响力的职务，那么这些犹太人就是媒体的外部秩序管理员。因此，这种双重监督一方面由国家各部门的媒体部门执行，另一方面由有权没收违法期刊的地方检察官执行，只不过有时会受到奇怪的限制。的确，奥地利媒体的历史很大程度上来说是一段探索史，新闻从业者们在不断揣摩领导者的心意、探索官方的底线。但实际上这场媒体与官方间的博弈导致了一种妥协——官方允许新闻自由，甚至在某些方面放任其发展；媒体行业也默认官方直接或间接地行使在预防性审查被废除后，表面上取消实际仍存在的审核权。奥地利报纸地位的象征也许可以从以下事实来描述：除了订阅，这些报纸可以像雪茄、火柴、邮票和彩票一样在地方烟草商店里出售，但不允许报贩或报童在街头出售。因此，封存全部期刊简直易如反掌。警察能够在极短的时间内把所有印刷的期刊都回收。在极端情况下，政府可以启动一项惩罚性措施——禁止烟草商店出售对政府不利的杂志，几年前一份前景大好的公报差点因此遭到封杀。官方熟练地运用审核权控制着针对当局的意见和新闻项目。如果一份期刊或期刊的正文和广告栏倾向于鼓励不道德行为，这对国家来说倒也影响不大。哈布斯堡帝国的人民至今都自觉地遵循着“自娱自乐”的原则，避免干预政府所关注的公共事务。说句公道话，奥地利媒体是戴着镣铐优雅地行动，用美国人的话就是“没有镣铐的话，奥地利人会感到寂寞”。奥地利媒体知道接下来的路需要穿越难以克服的障碍，而且即使在一个“开放”的国家，也需要循规蹈矩按照章程办事。在媒体与政府公开和秘密的关系之间，犹太人自然会为自己独特的适应和结合能力找到更大的空间。不稀奇的是，一些重要的报社都与国家关注的工业和金融问题有联系。每条规则都有例外，无论是外在还是内在。从简要分析维也纳主要期刊的地位和特点入手，可以很好地解释奥地利媒体是个主要由犹太人在官方媒体部门和奥地利检察官二者双重控制下工作的、半私立半公立的机构。犹太人问题的各个方面在于，犹太人对财政权的掌控与犹太人对公共媒体的影响一样，对非犹太世界有直接的利益影响。除了俄罗斯帝国外，这种影响对世界上的所有国家来说都很强大，但没有一个国家的犹太人影响大到比得过奥匈帝国。我们很难拿到一个精确的数据，但据权威法官估计，布达佩斯的马扎尔媒体中犹太记者占比达到百分之九十，在维也纳也占百分之七十五，即使犹太人在下奥地利和维也纳的人口中所占的比例较高（百分之五点二三），也不足以解释这样的绝对优势。匈牙利王国较高的犹太人比例也不能充分解释这是犹太人垄断媒体的原因。犹太人信奉理智主义，十分机敏，不仅多才多艺还有极强的环境适应能力，这使犹太人更适合在公众和公共利益之间充当一个中间人的角色。此外，尽管报纸业是一种独特的业务，并在很大程度上受到适用于所有商业活动的考虑因素的制约。如果一份报纸仅仅是一种商品，那么可以理解犹太人在制造和销售报纸方面应该具有与制造和销售其他商品相同的优势。此外，几个世纪以来，犹太人在收集和传播新闻方面也有着无与伦比的经验。这样的优势正是来源于犹太人居住分散，使犹太人可以很快了解到自己所需的信息。犹太人是第一批懂得持续沟通价值的人群。据记载，犹太人是第一批系统地利用报刊进行商业广告宣传的人。犹太人甚至进一步利用并推动了电报的发展。犹太人建立了欧洲主要的电报机构，掌控着关键的国际信息。对于正当业务和投机来说，这种对信息的控制同样至关重要。同样，犹太人在获得解放后，认识到利用新闻媒介传播自由主义观点的重要性。犹太人有义务消除障碍，并与反动或反犹太倾向作斗争。犹太人坦率地承认自己对媒体各方面的影响，这无可厚非；但当这种影响是秘密的或伪装的，就变得可疑了。从新闻供应商的角度来看，虽然报纸只能陈述事实或刊登电报，但报纸不能仅仅是一种商品。声明的措辞和电报的选择要想给人留下渴望消费的印象，可能还需要很长时间。如果加上评论，报纸的影响力就会更明显，问题也会暴露得更彻底。新闻自由和发表公正评论的权利理所当然是政治自由不可或缺的，但新闻显然应包含一种新闻责任感，至少应与有良知的商人对其客户所承担的责任相等。人民有权使自己的自由不受误导性事实陈述或阴险评论影响。公众阅读报纸的权利没人可以剥夺，阅读报纸就像使用铁路或其他机械工具的产生一般不可避免。因此，控制新闻媒体需要有对公众的高度责任感，这种责任感不亚于大学教授对其学生或传教士对其教众的责任感。否则，为了公众利益，就有必要采取限制性措施，并将《商品标识法》原则应用于新闻业。在英国，个人利益就像在其他一些国家一样受到诽谤法的保护。但一般来说，公众无法抵御流传开的虚假或污点新闻，也无法分辨对健康的舆论环境而言必不可少的事实。有观点认为，新闻竞争是自由的，那些公开或隐秘地反对媒体观点倾向的人可以自由设立竞争刊物，并同官方媒体较劲，因为公众的思维在挑选媒体的过程中会变得更强大。这种论点似是而非，公众的思维若被代表秘密倾向的各种期刊左右，或被杂乱无章的“新闻”情报占领，人民的思维水平便难以得到提高；如果学生们的阅读被限制在有目的的小说上，并斥以重金，那么就能给这些学生培养出对学问的兴趣。但实际上，由于很难建立起具有足够规模的新期刊并使其成为一种公共力量，新闻竞争自由受到了极大的限制。在现代新闻业中，财产占法律的九成，比企业的其他领域还多。除了资本，劳动力、能源和特殊人才都需要一份在公众舆论中有一席之地的报纸。只是即便读者反对，政府也很难放松对一家知名期刊的掌控。这一事实没有任何一个欧洲国家比奥地利表现得更加突出。即使公众厌恶奥地利知名期刊《新自由报》，但这份期刊的影响力可能是世界上任何同发行量的期刊都无法超越的。受到《新自由报》的攻击虽说是政治上正直的证明，但政客和官员们却对此感到恐惧。《新自由报》归犹太人所有，由犹太人编辑和撰写，最初吸引的读者群体也是犹太人。然而，大多数犹太读者像非犹太人一样，怀疑它的目标是不断地影响证券交易，并对其长期以来的不公平、明目张胆的自给自足以及对其独特的犹太利益概念的持续倡导表示厌恶。只是公众每天在阅读报纸的过程中，都会无意识地接受报纸的观点，从而影响公众对公共事务的看法。奥地利观点的大部分是由《新自由报》的编辑兼所有者负责向公众口述或建议的。关于这位人物，有人开玩笑地说，在某种意义上其地位是“一人之下，万人之上”。

假如《新自由报》这样有影响力的期刊或德意志帝国类似的新闻机构被迫以副标题“德意志犹太人思想传播机构”刊印，销量是否会受到一些影响，这是一个富有争议的问题。公众将会从阅读中受益，当《商品标识法》中包含“德意志制造”和“奥地利制造”等名称时，这些期刊的损失可能比不上奥地利和德意志帝国制造商的损失。犹太记者的卓越才能可能会获得胜利，并为自己赢得坦率的好名声。但新闻将不需要再伪装成由“德意志人”或“马扎尔人”编辑的。《新自由报》的编辑兼所有者是一位天才记者，也是一个专横、报复心强的天才。但即便是个天才，也逃不过工作人员和读者的抱怨。《新自由报》将会因其本身的利益而被宣传，不会再被视为宣传国家政策的喉舌。事实上，《新自由报》的编辑最痛恨的一种说法是，犹太人不是，也不可能是德意志人。犹太人声称“感觉自己像德意志人一样”忽视了学术，无论是基于客观事实还是个人情感，任何日耳曼人或日耳曼德语的内容在传达给闪米特人和德意志人之前，必定经历了性质和形式的微妙变化。然而，只要奥地利的德意志反犹太主义者满足于通过犹太媒介来描绘自己对国内外事务的概念，一旦当前的公共事务概念带有德意志犹太人印记，便只能怪自己了。

尽管《新自由报》有一些瑕疵，但仍拥有一种使其有别于同时代的大多数自由派报纸的优势。《新自由报》代表的不仅是一种出售印刷品的发明物，还是一种理念，这就是它的力量。无论对《新自由报》和它的经营方向有什么反对意见，也没有人指责它没有积极致力于德意志犹太自由主义者的同化传播。《新自由报》也没有为了独特的政治-民族信仰而牺牲新闻甚至别的长处。正是这一点，使《新自由报》的编辑在从事工作的时候撰写文章更加真实，周围的团体以及所有那些直接或间接对这一事业感兴趣的商业、金融和政治宗教因素都因此而关注它。与《新自由报》同时期的自由主义者，除了从各种造纸厂生产线中获利外，对其他任何事情都没有任何念想。在这些报纸中，《新维也纳日报》是最受欢迎的一种，其发行由斯特利亚造纸厂掌控。《新维也纳日报》自称是一个民间机构，主要面向中产阶级和下层读者。《新维也纳日报》的发行量大概是《新自由报》的两倍，但它的影响力却无法与《新自由报》相提并论。《新维也纳日报》主要是由犹太人为基督教教徒编辑和撰写，虽然不是独家，但《新维也纳日报》通过不作为，而不是当代理人来维护犹太人的利益。从很多方面而言，《新维也纳日报》虽接地气，却是一个赔本赚吆喝的买卖。工作日时的《新维也纳日报》有几十页，但有时周日和假日时期多达二百多页——当然是由一堆没有意义的文字堆砌成的广告荒原。作为一个蒸蒸日上的企业，《新维也纳日报》是清白的。虽然当局随时可以在报刊上发布半官方意见，但就目前来看，从来没人怀疑《新维也纳日报》能受到官方补贴。在半官方和德意志人的爱国主义事业中，《新维也纳日报》像一个温和的志愿者。但实际上《新维也纳日报》一方面担心冒犯官方，另一方面又担心因失去订阅者而失去广告潜力，因此一直在努力维持着这种不稳定的平衡。《新维也纳日报》不会对证券交易所造成冲击，它放任经济寡头为所欲为；也从不恐吓政府，亦不暴躁，并迎合公众对热门文章和运动的口味。从新闻的角度来看，一份报纸越是无关紧要，维也纳人就越喜欢它、越愿意购买它并且越愿意在这份报刊上刊登广告。如果报纸仅仅是一种商品，它的生产仅仅是一个以满足纸浆巨头的利润为目标的商业企业的话，那么《新维也纳日报》就已大致实现了这种报刊的理想状态。另一个由强大的工业和金融利益集团控制的造纸集团"易北工厂"拥有着不同于这一类的重要期刊。这些期刊的存在不仅仅是为了印刷和销售，还为了从"易北工厂"的纸张中获利，只是发行量并不大。另外，《新维也纳日报》还有其他重要用途，并且由政府部门，尤其是外交部来处理。如著名外交部官方报刊《日报新闻》、排场很大却只带半官方色彩的《维也纳日报》以及其他一些小众的新闻报道，都在外交部的处理范围内。对当局而言，当缺乏灵感时，《日报新闻》便是最好的宣传平台，因为《日报新闻》并没有浓重的个人主义色彩，其存在目的只是为了满足官方对外宣传的需求。它没有自己的门面，不代表任何思想，只是一个注入权威半官方意见的容器。和同时期的大多数作品一样，除了发表的官方声明，这本期刊也是经过犹太人编辑和撰写的。

维也纳有三份更值得信赖的期刊值得一提，分别是奥地利的《时代周报》《帝国邮报》和《劳动报》。大约十一年前，《时代周报》作为一份日报成立。新闻部门对《时代周报》寄予厚望，以期打压《新自由报》，当然《时代周报》失败了。据报道，《时代周报》在自救时常遇到一些困难。《时代周报》甚至可能通过挥霍使它的目标受害者受益。一位著名的犹太记者将《时代周报》的事迹描述为“奥地利人对《新自由报》的仇恨遗留”。《时代周报》讲述了善恶两位犹太天才之间的斗争，而犹太公众精明地保持中立。尽管如此，《时代周报》还是为奥地利公众提供了实实在在的服务。与工厂自由主义同时代的人相比，《时代周报》的内容更开放，也更大胆。除了军事方面的信息，《时代周报》明显摆脱了半官方的气息。即使《时代周报》有时对政府行为的评论吹毛求疵，但也有勇气直言不讳，直接陈述其他期刊乐于报道的事实。这是出于爱国、出于害怕招致官方厌烦而掩盖事实。在1908年到1909年的“吞并危机”期间，《时代周报》是唯一一个在外交大臣阿洛伊斯·莱克萨·冯·埃伦塔尔的政策方面保持独立立场并建议对南斯拉夫人采取和解态度的非社会主义机构；在1907年到1908年丑闻四起的格兰叛国罪审判、海因里希·弗里德永审判及其后续的审判期间，《时代周报》为政治诚实和公平竞争的事业进行了辩护。在最近的巴尔干危机中，《时代周报》的直率也获得了好评，发行量和声望明显增加。虽然有时会受到外交或者其他影响，但在自重的新闻业中它不应该扮演任何角色。事实证明，《时代周报》比其他任何著名的中产阶级报纸更能揭露奥匈帝国公共事务的黑暗面，有时甚至接近事实，这也证明了一个独立的公众舆论机构应该是什么样的。

《帝国邮报》是以基督教社会党和耶稣会士为主的牧师协会的机构，是罗马天主教、非犹太报刊发展的一个重要的日常组织，是唯一一个具有明显基督教倾向的机构。《帝国邮报》由天主教基金会建立，由激进的天主教教徒——神职人员、反犹分子、军人、激进爱国主义者编写，语气上带有一定的侵略性。就像《新自由报》的评论者们惊呼的“所有书写希伯来文的人都要遭灾”一样，《帝国邮报》的无偏见读者也常叹：犹太自由主义并不比牧师的基督教差。只是在这样的基督教中，慈善没有什么地位。当基督教被认定为专制时，为了教会和帝国的表面利益，耶稣会制造的商品被用作旗帜，这对有心人来说是一个绊脚石。在最理想的状态下，《帝国邮报》的宣传是对犹太“自由主义”和社会民主主义教条的一种制衡。但令人遗憾的是，《帝国邮报》与自称为其服务的基督教理想相去甚远。

社会民主主义的主要代表——《劳动报》已经成为一种参照物。《劳动报》的影响远远超出了党派的范围，但大体影响还是良好的。只要《劳动报》能摆脱马克思主义和其政党信仰的反教权主义的影响，那么《劳动报》所传播的便是如乌托邦般的理想主义思想。尽管这份报刊主要由犹太人撰写，有时还受到犹太人的秘密影响，但《劳动报》仍保留了对金融腐败的鞭策。而且与中产阶级的犹太机构不同，《劳动报》从未试图粉饰以色列之家的“光辉事迹”。

然而，如果没有一本叫作《工会报》的、言语粗鄙而尖锐的期刊，人们也不会完整地了解到维也纳的新闻。这份期刊密切关注着日常新闻的失误，并冷酷地发表谴责。《工会报》的编辑、所有者和工作人员都是同一个人，一位才华横溢的犹太作家——卡尔·克劳斯。虽然每日出版的报纸对卡尔·克劳斯只字不提，但卡尔·克劳斯仍然有忠实的读者。读者们喜欢卡尔·克劳斯尖锐的讽刺，并从他独树一帜的风格中找到奥地利新闻的浮夸与陈腐。卡尔·克劳斯会不定期地牺牲《新自由报》的全能和自负，不惜代价地进行一些精心设计的骗局。维也纳人成就了卡尔·克劳斯。除了与维也纳出版社的关系之外，卡尔·克劳斯的文学风格在帝国之外也都得到了认可，这也令人费解。卡尔·克劳斯就

卡尔·克劳斯

如同一位先知，却从未对人们仁慈，很少放过任何一个缺点。在一方面，卡尔·克劳斯的努力值得特别赞扬。卡尔·克劳斯受德意志帝国现代作家言传身教的鼓舞，反对人为的语言笨拙，证明了德语也可以写得十分和谐。虽然德意志帝国的犹太作家很多，但少有人能把文章写得又纯粹又好。已故的《新自由报》文学编辑、犹太复国主义创始人特奥多尔·赫茨尔，以及已故的《佩斯特·劳埃德报》的助理编辑兼首席作家兼首席执行官莱奥·维格斯贝格等人的作品在文学上享有很高的声誉。特奥多尔·赫茨尔是一个心地纯善之人，他以真诚的同情心和良好的幽默感为笔墨服务，也为自己的民族感到自豪。莱奥·维格斯贝格不像特奥多尔·赫茨尔那样广为人知，却也是德意志帝国新闻界最有能力的政治评论家。在风格和观点上，特奥多尔·赫茨尔的作品是无人能及的。不过，从广义上讲，德意志帝国的著名犹太作家的数量与犹太人在数量上的优势相比少得出奇。犹太人无论什么主题都能轻松写出可读性强的文章，这似乎也是他们取得卓越成就的一个积极因素。犹太人推理能力似乎又阻碍了他们在文学上获得力量。清晰而缜密的逻辑却没什么说服力和感情，即使表达得不完美，也更有效。这也许就是像斐迪南·库恩伯格这样的德意志非闪米特人作家能留下如此深刻的印记的理由。虽然他们的才华可能不如自己的犹太同行，但德意志作家站在更坚实的基础上，以喜怒无常的态度与读者直接交谈；而犹太作家主要是通过他们异于常人的思想与读者交谈。犹太人在文学上的自卑还有另一个原因。奥地利大多数犹太记者的母语曾经是意第绪语，犹太人在工作中常用的行话、犹太人的词汇以及表达方式证明了这一点。当试图避免使用母语时，犹太人很容易陷入不自然的状态。柏林的《未来》周刊的主编兼所有者马克西米利安·哈登虚张声势的扭曲风格就是一个很好的例子。

马克西米利安·哈登

没有哪一篇文章比卡尔·克劳斯以《世界语》为标题、把马克西米利安·哈登的作品翻译成德语更有趣的了。犹太母语报刊以及戏剧就是犹太作家以自己的方式表达自己的思想。在犹太作家所认识的公众面前不加掩饰地发言时，犹太作家是多么强大和直接。如果犹太复国主义运动最终导致希伯来语复兴，世界文学可能还会因不辜负古老的犹太经典杰作而变得丰富多彩。与此同时，像海涅一样用非犹太语言创作杰作的作家越发少了。被同化的犹太人，既不懂希伯来语，也不懂意第绪语，离本族太远，更无法拥有源于本族的原创表达。可能有表达形式，但缺乏所采用语言的实质。要成为文字的主人，除了以理性的、人为的方式表达其精神外，别无他法。未被同化的犹太人保留着自己原本的性格和直率的情感，却因不得不使用外语而受到极大的限制。状态好时，犹太作家的德语作品往往散发出一种异国情调的味道；状态差时，就是当前的德语新闻报道。

第4节　新闻部

奥地利新闻媒体最主要的缺陷是半官方主义。半官方这个词听起来很奇怪，但德语中没有类似表达，非官方的是一种只有在官僚主义控制市民生活的情况下才说得通的表达，还表明媒体的观点来源于当局官员的启发。半官方主义的目的是暗中影响公众。在奥匈帝国，几个国务院部门为此设立了特别部门，尤其是总参谋部、国务院、奥匈帝国内政部。而位于维也纳的奥匈帝国外交部，则慷慨地提供着秘密资金并鼓励期刊和记者。从表面上看，新闻部的工作是向媒体提供真实可靠的信息；但实际上，新闻部的工作是控制、激励、腐化、监视和恐吓媒体。要想了解一个组织良好的新闻局的潜在力量，就必须亲身经历。以新闻部的风格为例，外交部的“文学部”是具有国际性的，影响力延伸至柏林、伦敦、巴黎、罗马、圣彼得堡、巴尔干半岛各国，甚至美国。它的方法不仅因情况而异，也因人而异。该部门大臣虽隶属于外交部，但不一定是犹太人。新闻部的官员精通欧洲各国语言，受聘向外媒报道新闻。文学部订阅外国主要报纸，并受理奥匈帝国驻外使领馆的定期报道。每一份重要的外国期刊的地位、资源、所有权和联结都登记在册，在奥匈帝国境内，这些报刊的代表均受到监视，发表的意见和行动也都由秘密警察或新闻部自行记录。除受聘向外媒通报消息的新闻官员外，新闻部还从专业记者队伍中招募了一批正式的官方作家，为国内外杂志提供半官方的文章。这些文章由新闻部门秘密控制，新闻部门提供基金，支持这些文章通过电话和电报传送。若时间允许，还会通过邮件寄送给相关期刊的主编。因为记者知道，如果不发表这些文章，新闻部就会取消补贴，官方文章的停刊可不是闹着玩的。如果主编油盐不进，便只能求助于好心同事介绍的通讯记者。在某些情况下，记者提供的报酬与自己从期刊中获得的报酬相当。因此在维也纳，一名收入不高又没什么朋友的记者更具有吸引力。新闻部可能会将回绝自己的记者拉黑。官方会通过向记者的期刊提供一些独家信息使期刊获得一些名誉，当然期刊也必定会得到官方对日常工作的肯定，如此一来记者和报刊的收入均得到了提升。让许多维也纳的派驻记者感到庆幸的是，比起吃半官方主义的饭，不如自己单干。其中半官方主义提及的免责条款备受关注。不过，这并不代表那些期刊的读者在阅读了受污染的视图和信息之后就能知道这些知识的来源。可靠的记者甚至会发现自己被国家文学部的本地代理机构的行为所欺瞒。常见的做法就是把事先准备好的重要文章编排进期刊。然而，即使是那些声誉良好的英文报纸编辑也不知道这些观点的真正来源。英文报纸的编辑们只管收钱，有时可能还会觉得十分荣幸，因为他们“领袖”的观点随后将在奥匈帝国文学部机构被完整地阐述为“权威的英国观点”！有人可能会问，新闻部实施这种策略究竟想要达到什么目的，鉴于将奥匈帝国半官方意见偷运到外媒的情况，如果要真正影响外国公众舆论和外国政府，就需要开展比对方更大规模的改革。结论是，无论新闻部的动作看上去多无用，这些动作还是构成了一个相当隐蔽但偶尔生效的系统——特工人员试图影响外媒，从维也纳调好心的记者到国外的同时也努力影响维也纳的各国大使馆，以期给外媒留下好印象。这样一来，特工人员就能熟知并利用大使或大臣们的个人癖好。如果大使是爱慕虚荣的人，那么这些特工人员就会不遗余力满足大使的虚荣心；如果大使言行不当，那么他将会受到挟制——只要这位特工愿意传播奥匈帝国官方的观点，奥匈帝国方面就不会要求派出该大使的国家将大使召回。外交家也是人，他们最害怕的莫过于有人悄悄告诉自己，自己不是政府认可的适合人选。记者也希望自己被认为是博学的，而且由于外交家在维也纳从事收集可靠的情报并判断情报是否准确的这类工作没有自己从事的记者工作那么艰苦而漫长，因此，记者们也不愿将传递机密情报的使者拒之门外。这些使者有好几种类型，效率最高的是半官方期刊的主编或工作人员。一般来说，媒体提供的资料很合被误导的外交受害者的胃口，因此，允许政府歪曲自己提交的报告。非常时刻还会使用非常手段影响外国舆论。主编鼓励声名在外的外国记者来到维也纳，因为这些外国记者可以轻易地与到访奥匈帝国的外国大臣和其他外国人士接触，并可以大胆地宣称自己的情报资源最优。新闻部安排他们离开维也纳期间仍定期向他们提供同等质量的情报。而且，只有遇到像1912年到1913年的巴尔干危机那样，事件发展与媒体的预测背道而驰，完全超出了当时媒体人的眼界时，粗心的读者们才开始怀疑期刊的正确性。

此外，文学部还有一些所谓的半官方机关和机构，用平版印刷的信件为外交部服务。书信是一种由秘密基金资助、以手稿形式印刷的报纸。当局在其中提供了大量不愿被直接追究责任的信息。大多数谎言旨在营造一种“氛围”，即通过这些半秘密的通信，有利于与维也纳有系统地传播奥匈帝国关于巴尔干、阿尔巴尼亚和南斯拉夫等地的政策。然而，作为此类新闻报道原型的政治通信却独树一帜。它确实是半官方的，这没什么可质疑的。主编直接隶属于外交部的新闻部大臣，拥有一定的出版责任；然而与它同时代的半官方人士却没有得到公认的地位，而是乔装成独立企业。尽管政治通信总是按照新闻部的意愿来编辑内容，但新闻部仍然一直十分抵触政治通信。

自从尤利乌斯·赫尔曼·莫里茨·布施的《俾斯麦传：侯爵的秘密》出版以来，英国公众对德意志帝国外交新闻部别扭的处理方式有了一个经典描述。迄今为止，还没有哪位粗心的作家冒险从维也纳新闻部内部透露其工作情况，也没有解释与柏林机构的合作方式。不过，奥匈

尤利乌斯·赫尔曼·莫里茨·布施

帝国新闻官员曾在不经意间承认过，正如奥匈帝国与德意志帝国之间存在着一项秘密军事公约一样，奥匈帝国的半官方机构也有一项任务。在涉及影响德意志帝国利益的国际问题上，奥匈帝国的半官方机构由德意志帝国支配；而当奥匈帝国的利益受到影响时，德意志帝国的半官方机构则由奥匈帝国支配。当两国的利益发生冲突时，混乱就随之而来。1905年夏天，德意志帝国外交部的一个机构声称，一旦德意志帝国、法国和英国就摩洛哥问题爆发战争，奥匈帝国必定会为德意志帝国提供武装支持。这一声明立即在维也纳引发异议。异议不是来自《日报》或别的权威的外交部机构，而是来自(现已失效的)保守派天主教所著的《祖国》。这篇文章的内容相当权威，结果有好事者问文学部，为什么如此重要的一个表达没有出现在公认的外交部新闻机构，而是被降级到由相对沉默的《祖国》发表了。官方给出的解释是，由于相互安排以及其他原因，德意志帝国对奥匈帝国媒体的控制十分强烈，最终没有一本奥地利知名杂志会承认对德意志帝国的批评，即便这些批评得到了奥匈帝国外交部的许可。只有《祖国》足够独立——也许被认为无关紧要，所以能摆脱德意志帝国的枷锁。可能是因为始于1908年10月吞并波斯尼亚和黑塞哥维那导致的巴尔干半岛危机把奥匈帝国利益推到前台，这迫使德意志帝国半官方机构中较正式的一个机构遵从于先前的单方面工作安排。因此，从那时起，奥匈帝国外交部新闻获得了更大程度的独立。

然而，恶意事实依然存在：在处理外交政策的问题时，奥匈帝国媒体几乎完全处于官方控制之下，公众对可能使国家卷入战争的好处知之甚少。在1905年到1906年的摩洛哥危机期间，奥匈帝国对欧洲事务的状况一无所知。直到1906年4月阿尔赫西拉斯会议①之后，奥地利杂志才

① 阿尔赫西拉斯会议是1906年在西班牙阿尔赫西拉斯举行的、旨在调解法国与德国因第一次摩洛哥危机而产生的纷争的会议。会后由于英法对德国的怀疑和不信任感日渐增强，协约得到了强化。——译者注

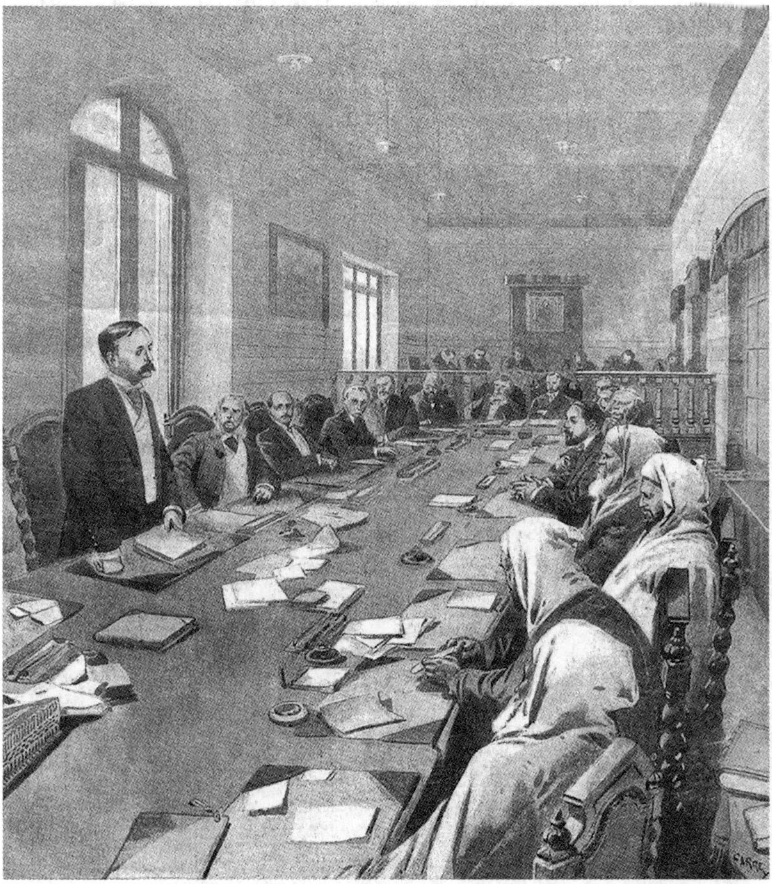

阿尔赫西拉斯会议

向读者介绍了这场危机的起因和过程。德国新闻部门在对法国和英国发动战争的报道中，更多的时候使用的是奥匈帝国的德语方言，其篇幅甚至超过了本国的德语。德意志帝国在阿尔赫西拉斯会议受挫之后，《新自由报》曾允许法国总理乔治·欧仁·邦雅曼·克莱蒙梭先生在其专栏中陈述一些过去的事实，也就是《新自由报》和同时期曾向公众兜售的那些发明，现在都被揭穿了。同样，在1908年到1909年吞并危机期间和之前，奥地利的期刊在外交大臣阿洛伊斯·莱克萨·冯·埃伦塔尔领导

乔治·欧仁·邦雅曼·克莱蒙梭

的新闻部的影响下，严格地把与官方论点相反的所有信息都排除在专栏之外。这不仅是对俄罗斯帝国和塞尔维亚宣战，更是向君主制本身的最大利益宣战。在最近的巴尔干战争中，报应笼罩了新闻部。事件如此迅速而明确地掩盖了官方和半官方主义，公众实际上已经意识到了这种情况，并迅速理解了它在道德和物质上的有害影响，包括政府对媒体的控制，以及不断向公众灌输的虚假言论和误导性的建议。

然而，可能会有好事者指出，媒体本身就应为这种煽动滥用公众意见的行为承担责任。可以看到奥地利主要媒体机构在财政上是独立的，但与政府的自愿勾结要比纯粹的腐败更应受到谴责。要给这些反对意见一个满意的答复还是十分困难的。较大的奥地利媒体机构虽然财政独立，但在外交政策问题上还是比较担心政府。那些养成远离“官场”坏习惯的人可能会被征用。公众情绪的趋势是抵制系统地采用“反爱国”态度的期刊，即反官方的态度，哪怕这种态度是出于对国家更高利益的考虑。不管人们对官方政策有多少怨言和挑剔，但政府的职责是处理公共事务，当局比任何非官方的智者更清楚何事可为，何事不可为，只是强大到容不下强大的独立意见团体的成长。间接批评是可被接纳的，有时甚至是受欢迎的，但人们想当然地认为它不会产生任何实际效果。维也纳随和、怀疑、讽刺、冷漠的气氛影响了整个媒体行业的基调，也导致所有有公益心的作家的写作方式一旦没有得到当局的认可，就会被定义为古怪，甚至被怀疑关心公共利益是有私心的。

在这些限制下，奥地利德意志人的新闻技术在许多方面是优秀的。总的来说，奥地利新闻的撰写和印刷都比德意志帝国大部分期刊要好。有时会安排报道议会上的政治演讲。例如匈牙利首都布达佩斯发表了一篇重要演讲，当天13时结束，一般会在一小时后由《新自由报》或《新维也纳日报》刊登，由双语犹太记者用德语速记下来，接着通过电话把记者的笔记读给维也纳的速记员听，这些速记员又把笔记口述给打字

波旁宫

员，或者当时间紧迫时，直接口述给打字员。同样，在下议院或波旁宫这种重要场合的议事程序也会通过电报转发给《新自由报》——尽管它有很多缺点，但它还没有美国化到认为读者不能把注意力集中在一个主题上超过五分钟。除了一些值得称赞的特点外，奥匈帝国掌握的外国事件报道也容易遭到删减，即使官方电报机构也不例外，完全不顾准确性。奥地利新闻工作者还不太了解公平竞争和诚信的概念。隐瞒真相和虚假建议绝不是禁忌。没有一本杂志仅仅出于对真理或公正的考虑，就觉得有必要把自己暴露在一个小小的标题之下；而那些有机会纠正故意造成错误陈述的人，最好能设计出一种不会损害相关期刊自尊心的方案。用新闻法第十九条迫使一家奥地利报纸收回自己的话，这是一道严厉的程序，相当于宣战。如果编辑在这种要求中添加恶意附言，也是在职权范围之内。从维也纳人的角度来看，采取公式化的方法要明智得多，也就是让《华尔街日报》在不丢面子的情况下刊登文章，相信公众是能从字里行间解读文章的。

第5节　维也纳与“维也纳”

维也纳人的立场很简单，就是在生活中避免不愉快。他们轻松地对待生活，并对生活保持着怀疑的态度，去尽力享受生活。在国外，维也纳也以愉悦的气氛而著称，这一名声也许可以追溯到1815年的国会。在这种愉悦下，异乡人对这个国家挑不出半点错。但异乡人只看到所有人都在尽力快乐，而不是发自内心的快乐。几个世纪的专制政府致力于研究凯尔特人多才多艺的气质，德意志南方人的懒散和斯拉夫人的感性，都要归功于当局坚持不懈地把人们的注意力从公共事务转移到娱乐上，从而培养了一群业余爱好者——他们除了追求快乐外，对任何事情都不认真对待。这个结果对于那些不是维也纳人或者没有维也纳人立场的人来说十分压抑。维也纳这座城市很独特，而维也纳人自己也认为维也纳是无与伦比的，事实亦是如此。维也纳人以自己是这片土地的居民而骄傲，远比巴黎人对巴黎的骄傲更根深蒂固，更生机勃勃。骄傲的理由有很多：没有哪个欧洲城市有如此气派，没有哪条林荫大道如此优美，没有哪座公园的大门如此宏伟，也没有哪座城市的环境比这里更宜人。通常人们对维也纳的第一印象为——魅力之都。气派和朴素的结合，色彩和光度的搭配，稀少的建筑物与随处可见的、带有意大利风格的潜移默化的影响，再加上优雅与美丽的女性，礼貌与友好的人民，以及维也纳独特、热情的言语，使每一位游客都为之倾倒。但咒语总是很快解除。就像在与一位美丽的小姐促膝长谈时，客人逐渐产生的幻灭感一样，有时这种幻灭感会让人草草地作出轻率的判断。人们认为这座城市的缺点掩盖了它的优点。这里的人像傀儡，维也纳人有着无定形的随和性格——空洞的礼貌、令人怀疑的诚实以及令人无法忍受的虚荣。维也纳的建筑风格似乎也与维也纳人的生活没有任何关系——或许除了巴洛克风格。巴洛克风格以其非现实的神化，在某种程度上符合一个民族的性格。最近，维也纳人势利地接受了“现代艺术”晦涩难懂的准则。这种幻灭一直存在，直到一位异乡人在城市的某个角落里，看到一位真正的维也纳人欢乐外表下更多的是在安静而努力地工作。在表面的礼貌的背后，隐藏着许多真正的礼貌，还有孩子气背后的聪明才智以及在怀疑和粗心中蕴藏着的惊人才能。尽管维也纳的人才大多没有明确的目标，但人才的水平还是很高的。维也纳人和奥地利人的“愚昧”常常使陌生人感到震惊，原因就是这些人并不缺乏智慧，而是缺乏运用智慧的机会。积极的智力开发从注意力的训练开始。维也纳人从未把注意力集中在比音乐会、剧院、体育和娱乐更重要的事情上。只要是奥地利人，尤其是维也纳人在国外找到工作，就能证明维也纳人的“愚昧”是由于缺乏机会而非缺乏能力。奥地利人在德意志帝国、美国、阿根廷和其他国家取得的知识和技术上的杰出成就是十分惊人的。但在国内，奥地利人似乎沉浸在虚幻的氛围中无法自拔。在奥地利人心中，最优秀的人往往对生活受到政治、社会和道德条件的谴责表示无能为力。即便如此，奥地利人也不愿承认维也纳的生活方式并不理想。奥地利作家赫尔曼·巴尔写道：“一个维也纳人对自己不满，他讨厌维也纳但离不开维也纳，他鄙视自己但又受到自身条件的触动，不断抱怨又希望得到称赞，在困苦中寻求安慰。他总是抱怨和威胁，但又能承受一切，除非有好心人帮助，否则他会将自己保护起来。”①

再一次谈到维也纳人的才华，②世界上没有任何地方的人比维也纳人更有才华。在政治和艺术方面，维也纳人无人能及。但这是一种特殊

① 赫尔曼·巴尔：《维也纳》，第9页。——原注
② 赫尔曼·巴尔：《维也纳》，第77页到第78页。——原注

的才能，不依附于任何东西，悬在空中；这也是一种只能表达自己的才能，漫无目的且空洞，像一颗空心的坚果。这里的年轻演员能够将没有体会到的情感表达出来；而这里的人，只是空虚地纵情于诗句之间。这都是无人知晓该如何运用的政治智慧。维也纳人的才华就像一架被遗弃的钢琴，拥有发出所有声音的潜力，但却无声无息。人不缺才，但才缺人。每个男人都隐藏着自己的男子气概，但对父亲的恐惧依旧十分强烈。因此，当维也纳人中出现一个真正男子汉时，维也纳人会感到恐惧，会感到不可思议并且想要远离——当然，在剧院里除外。奥地利人知道舞台三小时就会结束。尽管维也纳人表示接受现实，但其实暗自高兴这头危险的野兽被艺术的锁链锁住。在现实生活中，维也纳人从未接纳过一个真正的男子汉——路德维希·凡·贝多芬、克里斯蒂安·弗里德里希·黑贝尔、约翰·菲利普·基恩贝格尔、胡戈·菲利普·雅各布·沃尔夫、古斯塔夫·马勒都不是。一个真正的男子汉将被关在巨大的牢笼里，维也纳人从不让这些人进入自己热爱光明和精力充沛的生活。因此，维也纳一片寂静——什么都没动，什么也都不会发生。即使是最大胆、最伟大的行动在维也纳也不会奏效，维也纳人仍然选择隐藏自己。正如克里斯蒂安·弗里德里希·黑贝尔所说，思想家和实干家必须把自己的“孤独和无力”隐藏起来，把自己的思想和行为带回家，藏在秘密抽屉里。生活在这个可爱、轻松、舒适的城市里，不能撕破生活美好的假面。

维也纳的问题，实际上是奥地利和君主制的问题，在于如何使表象适应现实，并使生活更真诚。迄今为止，当局一直努力使现实与表象相适应。维也纳不是奥地利的，更不是帝国的，这一论点是正确的，因为奥匈帝国部分地区的生活比维也纳更真实、更直接。包括赫尔曼·巴尔在内的一些作家认为，维也纳对于帝国来说影响并不重要，帝国的命运将由哈布斯堡帝国的全体人民来决定，而不会过多考虑维也纳人的意

路德维希·凡·贝多芬

克里斯蒂安·弗里德里希·黑贝尔

约翰·菲利普·基恩贝格尔

古斯塔夫·马勒

志。也就是说，除哈布斯堡帝国强迫人民搬离维也纳外，若哈布斯堡帝国的人民出于任何共同目的需要离开维也纳生活也是合理的。尽管维也纳无法解决帝国的问题，但能阻碍问题的解决，并在帝国公民之间，甚至在边界之外的人民中间散播不信任和仇恨。在官方、军事和警察领域，维也纳的氛围得到了最充分的表现。这些领域缺乏道德和伦理意识，使“维也纳”一词在整个帝国成为一个代名词，直接或间接地影响到哈布斯堡帝国内各个方面的政治生活。要追溯“维也纳”的起源，或许能写出一部奥地利帝国的心理史。这主要是这个朝代下的耶稣会士长期教育的产物。长期以来奥地利的人们一直认为其使命是统治世界，即著名的奥地利霸权统治政策[①]。本着统治的精神，帝国和耶稣会一致通过这项政策。在他们周围聚集着德意志人、马扎尔人、捷克人、波兰人、法兰西人、意大利人、爱尔兰人、苏格兰人和西班牙人，他们的家族在近几代人的洗礼中得到了极大的进步与影响。正如波兰诗人亚当・伯纳德・密茨凯维奇七十年前写的那样，奥地利帝国从来就不是德意志、匈牙利或斯拉夫统治的，而是由一个相互关联的家族组成的阶层统治的。这些家族依靠王朝及其人民发家致富。赫尔曼・巴尔正确地指出，奥地利最紧迫的问题之一是如何打破这个目前主要由政治中间人组成的官僚阶层的权柄，并根据哈布斯堡帝国内所有公民的需求调整国家结构。而能否在阶层打破皇帝权威之前将阶层破坏，是一个待定的问题。从伦伯格到莫斯塔尔，从科洛兹瓦尔到因斯布鲁克，具有公共精神的人可能会用不同的语言，但都会以同样的语气谴责维也纳的傲慢、心胸狭窄、不忠和愚蠢。还有布达佩斯，后者在道德意识上与维也纳不相上下。如果完全了解哈布斯堡帝国，就会知道帝国的资源有多么丰富，潜能有多么巨大，并认识到团结人民的纽带比分裂的因素更重要。然而，到处都

① 实际上就是哈布斯堡皇帝使用的格言，亦是奥地利帝国的国家格言，意为“世界属于奥地利”。——译者注

亚当·伯纳德·密茨凯维奇

能感觉到首都低沉的氛围。随着时间的推移，信仰和理想主义逐渐离哈布斯堡帝国远去。正是这种道德真空，让大多数外国人和许多奥地利人感到在奥地利首都从来都是异乡人。克莱门斯·文策尔·冯·梅特涅和斐迪南·库恩伯格都见证了维也纳的亚洲特征，这种道德真空正排斥着那些想在此安居的人，即便是气候或生理上的缺陷也无法阻止。四十年来，维也纳人一直在研究如何吸引大批外国游客来自己的城市；同样地，四十年来，维也纳人对自己的失败感到震惊。维也纳人列举了维也纳的迷人之处——乐趣的多样性、纪念碑的美和自然环境的魅力。但维也纳人忘记了，一个首都要像磁铁一样吸引异乡人，就必须有自己的灵魂，让异乡人可以放心交流。维也纳和“维也纳”都是没有灵魂的。或者，至少灵魂是如此沉寂，结果没有一种内心的满足能打动人心，并吸引有思想的异乡人。

第4章

第1节　外交政策

> 自1815年以来，波兰问题似乎已经得到解决。一个世纪以来，我们一直在努力解决中东问题。当人们以为中东问题已经顺利解决，欧洲奥地利的问题又接踵而至。[①]

近期在巴尔干半岛爆发的战争，迫使哈布斯堡帝国重新审视自己的地位，并且打消了进军萨洛尼卡这个不切实际的念头。这次放弃的性质与1866年普奥战争和1870年普法战争彻底摧毁了哈布斯堡帝国统治整个德意志和意大利的可能性一样。不过，奥匈帝国的政客和军部却一直对此抱有执念。人们无法轻易回答巴尔干战争是否解决了已故的法国历史学家阿尔伯特·索雷尔先生所指的东方问题；[②]然而大部分问题似乎已经得到解决，这表明，除非哈布斯堡帝国的外交和治国之道能迅速适应形势，否则照目前来看，阿尔伯特·索雷尔先生的预测离实现可能还有相当大的距离。

① 阿尔伯特·索雷尔：《18世纪的东方问题》，巴黎，1902年，第280页。——原注

② 东方问题是指19世纪后期以英法俄三国为主，外加意大利及奥匈帝国五国在与奥斯曼帝国较量时引发的东地中海和巴尔干半岛地区问题。——译者注

对于许多现代民主国家而言，与外交政策有关的问题相对来说都是次要的。即使国家承认外交事务的重要意义，人们仍常把外交问题视为神秘问题或旧时代遗物，认为外交问题阻碍了现代社会的发展。长期以来，美国似乎一直奉行这样的格言："没有外交政策的人们是幸福的。"但在美国意识到外交问题的重要性时，犹太金融家却对国家政策造成了过度的影响。在欧洲范围内来说，法国十分容易受到外国侵略，但法国政府却一直允许让缺乏特殊训练或知识的人来管理外交事务。更可悲的是，这些处理外交事务的人还往往是银行家。意大利一次又一次地将其外交利益置于政客的支配之下，而这些政客更适合在商界或法庭上大放异彩，不会像加富尔伯爵卡米洛·奔索那样在处理国家事务时畏首畏尾。英国偶尔能成功地将前民主时期的传统与议会实践相结合。在奥匈帝国，虽然看不出来，但当前民主时期的政策确实存在，其缺点比纯粹的民主制度还要更加严重。二元君主制国家的外交管理实质上是一种王朝特权，通常由受过外交训练的大臣来行使这项特权。大臣首先是皇室大臣，其次才是外交大臣。久洛·安德拉希伯爵在外交政策上的影响力即使不比皇帝强，至少也与皇帝不相上下。久洛·安德拉希伯爵作为匈牙利前首相，与戴阿克·费伦茨合作创立了二元制，努力塑造了哈布斯堡帝国的外交政策，使外交政策与二元制相协调。二元制的有效运作要求德意志人在奥地利的主要地位要超过斯拉夫人，马扎尔人在匈牙利的主要地位也要超过斯拉夫人和其他非马扎尔人。即使不是在欧洲，在此基础上制定的外交政策，也必然是巴尔干半岛的反斯拉夫和反俄罗斯政策。不过，从长远来看，帝国的利益和野心总是控制着外交政策。奥匈帝国无法无视这样一个事实——帝国的大多数臣民都是斯拉夫人。推行反斯拉夫政策，导致帝国政府在国内招致不满，在国外还要屈从于德意志帝国的地位。让哈布斯堡帝国倍感忧心的还有在巴尔干半岛大部分地区爆发的独立运动。帝国的统治者不得不思考是否应当调整内政和外交政策，让政策与人民之间的权力关系在表面上更加协调；或者是否应该冒着风险，固守那些早已过时的传统。

有先例表明，哈布斯堡帝国就目前而言会坚持传统的做法。在超然的甚至是怀有敌意的旁观者看来，哈布斯堡式的思想僵化而古板。但只有在不幸发生时，哈布斯堡帝国的统治者才会试图去纠正一些不切实际的观念。奥托·爱德华·利奥波德·冯·俾斯麦和加富尔伯爵卡米洛·奔索都明白鱼与熊掌不可兼得的道理——哈布斯堡帝国对外试图保持着对德意志和意大利的统治，对内却以专制主义压榨人民，并实行紧缩性财政政策以避免破产，如此荒谬的政策必将以失败告终。如果弗朗茨·约瑟夫一世及其顾问们能从1859年的法国-皮埃蒙特[①]联盟和伦巴第的失守中预见奥地利在意大利的统治注定要失败，便可能会通过及时割让威尼西亚来换取与意大利的联盟，并以强大的力量对抗普鲁士王国，从而阻止普鲁士王国完成德意志的统一。奥地利的政客们自视甚高，永远无法在某种情况下欣赏道德因素的力量，这种特性使奥地利政客忽略了创造内部条件的重要性，比如说保证人民自发地忠于帝国，却执着于保持在德意志和意大利的权力。哈布斯堡帝国的祸根在于，国家的内部问题从来没有受到应有的重视，而是根据帝国外交政策的利益需要，不时地进行尝试性的处理。哈布斯堡帝国在经历了1859年的惨痛教训[②]后，将君主制建立在联邦统一的内部基础上，并保证哈布斯堡帝国内各民族享有公平的发展机会，以保证帝国不会置身于二元制建立以来一直保持的不稳定、不平衡的状态中。说实话，哈布斯堡帝国如果没有受到国外正义风气的积极影响，这种转变也是不可能实现的。1859年的灾难推翻了亚历山大·冯·巴赫的“巴赫专制”，这对持久的改革来说并

① 皮埃蒙特即意大利。——译者注

② 指1859年法国与撒丁王国联手击败了驻扎在意大利的奥军，使奥地利遭遇了大规模的货币与财政危机。——译者注

不友好。受压迫的未来不会是增强信心的最佳时机。哈布斯堡帝国及其周围的官僚们还没有意识到，信任和感激正在坍塌的废墟上缓慢增长。此外，哈布斯堡帝国的理念排除了人民会产生怨恨想法的可能。人们赞同第二个王朝计划，算是良好的表现，将可以得到回报；反之，人们反对或阻挠这些计划，属于表现不佳，则会受到相应的惩罚。惩罚不再公正将是帝国崩溃的征兆。人们有可能通过良好行为获得报酬。如果在分析哈布斯堡帝国的国内外政策时不坚持这一原则，人民将永远难以理解这些政策产生的原因。哈布斯堡帝国在1860年和1861年“巴赫专制”崩溃后发布的宪政改革文献，并不是对宪政方法本身价值信仰的启发，而是通过经验性的思考，即由于“巴赫专制”作为外交政策的基础作用收益很低，帝国必须尝试一些其他方案。无论是1860年的《十月文告》，还是1861年的《二月特许状》，都是相对无关紧要的问题。直到萨多瓦战役的战败才迫使帝国考虑到马扎尔人对外交影响力的顽固抵抗，帝国才同意创造一种新的体制，但帝国再也不能对外交问题进行完全控制。在灾难的影响下仓促形成的二元制使马扎尔人成为帝国的合作伙伴，并让马扎尔人在与斯拉夫人和其他非马扎尔人打交道时有了一定的行动自由，这注定会损害——也许是不可挽回的——作为半斯拉夫国家的哈布斯堡帝国在国内和在巴尔干半岛的利益。

在二元制建立之前，东方问题始于萨沃河畔及帝国东南部的喀尔巴阡山脉。二元论把东方问题移向更西边，随后这一问题又始于匈牙利的布达佩斯和阿格拉姆[①]。奥地利的帝国主义趋势，即所谓的向东进军计划，认为国内增加的排斥斯拉夫人的马扎尔人数是帝国在巴尔干半岛扩张的一个巨大障碍；还无法走出克罗地亚总督约西普·耶拉契奇对抗马扎尔人阴影的马扎尔人，仍竭力想让克罗地亚人、塞尔维亚人乃至南

① 即萨格勒布。——译者注

约西普·耶拉契奇

斯拉夫人臣服于自己。若没有南斯拉夫人的协助或默许，奥匈帝国进军萨洛尼卡将会变得十分危险。马扎尔人逐渐不再信任奥地利，并开始疏远哈布斯堡帝国。就奥地利和哈布斯堡帝国而言，若不破坏二元论，自己就无法与斯拉夫人合作。因此，二元制本身变成了一种瘫痪的政治制度。在这种制度中，固定化成为保持平衡的唯一保证。

人们一开始并不理解二元制是如何对帝国主义扩张进行制衡的。二元制的创立人是戴阿克·费伦茨和久洛·安德拉希伯爵。尤其是久洛·安德拉希伯爵，他认为二元制度中，外交和军事事务都必须高度统一，必须服从于帝国。只要戴阿克·费伦茨仍能保持在匈牙利的影响力，久洛·安德拉希伯爵作为奥匈帝国外交大臣就能指导帝国的外交政策，二元制的真正性质便会一直藏于黑暗之中。1878年，马扎尔人反对帝国占领波斯尼亚和黑塞哥维那，这首先表明了马扎尔人的想法。马扎尔人希望看到哈布斯堡帝国支持土耳其反对俄罗斯，使斯拉夫人遭受失败。久洛·安德拉希伯爵本质上是个奥匈帝国主义者。同其他马扎尔人一样，久洛·安德拉希伯爵不喜欢且不信任影响俄罗斯帝国政策的泛斯拉夫主义倾向，但久洛·安德拉希伯爵相信巴尔干地区各君主国的使命。久洛·安德拉希伯爵对马扎尔人政治美德的信仰是如此坚定，结果他不能对未来抱持一种特殊观点，也不能想象马扎尔社会会像匈牙利王国一样是一个四周有围墙的花园，仅仅致力于马扎尔沙文主义的集中文化。在久洛·安德拉希伯爵看来，占领波斯尼亚和黑塞哥维那与其说是一个目的，不如说是走向政治甚至军事道路，从而实现征服巴尔干半岛的一个阶段。尽管久洛·安德拉希伯爵可能还没有准备好支持19世纪80年代初鲁道夫·弗朗西斯·查尔斯·约瑟夫太子在君士坦丁堡对自己的妻子、比利时的斯蒂芬妮公爵夫人的乐观而富有远见的承诺——“在这里，你将成为皇后”。久洛·安德拉希伯爵几乎不会打消与哈布斯堡统治者愿望完全一致的热情。1879年，久洛·安德拉希伯爵通过德奥同盟将俄罗斯帝国这头熊拴在一起，并拒绝奥托·爱德华·利奥波德·冯·俾斯麦要求平等对待法国和俄罗斯帝国的要求，为与法国达成谅解打开了一扇大门。之后，久洛·安德拉希伯爵意识到，由于自己的努力，二元制已经证明了其作为一项强有力的外交政策基础的存在价值，自己与俄罗斯帝国于1878年7月13日达成的秘密协定也为帝国开辟了一条通往巴尔干半岛的宽阔道路。

尽管久洛·安德拉希伯爵很精明，但也忽略了几个重要的因素。鉴于这种情况，久洛·安德拉希伯爵在1879年把这一问题遗留给自己

鲁道夫·弗朗西斯·查尔斯·约瑟夫太子

比利时的斯蒂芬妮公爵夫人

的继任者海因里希·卡尔·冯·海默勒男爵。久洛·安德拉希伯爵曾是奥托·爱德华·利奥波德·冯·俾斯麦的对手。奥托·爱德华·利奥波德·冯·俾斯麦勇敢果决，曾以一人之力抵消德奥同盟对俄罗斯帝国的威胁。奥托·爱德华·利奥波德·冯·俾斯麦在1884年与俄罗斯帝国秘密谈判，达成了《俄德再保险条约》，以阻止俄罗斯帝国在法国寻求盟友。弗朗茨·约瑟夫一世不再受警惕的马扎尔政客的影响，自由地在奥地利推行一种久洛·安德拉希伯爵绝对无法容忍的亲斯拉夫神职人员政策。此外，弗朗茨·约瑟夫一世对久洛·安德拉希伯爵仅仅满足于占领和管理波斯尼亚和黑塞哥维那感到不满。弗朗茨·约瑟夫一世希望彻底吞并波斯尼亚

海因里希·卡尔·冯·海默勒男爵

和黑塞哥维那，且不认为《奥土公约》是完全对等的。这项协议于1878年7月13日签署，其中谈道：“俄罗斯帝国政府承诺，如果因奥匈帝国对与奥斯曼土耳其政府共同占领桑扎克地区的新帕扎尔可能产生的不便不提出任何异议，则允许奥匈帝国单独占领波斯尼亚和黑塞哥维那。”作为对这一承诺的回报，奥匈帝国承诺向俄罗斯帝国提供外交支持，以消除执行俄土战争后的《柏林条约》的条款可能会遇到的任何障碍。秘密会议的起源仍然是个谜。1876年沙皇压力山大二世与弗朗茨·约瑟夫一世在德意志议会的会晤和1877年1月15日在布达佩斯签订的补充协议中同意奥匈帝国占领波斯尼亚和黑塞哥维那，并批准了附件。1877年3月18日，在维也纳，俄罗斯帝国全权代表亚历山大·米哈伊洛维奇·戈尔恰科夫和彼得·安德烈耶维奇·舒瓦洛夫伯爵在柏林国会表明自己不愿意批准对两地的占

亚历山大·米哈伊洛维奇·戈尔恰科夫

领，并且只屈服于德意志帝国和英国的压力。[①]俄罗斯帝国最初的想法似乎是保持奥匈帝国的中立地位，而由自己在巴尔干半岛建立霸权，即在土耳其的领土上建立一个斯拉夫大国保加利亚。1878年6月6日，英国表示"大不列颠及北爱尔兰联合王国政府承诺支持奥匈帝国政府就波斯尼亚问题向议会提出的任何建议"。[②]尽管《柏林条约》对《圣斯特凡诺条约》的修订在一定程度上破坏了俄罗斯帝国的计划，但俄罗斯帝国最终在波斯尼亚和黑塞哥维那及桑扎克方面作出让步，以换取对黑山边界的矫正。但这种"补偿"难以解释俄罗斯帝国同意"像波斯尼亚和黑塞哥维那的其他地区一样"通过1878年7月13日的秘密会议来"最终占领"桑扎克的目的，也不知道为什么俄罗斯帝国此后会顽固抵制将"最终占领"变为吞并。尽管俄罗斯帝国的国家档案馆保管员戈里伊诺夫曾在著作《伊斯坦布尔和达达尼尔海峡》中分析过柏林会议前后关于波斯尼亚和黑塞哥维那问题的奥俄关系史，但这段历史仍迷雾重重。再如奥匈帝国的奥古斯特·弗尼尔博士和爱德华·冯·韦特海默也曾在各自的著作《我们是怎么来到波斯尼亚的》及《久洛·安德拉希伯爵的一生》中分析过这段历史，但结果也不甚明朗。自奥匈帝国在1908年10月吞并波斯尼亚和黑塞哥维那且放弃桑扎克地区以来，这个问题已经失去了许多实际利益。尽管该问题作为一段插曲具有历史重要性，就像克里米亚战争期间奥地利对俄罗斯帝国的"忘恩负义"一样，即使最初的敌意源头消失很久之后，仍然影响着圣彼得堡和维也纳之间的关系。

更进一步的问题是，为什么久洛·安德拉希伯爵接受占领而不是吞并波斯尼亚和黑塞哥维那，这个问题更容易得到解答。最初，吞并波斯尼亚和黑塞哥维那是有预谋的。仅仅对波斯尼亚和黑塞哥维那进行吞并就完全符合弗朗茨·约瑟夫一世的热切渴望，即通过在领地上合并

① 奥古斯特·弗尼尔博士：《我们是如何来到波斯尼亚的》，第41页，第43页。——原注
② 爱德华·冯·威特海默：《久洛·安德拉希伯爵的一生》，第三版，第122页。——原注

两个大致相等的土地来弥补伦巴第和威尼西亚的损失。这种渴望从未消失，这也是三十年后阿洛伊斯·莱克萨·冯·埃伦塔尔庆祝皇帝登基六十周年钻石庆典的主要原因之一，正是阿洛伊斯·莱克萨·冯·埃伦塔尔亲手把对波斯尼亚和黑塞哥维那的占领变为吞并。因考虑到土耳其提出反对的可能性——这将使俄罗斯帝国有机会重新对土耳其发动敌对行动——以及奥地利的德意志人和马扎尔人反对将这两个地界并入帝国领土，久洛·安德拉希伯爵遂暂时放弃立即吞并的想法。同1908年吞并时一样，奥地利和匈牙利都不愿意另一方获得新领土，而匈牙利忌妒波斯尼亚和黑塞哥维那的宪法独立，反对建立帝国直辖领土，因为这可能成为波斯尼亚和黑塞哥维那与奥地利之间的额外纽带，并最终成为联邦化制度的起点，而联邦化制度将削弱马扎尔人在哈布斯堡帝国中的重要性。此外，当时拥有帝国内最高地位的奥地利德意志人和马扎尔人都反对增加哈布斯堡帝国的斯拉夫人口，因此，久洛·安德拉希伯爵欣然接受占领和管理的条件，同时还保证，除非动用武力，否则绝对占有的哈布斯堡权力不会受到挑战。各领地的行政机构隶属于奥匈帝国联合财政部。该部门的负责人或联合财政大臣不是对奥地利或匈牙利议会负责，而是对联合议会代表团负责。这一权宜之计甚至在1908年吞并波斯尼亚和黑塞哥维那并在十八个月后给予其宪法自治地位之后仍然有效。波斯尼亚和黑塞哥维那的人民在哈布斯堡帝国仍然没有受到适当的管制，而且无权自称为奥地利或匈牙利公民。波斯尼亚和黑塞哥维那人民处于悬挂的两种颜色之间，充其量只能算是二等哈布斯堡帝国人民。波斯尼亚和黑塞哥维那的问题还未解决就已成为南斯拉夫问题的一个组成部分，解决起来十分棘手。且对于奥匈帝国而言，更严肃的问题是帝国是否能够保全自己的利益解决南斯拉夫问题，或者是否会像19世纪的意大利和德意志问题一样，对帝国产生不利。关于这一点，哈布斯堡帝国的未来可能会发生改变。

彼得·安德烈耶维奇·舒瓦洛夫伯爵

塞尔维亚作家约万·里斯蒂奇在1875年到1878年写下的《塞尔维亚外交史》第二百五十一卷至二百五十二卷中，根据彼得·安德烈耶维奇·舒瓦洛夫伯爵的可靠消息，奥托·爱德华·利奥波德·冯·俾斯麦最初曾建议奥匈帝国占领波斯尼亚和黑塞哥维那。尽管久洛·安德拉希伯爵的传记作者爱德华·冯·韦特海默反对奥托·爱德华·利奥波德·冯·俾斯麦是这一思想的提出者的假设，并声称久洛·安德拉希伯爵早就认识到占领的必要性，但如果德意志首相不率先提议在巴尔干半岛扩张哈布斯堡帝国，久洛·安德拉希伯爵极有可能会提出更强势的要求。正如久洛·安德拉希伯爵后来鼓励法国占领突尼斯以转移法国对法德边境的注意力，并挑起法国和意大利之间的争端一样，为了转移奥匈帝国对反德事务的注意力，久洛·安德拉希伯爵促使奥匈帝国与俄罗斯帝国发生潜在冲突，而这也符合久洛·安德拉希伯爵的利益。如果俄罗斯帝国和奥匈帝国相互忌妒相互猜疑，那么双方都更有可能与德意志帝国发展良好关系，都将希望并努力确保德意志帝国持中立态度，而不是获得德意志帝国的支持。德意志帝国也将因此创造一个永久可靠的中间人的机会。三国同盟失败后，久洛·安德拉希伯爵和奥托·爱德华·利奥波德·冯·俾斯麦开始一致认为，奥匈帝国和德意志帝国之间必须建立正式联盟，避免发生法俄同盟对德意志发难时挑唆奥匈帝国一同反对自己的情况。久洛·安德拉希伯爵认为，若不避开哈布斯堡帝国和俄罗斯帝国之间相互争斗的危险，德意志帝国不仅将坐收渔翁之利，最终还能成为分享战利品的主体。此外，久洛·安德拉希伯爵甚至奥托·爱德华·利奥波德·冯·俾斯麦都将德奥同盟视为维护奥匈帝国二元制的保证。出于不同的原因，德奥同盟还将久洛·安德拉希伯爵和奥托·爱德华·利奥波德·冯·俾斯麦视为防止反德意志和反马扎尔倾向在哈布斯堡帝国占据上风的保障。弗朗茨·约瑟夫一世是否正是从这个角度看待联盟，这也是一个悬而未决的问题，上一章已经对此进行了充分讨论。可以肯定的是，如果不是奥托·爱德华·利奥波德·冯·俾斯麦因《奥德同盟条约》的存在而在奥地利军事忠诚的问题上下定决心，奥地利皇帝是不可能在1879年到1893年，即爱德华·弗朗茨·约瑟夫·冯·塔弗担任首相的时代采取反德政策的，或者至少会引起德意志帝国的外交干预。弗朗茨·约瑟夫一世和古斯塔夫·西格蒙德·卡尔诺基伯爵[①]都不认为奥托·爱德华·利奥波德·冯·俾斯麦已经比奥匈帝国更明确地背离了条约的精神，也不认为奥匈帝国在19世纪80年代的保加利亚问题上与俄罗斯帝国处于对立的顶峰时，奥托·爱德华·利奥波德·冯·俾斯麦在1884年与俄罗斯帝国秘密签订了《俄德再保险条约》——如果奥

① 1881年接替海因里希·卡尔·冯·海默勒男爵出任外交大臣。——原注

匈帝国和俄罗斯帝国发生冲突，该条约可能会使《奥德同盟条约》失效。①严格来讲，奥托·爱德华·利奥波德·冯·俾斯麦可能会为自己

① 1896年10月24日，奥托·爱德华·利奥波德·冯·俾斯麦在报刊《汉堡新闻》刊登了一篇具有历史意义的文章，其中“泄露了先前与俄罗斯签订的《俄德再保险条约》”。文章说道：“……王位变更后不久（即俄罗斯沙皇亚历山大三世即位）且亚历山大·米哈伊洛维奇·戈尔恰科夫退休后，德意志和俄罗斯之间的政策得到了充分理解，并一直保持到1890年。在此之前，两个帝国都完全同意，如果其中一个受到攻击，另一个将保持善意的中立。因此，例如德意志受到法国的攻击，俄罗斯的善意中立是意料之中的；如果俄罗斯受到无端攻击，德意志的善意中立同样也是意料之中的。奥托·爱德华·利奥波德·冯·俾斯麦于1890年3月退休后，这种理解没有变更，如果我们（《汉堡新闻》，或者更确切地说，奥托·爱德华·利奥波德·冯·俾斯麦）正确地促成了关于柏林的事件，并不是俄罗斯因奥托·爱德华·利奥波德·冯·俾斯麦退休而不怀好意，而是列奥·冯·卡普里维伯爵（奥托·爱德华·利奥波德·冯·俾斯麦的继任者）拒绝继续互利条约——尽管俄罗斯准备这样做。此外，如果从政治上考虑（在普鲁士）同时开始的波兰化，毫无疑问，俄罗斯政府肯定会问自己，这个普鲁士波兰化的目的是什么，与威廉一世皇帝的传统为何有如此大的矛盾。”这篇耸人听闻的文章发表的直接原因是由于沙皇亚历山大三世和皇后对法国的访问。1896年10月9日的夏隆会议上，沙皇向法国福尔总统保证法国和俄罗斯军队之间存在着“深厚的兄弟情谊”。奥托·爱德华·利奥波德·冯·俾斯麦被这一证据激怒了，这表明法俄军事联盟已经缔结。奥托·爱德华·利奥波德·冯·俾斯麦的继任者列奥·冯·卡普里维伯爵和霍恩洛厄亲王未能阻止这一事件，于是听命于奥托·爱德华·利奥波德·冯·俾斯麦位于汉堡的媒体机构“向这摊浑水里扔石头”。结果成效显著。数周以来，欧洲媒体除了讨论这个问题，几乎什么也没做。德意志帝国公报指责这位前首相违反国家机密，而且还质疑德意志的盟友忠诚度。奥托·爱德华·利奥波德·冯·俾斯麦回答说，他与俄罗斯的《俄德再保险条约》完全符合奥德同盟，并声称如果俄罗斯不反对，整个三方联盟全体最好都与俄罗斯签订类似的契约。但已故的马尔沙尔·冯·拜斯汀男爵，即当时的德意志外交大臣，曾在1896年11月16日在国会的演讲中一针见血地说：“在我们1879年与奥匈帝国签订的条约中，我们承诺如果哈布斯堡帝国受到俄罗斯的攻击，我们将全力协助哈布斯堡。这一立场非常清楚。不过，如果（《汉堡新闻》）的披露是准确的，与俄罗斯的《俄德再保险条约》可能会使我们陷入这样的境地——在奥俄冲突的情况下，一方要求善意的中立，另一方要求我们全力支持；然后我们应该决定哪一方是侵略者。”与秘密的《俄德再保险条约》的披露一样有趣的是奥托·爱德华·利奥波德·冯·俾斯麦的建议，即威廉二世皇帝在他统治初期暂时采用的亲波兰政策导致俄罗斯怀疑德意志的意图。奥托·爱德华·利奥波德·冯·俾斯麦总是把对波兰人的压迫作为他对俄罗斯政策的一项资产。不幸的是，奥托·爱德华·利奥波德·冯·俾斯麦成功地使俄罗斯相信，对波兰人的压迫同样是俄罗斯的一项突出利益。因此，对波兰的联合压迫成为德意志和俄罗斯之间的联盟纽带，并一直如此。现任德意志皇帝暂时背离了这一邪恶的原则，但随后又重新采用了这一原则，并批准了外交大臣伯恩哈德·冯·比洛亲王征用普鲁士波兰人的政策。因此，德意志把一张王牌交到俄罗斯手中，而俄罗斯政府迄今未能使用这张王牌。俄罗斯在欧洲的地位可能会得到极大的加强，如果俄罗斯给予波兰人民一定程度的自治，并把他们视为完全合格的俄罗斯公民，俄罗斯在政治上对德意志和奥匈帝国的优势能一下子得到保证。——原注

的行为辩护。奥托・爱德华・利奥波德・冯・俾斯麦认为，由于《奥德同盟条约》只针对俄罗斯帝国对联盟双方中任何一方的攻击，而《俄德再保险条约》则针对奥匈帝国或任何其他国家对俄罗斯帝国的无端攻击，这二者与德意志承担的义务之间并不存在本质矛盾，因为《奥德同盟条约》并没有要求德意志帝国一定要支持奥匈帝国对俄罗斯帝国的攻击。但从道义上讲，我们无法否认这样一个结论，即奥托・爱德华・利奥波德・冯・俾斯麦把事情做得很好。正如马沙尔・冯・比贝尔施泰因男爵所言，这显现出了德意志对盟国的忠诚，决定了冲突中的哪一方才

马沙尔・冯・比贝尔施泰因男爵

是侵略者。1890年，德意志皇帝威廉二世和列奥·冯·卡普里维伯爵允许《俄德再保险条约》失效，因为该条约造成的形势太复杂，这一举措思想正确，符合常理。未来的一些轻率之举或许可以表明，德意志皇帝后来是否改变了主意，在实践中——不是通过正式条约——恢复了奥托·爱德华·利奥波德·冯·俾斯麦的《俄德再保险条约》。

奥托·爱德华·利奥波德·冯·俾斯麦对《俄德再保险条约》的披露，间接地推动了奥俄关系进入一个新的时代。尽管公开宣布条约对德意志帝国来说可能是一种背信弃义的行为，还令奥匈帝国感到不快。奥匈帝国政府指示其官方机构用几句话来驳回了这一事件，并将其视为早已过去的一个阶段。新闻机构赞同德意志帝国政府拒绝通过泄露条约的细节来补充奥托·爱德华·利奥波德·冯·俾斯麦的爆料。然而，

列奥·冯·卡普里维伯爵

尼古拉二世

这一事件显然激起了奥匈帝国人民的怀旧之情。1896年春天，当弗朗茨·约瑟夫一世从圣彼得堡返回后，沙皇尼古拉·亚历山德罗维奇·罗曼诺夫——尼古拉二世也来到维也纳对其进行了访问。1896年8月，奥俄两国就巴尔干半岛问题达成了协议形式的和解。1897年4月29日，奥匈帝国当局与俄罗斯帝国外交大臣亚历山大·米哈伊洛维奇·戈尔恰科夫和米哈伊尔·穆拉维约夫伯爵从圣彼得堡分别给奥匈帝国和俄罗斯帝国驻塞尔维亚、保加利亚、罗马尼亚和黑山的代表们写了一封信。信中明确指出，奥匈帝国皇帝和俄罗斯帝国沙皇之间的意见交换给了彼此一个机会，在希腊与土耳其的战争期间承认了这些国家对奥俄协议的正确态度。这种正确的态度更令人高兴，因为皇帝和沙皇决心维护普遍的和平、秩序和现状。1898年秋天，外交大臣阿格诺尔·戈武霍夫斯基伯爵告诉各代表团，奥俄协议已经奠定了基础，“主要关心巴尔干半岛的两个大国”拒绝一切征服的想法，决心维持现状。事实上，奥匈帝国和俄罗斯帝国之间的协议并没有像这些声明所显示的那样顺利达成。米哈伊尔·穆拉维约夫伯爵在圣彼得堡举行的两国元首及其顾问的会议上，曾应沙皇尼古拉二世之邀，简要地概述了俄罗斯帝国的巴尔干政策。鉴于俄罗斯帝国在远东的活动，当时的巴尔干政策非常保守。阿格诺尔·戈武霍夫斯基伯爵对奥匈帝国的一半领土作出了精彩而详尽的回答。在回答过程中，阿格诺尔·戈武霍夫斯基伯爵主张奥匈帝国吞并波斯尼亚和黑塞哥维那。阿格诺尔·戈武霍夫斯基伯爵向米哈伊尔·穆拉维约夫伯爵提交了一份谅解备忘录，其中包含了同样的建议。然而，沙皇尼古拉二世在修改谅解备忘录作为协议的基础时却否决了这一建议。奥匈帝国欣然接受这些条件的协议，并打算在更适当的时候吞并占领的土地。

第2节　二月改革与米尔茨施泰格计划

多年来，人们对奥俄两国之间的理解仍然停留在欧洲的政治背景中。1898年美国和西班牙之间爆发战争[①]；第二次布尔战争以法绍达事件结束为开端，英法关系由此降至冰点，英德两国之间也日益疏远。局势的快速变化转移了人们对巴尔干半岛的注意力，并开始望向世界政治。然而，到了1902年年底，有明确的迹象表明马其顿将会发生一场严重的叛乱，保加利亚和土耳其可能会卷入敌对行动。这一形势促使俄罗斯帝国开始着手解决马其顿改革的问题。1902年12月，接替米哈伊尔·穆拉维约夫

① 奥匈帝国在这场战争中采取了强硬的反美立场，主张欧洲对美国采取集体行动。——原注

弗拉基米尔·兰姆斯多夫伯爵

伯爵担任俄罗斯帝国外交大臣的弗拉基米尔·兰姆斯多夫伯爵迅速前往索非亚和贝尔格莱德，并前往维也纳，与奥匈帝国外交大臣阿格诺尔·戈武霍夫斯基伯爵商讨马其顿的前景。代表着对巴尔干最感兴趣的两个大国的两位政治家就马其顿的改革方案达成了一致，分别指示俄罗斯帝国和奥匈帝国驻土耳其大使起草这一方案，并于1903年2月初各自转交到维也纳和圣彼得堡，又于1903年2月21日将方案提交到土耳其宫廷。因此，这份方案也被称作二月改革。二月改革以奥匈帝国和俄罗斯帝国的名义，建议在萨洛尼卡、科索沃和莫纳斯蒂尔的维拉亚特实行改革；还提议任命一名元老级别的土耳其监察长，任期三年，该监察长有权管辖瓦利斯或其省长；

方案坚持让外国官员参与警察和宪兵重组行动，并敦促必须进行金融和财政改革。在所有大国对其进行联合施压下，土耳其宫廷接受了这一方案，并任命侯赛因·希勒米帕夏为土耳其监察长。侯赛因·希勒米帕夏主要参与的是相对官僚主义的活动，并没有任何办法阻止1903年夏天可怕的暴动。因此，侯赛因·希勒米帕夏在全过程中的作用，仅是响应了英国外交大臣亨利·查尔斯·兰斯当勋爵坚定地表达的英国公众的意见。阿格诺尔·戈武霍夫斯基伯爵和弗拉基米尔·兰姆斯多夫伯爵在1903年初秋决定

侯赛因·希勒米帕夏

亨利·查尔斯·兰斯当勋爵

扩大二月改革的影响并完善细节，使其规定更加严格。1903年9月底，沙皇尼古拉二世在弗拉基米尔·兰姆斯多夫伯爵的陪同下，在维也纳美泉宫拜访了弗朗茨·约瑟夫一世，并随其一同前往位于施蒂利亚米尔茨施泰格的皇家射击馆。弗拉基米尔·兰姆斯多夫伯爵在他的奥匈帝国同僚们拿枪外出时，起草了著名的米尔茨施泰格计划，该计划将在未来五年对巴尔干事务发挥巨大的作用。在阿格诺尔·戈武霍夫斯基伯爵和弗拉基米尔·兰姆斯多夫伯爵动身前往米尔茨施泰格的两小时后，一项英国人提出的建议传到了维也纳的外交部。该建议要求进行一系列更加激烈的改革，尤其是提高控制效力——其效力似乎超出了奥匈帝国和俄罗斯帝国的意愿。外交谣言传说，阿格诺尔·戈武霍夫斯基和弗拉基米尔·兰姆斯多夫伯爵为了避免英国人的提议，比原定计划的时间提早离开。无论如何，在奥匈帝国和俄罗斯帝国驻土耳其大使起草的计划中都没有找到亨利·查尔斯·兰斯当勋爵在米尔茨施泰格提出的相同指令的建议，指示的日期是1903年10月2日。这项计划的主要内容是任命奥匈帝国和俄罗斯帝国的民事代理人，隶属于监察长侯赛因·希勒米帕夏。民事代理人将陪同侯赛因·希勒米帕夏进行所有视察，且有权向奥匈帝国和俄罗斯帝国驻土耳其大使报告，也有权直接向政府报告。由于民事代理人的任务将是监督实行改革和安抚居民，计划规定阿格诺尔·戈武霍夫斯基和弗拉基米尔·兰姆斯多夫伯爵的任期为两年。该计划还提议一名外籍将军应加入奥斯曼政府，在大国军官中挑选的助手的帮助下重组奥斯曼宪兵。计划的第三条规定，马其顿实现和平后，鉴于马其顿各民族经常聚集在一起，奥斯曼政府应要求修改土耳其行政区的领土划界。[①]计划的第四条要求重组土耳其行政和司法系统，以便有利于接纳本地基督教教徒和发展地方自治。最后，计划提议在奥匈帝国和俄罗斯帝国领事的监督下成立穆斯林和基督教混合委员会，调查政治罪行，修复叛乱造成的破坏；并坚持让奥斯曼政府再次保证实行二月改革中规定的条例。

---

① 米尔茨施泰格计划的这一条规定发出了一个信号，即马其顿境内的所有人，特别是希腊人与保加利亚人之间，将展开一场残酷的战争。双方的武装团伙都在试图消灭不同“混合区”的对方族群的居民，以便在“不同民族更有规律地分布”情况发生时，这些地区应该看起来更像是纯粹的希腊人或纯粹的保加利亚人在居住。土耳其当局鼓励进行残暴屠杀，欧洲宪兵军官无力阻止。几年之后，各国决定废除第三条，并警告巴尔干各国和民族，在土耳其最终改变领土划界时，以残暴屠杀“征服”的地区将不予以考虑。经俄罗斯批准，在对阿洛伊斯·莱克萨·冯·埃伦塔尔的一次采访中决定废除该条款。该采访指示欧洲注意到该条款的残暴影响，这主要是由于已故的埃及政府财政顾问亨利·保罗·哈维（当时的英国代表）和关于马其顿财政控制国际委员会的报告。在葛罗根女士的陪同下，亨利·保罗·哈维先生骑马经过有争议的地区，收集证据并提交给了英国外交部。葛罗根女士为了减缓马其顿人民的痛苦，她经历了许多艰难困苦。

由于各国的施压，米尔茨施泰格计划在土耳其宫廷获得通过，逐渐导致马其顿局势的实质性改善。该计划任命了奥匈帝国和俄罗斯帝国的民事代理人。挑选一名意大利将军为改革后宪兵队的总司令（但这位将军没有指挥权）。马其顿划分为五个区，每区均分配给一个大国的官员。[①]然而，德意志的代表是在萨洛尼卡成立的控制马其顿财政的国际委员会的一名领事，这说明德意志对宪兵改革的工作漠不关心。这个委员会作出了出色的工作，开始从混乱中恢复秩序。英国外交大臣亨利·查尔斯·兰斯当勋爵坚定不移地推动改革，这一点值得大力赞扬，他从一开始就努力使这项工作国际化，以提高工作效率，减轻土耳其的忧虑，即让鲁米利亚成为奥匈帝国和俄罗斯帝国的政治行政保护区。宪兵改革和财政控制国际化在很大程度上是英国外交大臣亨利·查尔斯·兰斯当勋爵努力的结果，这些努力得到意大利的支持，并在1904年4月英法达成协议之后得到了法国的支持。奥匈帝国外交大臣阿格诺尔·戈武霍夫斯基伯爵不愿意接受，因米尔茨施泰格计划的限制，奥匈帝国和俄罗斯帝国的民事代理人的任职期限仅有两年，且延长任职期限还需要欧洲各国明确同意。人们逐渐接受巴尔干问题全面国际化的原则。日俄战争结束后，俄罗斯帝国采取了更加自由的内部政策，再次将目光投向欧洲和巴尔干半岛，对国际化的反对也随之停止。1897年的《奥俄协定》及其产物二月改革和米尔茨施泰格计划逐渐转变为马其顿的一个彻底的国际改革和控制制度，这是1905年到1907年欧洲局势的最重要特点之一。从奥匈帝国对国际化进程的持续抵抗，到违反1897年的《奥俄协定》，其后果便是导致1908年到1912年，奥俄两国持续对抗，并在去年冬天的危机中呈现出如此具有威胁性的形式。

① 科索沃区属于奥匈帝国，莫纳斯蒂尔区属于意大利，萨洛尼卡区属于俄罗斯，德拉马区属于英国，赛里斯区属于法国。——译者注

第3节　吞并危机（一）

1903年，俄罗斯帝国和奥匈帝国赞成进行二月改革和米尔茨施泰格计划，从某种程度上来说，无疑是受到了巴尔干基督教教徒待遇问题的启发，但对奥匈帝国来说更重要的目的是保持自己在巴尔干半岛的政治影响力。世人曾一度用米尔茨施泰格代指奥匈帝国和俄罗斯帝国间看似道德、实则趁机划分自己在巴尔干半岛势力范围的虚伪协议。也许从俄罗斯帝国方面来分析，无法证明两大帝国合作的其中一个目的，是为自己确立一个未来的势力范围，以便保持通往萨洛尼卡的道路畅通无阻；但这对奥匈帝国来说却是有必要的。在与日本开战前夕，俄罗斯帝国以关心巴尔干基督教教徒事业为由，曾希望与奥匈帝国达成协议，以防止奥匈帝国趁虚而入掌控巴尔干半岛。为此，俄罗斯帝国设计马其顿改革以改善巴尔干基督教教徒的境况，同时保证了自己和巴尔干的基督教教徒们不受奥匈帝国扩张的影响。奥匈帝国外交大臣阿格诺尔·戈武霍夫斯基因没有利用俄罗斯帝国在远东陷入日俄战争以及伴随日俄战争接踵而来的国内革命运动的机会来干预巴尔干地区局势而受到国内帝国主义势力的批评。奥匈帝国为了干涉巴尔干半岛事务，吞并了波斯尼亚和黑塞哥维那，建立了对塞尔维亚的牢固控制，使奥匈帝国成为莫拉瓦和瓦达尔山谷的政治主宰。然而，阿格诺尔·戈武霍夫斯基虽并非天才，却是一位博闻强识的正直政治家，他痛恨欺骗俄罗斯帝国的想法。此外，阿格诺尔·戈武霍夫斯基伯爵认为，凭奥匈帝国一己之力干预巴尔干危机可能会为国家招致无法抵御的风险。从1903年到1906年，奥地利和匈牙利都陷入了严重的内部危机中。当时，奥地利的议会政府实际上已经不复存在，这一状况为允许特殊军事项目筹款奠定了宪法基础；而在匈牙利，议会正在反抗王权，甚至不打算批准适度增加军队。弗朗茨·约瑟夫一世的一些顾问曾建言通过对外冒险的政策使帝国摆脱内部的尴尬局面。但弗朗茨·约瑟夫一世和阿格诺尔·戈武霍夫斯基伯爵都没有认真考虑过这个建议。此外，俄罗斯军队在奉天会战（1905年2月20日—1905年3月10日）失利的一个月后，德意志帝国皇帝威廉二世于1905年3月11日对摩洛哥城市丹吉尔挑衅性的访问引发了德意志帝国与英法在摩洛哥问题上的冲突，并导致德意志帝国反对协助奥匈帝国的任何行动。这在危及德意志帝国近东利益的同时，也可能会削弱当欧洲出现复杂情况时，奥匈帝国给予德意志帝国的支持力度。换句话说，德意志帝国打算充分利用俄罗斯帝国的劣势。但任何国家，如奥匈帝国，若想从中分一杯羹，必会受到冷眼相待。在这种情况下，尽管阿格诺尔·戈武霍夫斯基伯爵可能已经失去了工作的热情，但仍明智地展现出了回避的态度，专心于马其顿改革的工作，与俄罗斯帝国的稳定合作。同时，阿格诺尔·戈武霍夫斯基伯爵通过自己在新闻界的渠道，隐晦地提醒德意志帝国，不能因为三国同盟与跨洋问题而提出与英法两国的交战理由。如果德意志帝国因摩洛哥问题与英法发生冲突，奥匈帝国将不会再向德意志帝国提供任何武装支持。此时阿格诺尔·戈武霍夫斯基伯爵也开始为改善奥匈帝国与意大利的关系而努力。在摩洛哥问题上，阿格诺尔·戈武霍夫斯基伯爵考虑到意大利地中海强国的地位，批判德意志帝国自命不凡的行为，并于1905年在奥帕蒂亚和1906年在威尼斯与意大利外交大臣会晤时达成了关于阿尔巴尼亚的《奥意协定》。该协定是阿格诺尔·戈武霍夫斯基伯爵于1897年和意大利外交大臣维斯孔蒂·韦诺斯塔口头缔结的，并于1900年通过交换注意事项达成了书面协议。德意志对三国同盟的解读通常是，维也纳和罗马之间的亲密关系并不可取，因为这削弱了德意志帝国对同盟国的影响力，这将给予奥匈帝国和意大利不必要的独立性，因此，德意志帝国并不赞成这一趋势。1906年春天，尽管阿格诺尔·戈武霍夫斯基伯爵在阿尔赫西拉斯会议上尽心尽力地帮助了德意志帝国，但德意志皇帝还是恩将仇报，使阿格诺尔·戈武霍夫斯基伯爵的

奉天会战

丹吉尔

地位岌岌可危。为了表示自己对意大利在阿尔赫西拉斯会议期间亲法分子态度的不满，德意志帝国皇帝威廉二世给阿格诺尔·戈武霍夫斯基伯爵发了一封电报，赞扬阿格诺尔·戈武霍夫斯基伯爵在阿尔赫西拉斯会议期间的行动，称其为“决斗场的卓越次品”。外界尚不清楚这封电报是否为擅自发表的，当时的外交谣言称，这封电报是德意志帝国驻奥地利大使要求发表的，但事后，德意志帝国大使发表了对奥匈帝国外交大臣不该向世界公布如此阿谀奉承的证词一事表示震惊。无论如何，“奥匈帝国仅仅是德意志的次品”的说法伤害了奥匈帝国的自尊心。1901年秋天，当阿格诺尔·戈武霍夫斯基伯爵和匈牙利政府之间出现不和时，他趁机辞职。由此，弗朗茨·约瑟夫一世失去了一位忠诚的仆人，帝国失去了一位优秀的政治家。从那以后，阿格诺尔·戈武霍夫斯基伯爵的同胞们学会了欣赏他品质的真正价值。奥匈帝国驻俄罗斯帝国大使阿洛伊斯·莱克萨·冯·埃伦塔尔是一位不同凡响的人物，他接替了阿格诺尔·戈武霍夫斯基伯爵在维也纳外交部的职位。阿格诺尔·戈武霍夫斯基伯爵是一个活泼、健谈、轻松愉快的人，但又是一个以言语为纽带的外交家。同僚们从来没有发现阿格诺尔·戈武霍夫斯基伯爵说过半点谎言。阿洛伊斯·莱克萨·冯·埃伦塔尔是一个波希米亚籍德意志人，有犹太血统，在古斯塔夫·西格蒙德·卡尔诺基领导的外交部的文职部门和官僚学派的浸淫中长大。阿洛伊斯·莱克萨·冯·埃伦塔尔少言寡语，但他所说的每一个字都蕴含着特殊的含义——神秘、雄心壮志、勤奋好学，这些特殊的含义往往不同于平时理解的或者字面上阐述的含义。阿洛伊斯·莱克萨·冯·埃伦塔尔给巴尔普拉茨[①]带来了新的方法和精神。大使们赞许阿洛伊斯·莱克萨·冯·埃伦塔尔担任外交大臣一职，因为与和蔼可亲、热爱社交的阿格诺尔·戈武霍夫斯基伯爵相比，

① “巴尔普拉茨二号”是奥地利首相官邸与外交部所在地，此处“巴尔普拉茨”指代奥地利外交大臣这一职位。——译者注

阿洛伊斯·莱克萨·冯·埃伦塔尔更容易处理严肃的事务。但几个月后大使们就开始抱怨阿洛伊斯·莱克萨·冯·埃伦塔尔“在巴尔普拉茨周围恶意营造了一种沉重的恶意气氛”。阿洛伊斯·莱克萨·冯·埃伦塔尔来自圣彼得堡，素以亲俄主义著称——对于涅瓦河上的外交家来说，这是一个弥足珍贵的名声。而对于多瑙河上的政治家来说，则是一个尴尬的名声。上任不到一年，就有政客指责阿洛伊斯·莱克萨·冯·埃伦塔尔对德意志帝国卑躬屈膝，毕竟如果没有柏林的扶持，他是无法稳坐外交大臣的交椅的。关于阿洛伊斯·莱克萨·冯·埃伦塔尔是否真的是亲俄主义者，也许确实是值得怀疑的。一位在圣彼得堡与阿洛伊斯·莱克萨·冯·埃伦塔尔熟识的精明的英国观察家曾断言，阿洛伊斯·莱克萨·冯·埃伦塔尔的内心深处是轻视俄国人的。阿洛伊斯·莱克萨·冯·埃伦塔尔在俄罗斯帝国的朋友来自一个由一群极端保守的大公爵和政客组成的小圈子，这些政客对俄罗斯帝国和政府原则的看法与阿洛伊斯·莱克萨·冯·埃伦塔尔如出一辙。阿洛伊斯·莱克萨·冯·埃伦塔尔从俄罗斯帝国反动的视角审视欧洲政治，不信任自由国家和宪法倾向；对英国最初的态度是一种由于无知而产生的不信任的轻蔑；尊重德意志帝国对现实政治的依恋、对伦理考虑的冷漠以及为达目的而不择手段的果断。阿洛伊斯·莱克萨·冯·埃伦塔尔希望复兴旧的三皇联盟，以捍卫保守主义原则和皇帝主义原则；但其重心是维也纳，而不是柏林。阿洛伊斯·莱克萨·冯·埃伦塔尔希望通过这种方式，使哈布斯堡帝国恢复自奥德联盟结束以来最大程度的外交独立，并使德意志帝国和俄罗斯帝国轮流为哈布斯堡帝国服务。在阿洛伊斯·莱克萨·冯·埃伦塔尔对哈布斯堡帝国利益的理解范围内，自己是一位热情的爱国者，以冷静的头脑和政治家的气质为自己的爱国主义服务。而这种政治家的气质却因为自己缺乏经验以及有时难以控制自己的愤怒情绪而有所削弱。阿洛伊斯·莱克萨·冯·埃伦塔尔愿意利用别人的善意来交易，决不是因为道德上的怯懦；他在追求目标的过程中坚韧不拔，他如果没有耿直的性格，不愿随波逐流，就一定会取得比现在更大的成功。阿洛伊斯·莱克萨·冯·埃伦塔尔的判断力因经历逆境而变得成熟。1912年，阿洛伊斯·莱克萨·冯·埃伦塔尔去世，他的事业在最有价值的时刻戛然而止，而帝国正在为他在实际治国方面的教育付出沉重的代价。阿洛伊斯·莱克萨·冯·埃伦塔尔的形象并不缺乏某种悲壮色彩，但他在帝国上留下的善恶印记是不可磨灭的。1906年10月接替阿格诺尔·戈武霍夫 斯基伯爵后，阿洛伊斯·莱克萨·冯·埃伦塔尔意在恢复与俄罗斯帝国的关系，开展更密切、更专一的合作。这种合作标志着1897年奥俄两国和解的开始。直到1906年，他才开始执行二月改革和米尔茨施泰格计划。在阿洛伊斯·莱克萨·冯·埃伦塔尔看来，英国把马其顿改革工作完全国际化的想法本身就应受到谴责，因为这暗示俄罗斯帝国愿意与西方国家保持一致并接受它们的自由主义立场。米尔茨施泰格计划已经实施了绝大部分。仅计划第四条所设想的行政改革，特别是司法改革就有待定义和实施。有别于金融改革所采用的全面的国际基础，阿洛伊斯·莱克萨·冯·埃伦塔尔希望司法改革是在奥俄两国的基础上进行的。然而，1906年圣诞节前后，俄罗斯帝国新任外交大臣亚历山大·彼得罗维奇·伊兹沃利斯基决定承认司法改革的国际化，从而证实了阿洛伊斯·莱克萨·冯·埃伦塔尔关于俄罗斯帝国正在向英国靠拢的推断。在接受俄罗斯帝国暗示的几天内，阿洛伊斯·莱克萨·冯·埃伦塔尔与亲密的伙伴一起构思并讨论了在十二个月后执行的政策，即放弃1897年的俄奥协议并停止支持马其顿改革的工作作为从土耳其获得修建奥匈铁路特许权的回报。这条铁路穿过桑扎克地区的新帕扎尔，从波斯尼亚的乌瓦茨边境终点站到米特罗维察。然而，阿洛伊斯·莱克萨·冯·埃伦塔尔并没有立刻放弃与俄罗斯帝国在另一个基础上进行合作的所有想法，也没有阻止意在恢复三皇同盟的计划时所遇到的障碍——《英俄协

伯恩哈德·冯·比洛亲王

约》。1907年春天，阿洛伊斯·莱克萨·冯·埃伦塔尔在柏林拜见了德意志帝国外交大臣伯恩哈德·冯·比洛亲王之后，便向亚历山大·彼得罗维奇·伊兹沃利斯基提出了一项建议（虽然几个欧洲国家的政府都知道这项建议的一般性质，但没有泄露更多细节），大意是说，奥俄两国应该加深对1897年发生的事件的了解，包括德意志帝国和法国。这份《四方协议》的基础是一个全面的补偿计划，可能包括为奥匈帝国吞并波斯尼亚和黑塞哥维那、达达尼尔海峡对俄罗斯帝国的开放、在巴格达铁路问题上法国给予德意志帝国外交和财政支持以及德意志帝国对法国在摩洛哥的政策上表现出仁慈态度等议题。提出这些建议的形式尚不清楚，但当亚历山大·彼得罗维奇·伊兹沃利斯基知道遭到拒绝的可能性后，他便拒绝了阿洛伊斯·莱克萨·冯·埃伦塔尔对于1907年5月初的

《四方协议》的建议。毫无疑问，俄罗斯帝国的外交大臣认为这些提议是奥德外交上的一大创举，但目前还不清楚俄罗斯帝国和法国能否获得相应的优势。达达尼尔海峡的开放并不仅仅依赖于奥匈帝国，奥匈帝国反对派的撤退仍然会让俄罗斯帝国与英国直面其他强国——尽管阿洛伊斯·莱克萨·冯·埃伦塔尔离间俄罗斯帝国与英国的目标可能已经达到。与此同时，奥匈帝国将确保俄罗斯帝国同意吞并波斯尼亚和黑塞哥维那。同样，如果法德两国就巴格达铁路达成协议，德意志帝国将立即获利，而法国只会获得潜在的利益。这些提议的主要目的自然是要打破英法之间的协约，阻止英国和俄罗斯帝国之间日益增进的友谊。或者换句话说，阻止阿洛伊斯·莱克萨·冯·埃伦塔尔和德意志帝国都认为是严重威胁的“三国协约”的形成。亚历山大·彼得罗维奇·伊兹沃利斯基的观点过于开明了，他过于相信俄国曾经发生过的灾难。由于德意志帝国的影响，俄国至少间接地将目光从欧洲移开，转而接纳一些建议，而这些建议的最终结果将会是俄国再次受到德意志帝国的影响，并使俄国和英国之间的冲突永久化。1903年，也就是日俄战争的前一年，英国向俄罗斯帝国提供了充分善意的证据，让俄罗斯帝国的政治家们相信，德意志帝国所宣扬的“英国推动战争是为了削弱俄罗斯帝国的实力”简直是无稽之谈。然而，德意志帝国一直支持俄罗斯帝国的观点，即日本是在虚张声势。如果俄罗斯帝国保持同德意志帝国外交大臣伯恩哈德·冯·比洛亲王的坚定关系，那么德意志帝国将在最后一刻退让。早在1904年1月，英国就利用外交和自身的影响力使俄罗斯帝国相信日本有和平解决问题的意图，并说服俄罗斯帝国政府避免战争。俄罗斯帝国怀疑英国只是在外交上充当其盟友日本的“次等”角色，无视了这些警告和建议。然而，在不可避免的敌对行动之前，英国一再重申了这些警告和建议。英国不仅没有激化远东的战争，反而还竭尽全力避免战争，哪怕只是因为担心自己也会卷入战争。然而，在圣彼得堡，“日本将在最

爱德华七世

后一刻屈服”的论点战胜了英国持有的“日本对此极其认真”的论点。1904年2月月初战争爆发时，英国国王阿尔伯特·爱德华——爱德华七世和外交大臣亨利·查尔斯·兰斯当勋爵能够问心无愧地寻求方法和手段来解决一直在努力避免的冲突。

这些方法令英国和法国在三个月内达成了《英法协约》。作为对1902年英日同盟的回应，法国与俄罗斯帝国缔结了一项公约，把这种双同盟关系扩展到了远东。由于法国和英国一样，曾徒劳地利用自己在圣彼得堡的影响力来阻止日俄战争，如果当时能在促使战争爆发的同时又不使自己进退两难，则明显会对自身更加有利。因此，日俄战争对英法两国来说就犹如一把双刃剑。如果没有1903年5月英国国王爱德华七世第一次成功访问巴黎，这个消极的协议可能是行不通的。爱德华七世从即位的那一刻起，便一直在努力促进英法两国友好关系的发展。这不仅仅是出于对法国的真诚喜爱，而且由于认识到前首相罗伯特·阿瑟·塔尔博特·加斯科因-塞西尔的光荣孤立政策曾经并可能再次暴露英国所面临的危险。南非战争暴露了这一政策缺乏远见，或者更确切地说，是目光过长——英国人好高骛远，而忽视了身边的绊脚石和陷阱。在南非战争

罗伯特·阿瑟·塔尔博特·加斯科因－塞西尔

最黑暗的时刻，有人提议恢复用来对抗英格兰的法俄德联盟，该联盟在《马关条约》签订后曾针对日本。法国和俄罗斯帝国拒绝了这一建议，但爱德华七世并没有忘记这一教训。威尔士亲王在即位时坚持英格兰不应该再面临这样的危险。因此，威尔士亲王想方设法改善与法国的关系，同时通过阻止远东战争来为俄罗斯帝国提供帮助。然而，阻止远东战争这一设想也失败了。但这个失败实际上给了英国一个机会，让英国与法国达成协议退出日俄战争。三个月后，英法于1904年4月8日签署了一项关于埃及和摩洛哥的更加积极的公约。

随着《朴次茅斯条约》的签订和日俄战争的结束，以及俄罗斯帝国宪法改革的不断深化，英俄关系自然得到了改善。对英国诚意的信任是改善关系的第一个条件。在有影响力的俄罗斯帝国上层圈子里，这种信任正稳步增长。一些曾是恐英派的俄罗斯帝国外交官，比如已故的俄罗斯帝国驻土耳其大使伊万·季诺维也夫先生，已经摒弃了偏见。坦率地说，他们都变成了亲英派。这些事态发展使德意志帝国和奥匈帝国政府极其不满。德意志帝国并非故意对爱德华七世主观愿望进行“客观”解释，即消除英国与欧洲大陆对手之间的摩擦，并指责英国旨在包围和孤立德意志帝国。奥匈帝国，或者更确切地说是阿洛伊斯·莱克萨·冯·埃伦塔尔，在《英俄和解》一书中指出，奥匈帝国复兴三皇同盟的计划正面临障碍，奥匈帝国在巴尔干半岛的政策也正面临危险。自久洛·安德拉希伯爵执政以来，维也纳外交部与英国外交的原则是，英国对俄罗斯帝国的敌对要有助于巩固奥匈帝国的地位，因为奥匈帝国视俄罗斯帝国为近东地区的对手。久洛·安德拉希伯爵在与英国驻奥地利大使交谈时曾说过，一旦发生英俄冲突，“奥匈帝国可以在俄罗斯帝国背后落井下石”。[①]与久洛·安德拉希伯爵不同的是，阿洛伊斯·莱克

① 爱德华·冯·韦特海默：《久洛·安德拉希伯爵》，第二版，第17页。——原注

签订《马关条约》

《朴次茅斯条约》漫画：美国充当日俄两国的调停人

萨·冯·埃伦塔尔是一个恐英派，或者至少非常蔑视英国在欧洲的势力。“英格兰能对我们做什么吗?”阿洛伊斯·莱克萨·冯·埃伦塔尔反复问来访者。在吞并危机期间，这些来访者警告过阿洛伊斯·莱克萨·冯·埃伦塔尔不要忽视英国在近东的影响力。然而，俄罗斯帝国与英国达成协议的可能性，严重打乱了阿洛伊斯·莱克萨·冯·埃伦塔尔的计划。因此，在1907年春，阿洛伊斯·莱克萨·冯·埃伦塔尔多次向俄罗斯帝国驻奥地利大使——列夫·弗拉基米罗维奇·乌鲁索夫亲王抱怨俄罗斯帝国驻土耳其大使的亲英倾向。1907年5月，亚历山大·彼得罗维奇·伊兹沃利斯基否决了阿洛伊斯·莱克萨·冯·埃伦塔尔的提议，因为奥、俄、法、德之间的协约让阿洛伊斯·莱克萨·冯·埃伦塔尔怀疑俄罗斯帝国会受英国的花言巧语蛊惑。当1907年8月31日发表的《英俄

列夫·弗拉基米罗维奇·乌鲁索夫亲王

公约》证实了阿洛伊斯·莱克萨·冯·埃伦塔尔的怀疑之后，他完善了自己的计划。五个月后，维也纳和圣彼得堡之间首次公开决裂。

1907年春夏期间，维也纳流传着这样的谣言：阿洛伊斯·莱克萨·冯·埃伦塔尔正在考虑放弃米尔茨斯泰格计划。这主要是由于阿洛伊斯·莱克萨·冯·埃伦塔尔本人在同外交人士和其他人士谈话时对马其顿的情况和司法改革的前景表达了消极的态度。此外，还有更离谱的谣言说，奥匈帝国的正位继承人弗朗茨·斐迪南大公已同总参谋长一起开始研究通过桑扎克地区的新帕扎尔的铁路问题。然而，阿洛伊斯·莱克萨·冯·埃伦塔尔假装对马其顿改革工作的结束感兴趣，并在1907年9月10日亚历山大·彼得罗维奇·伊兹沃利斯基访问维也纳期间，与亚历山大·彼得罗维奇·伊兹沃利斯基共同起草了《司法改革》。亚历山大·彼得罗维奇·伊兹沃利斯基认为，改革的共同作用使起草者有义务在君士坦丁堡支持改革，并坚持实施改革。阿洛伊斯·莱克萨·冯·埃伦塔尔认为，改革可能会成为与土耳其进行易货贸易的一个目标。亚历山大·彼得罗维奇·伊兹沃利斯基在离开维也纳前往圣彼得堡之前，同意了阿洛伊斯·莱克萨·冯·埃伦塔尔的意见，即改革草案应在提交给议会之前先行提交给君士坦丁堡大使会议。几周后，阿洛伊斯·莱克萨·冯·埃伦塔尔前往利瓦迪亚拜访沙皇尼古拉二世。当沙皇尼古拉二世问及俄罗斯外交大臣同奥匈帝国的安排时，外交大臣报告说自己和阿洛伊斯·莱克萨·冯·埃伦塔尔都表示完全赞同。在米尔茨施泰格计划规定的最后一次改革中，双方一起细致入微地将改革查漏补缺。于是沙皇尼古拉二世从君士坦丁堡发出了一份公文，说如果土耳其允许奥匈帝国修建一条穿过桑扎克地区的新帕扎尔的铁路，阿洛伊斯·莱克萨·冯·埃伦塔尔就会放弃司法改革。令人愤怒的是，俄罗斯外交大臣亚历山大·彼得罗维奇·伊兹沃利斯基的奥匈帝国同僚们的诚意遭到了怀疑。对此，亚历山大·彼得罗维奇·伊兹沃利斯基辩解道，这封公文一定是在恶意的谣言基础上撰写的。随后沙皇尼古拉二世接受了亚历山大·彼得罗维奇·伊兹沃利斯基的辩解，把公文烧毁了。然而，事实很快证明，亚历山大·彼得罗维奇·伊兹沃利斯基所托非人。1907年12月，位于君士坦丁堡的欧洲某国大使馆的译员拿到了一份奥匈帝国的提议。大使会议开会审议司法改革时，奥匈帝国大使约翰·冯·保洛维齐尼侯爵和其德意志同僚、已故的马沙尔·冯·比贝尔施泰因男爵一道阻挠了这项改革。

1908年1月中旬，奥匈帝国驻俄罗斯帝国大使利奥波德·贝希托尔德伯爵奉命通知亚历山大·彼得罗维奇·伊兹沃利斯基："阿洛伊斯·莱

利奥波德·贝希托尔德伯爵

克萨·冯·埃伦塔尔将于本月月底向各代表团宣布奥匈帝国曾申请修建新帕扎尔铁路，并获得特许权。”尽管亚历山大·彼得罗维奇·伊兹沃利斯基恳求不要公开这一消息，但在1908年1月28日，急于在议会取得成功的阿洛伊斯·莱克萨·冯·埃伦塔尔还是宣布了铁路即将建成的消息，并称将“构成一条从中欧到埃及和印度新的重要路线”！这一浮夸公告的确切目的一直扑朔迷离。鉴于后来曝光的事实，人们可能会怀疑阿洛伊斯·莱克萨·冯·埃伦塔尔本人是否确切知道以新帕扎尔铁路为代价进行司法改革的目的是什么。对阿洛伊斯·莱克萨·冯·埃伦塔尔作为奥匈外交大臣所做的工作进行分析时不免得出这样的结论：埃伦塔尔的远见卓识和想象力远不如他的抗压能力。阿洛伊斯·莱克萨·冯·埃伦塔尔还常常进行自我欺骗，一厢情愿的认为某一特定情况并非真实情况。可以想象，阿洛伊斯·莱克萨·冯·埃伦塔尔可能认为穿过桑扎克的铁路对帝国来说是一笔巨大的收益，然而九个月后他就放弃了桑扎克。表面上看，这是阿洛伊斯·莱克萨·冯·埃伦塔尔对土耳其友好态度的保证，同时也是向欧洲表明，奥匈帝国不再梦想扩张领土。但实际上作为对意大利的让步以及对奥匈帝国总参谋部的服从，阿洛伊斯·莱克萨·冯·埃伦塔尔坚持认为，一旦发生战争，桑扎克将是奥匈帝国军队真正的死亡陷阱，通往萨洛尼卡真正的战线正是沿着摩拉瓦河穿过塞尔维亚的心脏地带。阿洛伊斯·莱克萨·冯·埃伦塔尔似乎并不知道，在与土耳其就修建这条铁路进行谈判时，在向代表团胜利地宣布即将修建一条从中欧到埃及和印度的新铁路时，自己规划的路线长度要比现在经过贝尔格莱德和尼什的路线长得多。把波斯尼亚铁路从萨拉热窝到乌瓦茨的东延段改为正常的轨距，从工程的角度看几乎是不可能的；从金融家的角度看，成本也是昂贵得令人望而却步。而阿洛伊斯·莱克萨·冯·埃伦塔尔直到后来才知道有这些现实问题。虽然这是针对俄罗斯帝国的打击，但就奥匈帝国而言，马其顿的改革工作已经结束。

根据阿洛伊斯·莱克萨·冯·埃伦塔尔后来的行为，以及随后几年阿洛伊斯·莱克萨·冯·埃伦塔尔和亚历山大·彼得罗维奇·伊兹沃利斯基之间的激烈争论，可以看出阿洛伊斯·莱克萨·冯·埃伦塔尔的主要动机很可能是想要摧毁这位俄罗斯帝国同僚的地位。阿洛伊斯·莱克萨·冯·埃伦塔尔认为亚历山大·彼得罗维奇·伊兹沃利斯基应为英俄恢复邦交负责。难道亚历山大·彼得罗维奇·伊兹沃利斯基会因为公开证明而被迫辞职吗？阿洛伊斯·莱克萨·冯·埃伦塔尔和伯恩哈德·冯·比洛亲王可能会认为，破坏俄罗斯帝国和英国之间的和解会更容易些。然而，和许多奥地利官僚一样，阿洛伊斯·莱克萨·冯·埃伦塔尔完全不了解政治中的道德价值观，他只知道俄罗斯帝国是腐朽、反动的，因此误判了自己的策略效果。俄罗斯帝国的公众非但没有因为亚历山大·彼得罗维奇·伊兹沃利斯基欺骗了自己而在舆论上反对他，反而直接把矛头指向同样欺骗了自己的奥匈帝国和阿洛伊斯·莱克萨·冯·埃伦塔尔。亚历山大·彼得罗维奇·伊兹沃利斯基通过提出一项从多瑙河到亚得里亚海的反对奥地利的铁路的倡议，废除了新帕扎尔铁路计划。阿洛伊斯·莱克萨·冯·埃伦塔尔原则上接受了这一倡议，但他心里仍然有这样的想法：在自己实际接受之前，会有很多事情发生。在法国和英国，对阿洛伊斯·莱克萨·冯·埃伦塔尔诡计的愤怒几乎与在俄罗斯帝国一样强烈。1908年2月25日，爱德华·格雷爵士以温和且具有说服力的语言批评了奥匈帝国的行动，即在当权者强迫土耳其苏丹阿卜杜勒·哈米德二世接受司法改革之际，奥匈帝国对其征求私人让步。英国外交大臣坚持认为，其他大国现在有责任大力开展改革工作，并迫使土耳其朝廷任命马其顿总督。阿洛伊斯·莱克萨·冯·埃伦塔尔向英国驻奥地利大使抱怨，爱德华·格雷爵士的演讲是“一种不友好的行为”，并装出一副受伤的无辜态度。“谁能料到，”阿洛伊斯·莱克萨·冯·埃伦塔尔问道，“苏丹会利用奥匈帝国对这条铁路的申请作为

爱德华·格雷爵士

阿卜杜勒·哈米德二世

摧毁欧洲同盟的武器？”但阿洛伊斯·莱克萨·冯·埃伦塔尔没有得到大使的回答。“是谁把剑交到一个技艺高超的击剑手手中的？”与此同时，局势正在迅速变化。在奥匈帝国放弃米尔茨施泰格计划的影响下，英国和俄罗斯帝国开始采取协调一致的手段，以确保马其顿改革的效力。1908年6月9日和1908年6月10日，英国国王爱德华七世与沙皇尼古拉二世在雷瓦尔会晤期间，查尔斯·哈定爵士和亚历山大·彼得罗维奇·伊兹沃利斯基，代表各自的国家就一项草案达成了协议。据了解，该草案考虑任命马其顿总督。据可靠的报道，爱德华七世和尼古拉二世将完全不谈政治。这种情况并不能阻止阿洛伊斯·莱克萨·冯·埃伦塔

查尔斯·哈定爵士

尔和德裔犹太人对奥匈帝国和德意志帝国对此事进行新闻报道，此报道将英俄会谈视为一场颠覆现状的阴谋。这是奥匈帝国和德意志帝国必须抵制的对土耳其苏丹拥有的奥斯曼帝国的主权和领土完整的攻击。在萨洛尼卡和马其顿的所有犹太人共济会里，即“青年土耳其党”阴谋者对付阿卜杜勒·哈米德二世的聚会场所，奥德两国传播了雷瓦尔会议的德语文本，并宣扬了一项信条，即鉴于奥斯曼帝国面临的危险，必须加快行动。1908年7月24日，土耳其革命爆发，青年土耳其党人背叛了阿卜杜勒·哈米德二世。阿卜杜勒·哈米德二世因此大受打击，派了一名可靠的特工，带着一大笔钱前往萨洛尼卡去深入调查这件事的后果。青年土耳其党的领导人被迫在迟早都要被发现和“移除”之间作出选择，想要立即获得成功的机会。尽管危险，但土耳其人仍决定采取行动。迟到的少校尼亚齐·贝随即前往雷斯纳山区。在这里，不需要再讲述青年土耳其党革命的故事及其胜败。故事记录在过去五年震撼近东的事件中。故事的进程和结果不仅彻底改变了巴尔干半岛，而且也改变了哈布斯堡帝国的地位。

正如事实所示，奥匈帝国政治家长期以来一直致力于将对波斯尼亚和黑塞哥维那的“占领和管理”转变为吞并。久洛·安德拉希伯爵最初的想法是直接吞并这些地方。毫无疑问，俄罗斯帝国在1876年和1877年的协议中以及1878年7月13日的《秘密公约》中都同意奥匈帝国吞并这些地方，尽管最后一个提到的只是一个占有决定。1876年和1877年的协议是针对即将到来的俄土战争而制定的，旨在购买奥匈帝国的中立地位。与此同时，俄罗斯帝国建立了一个大保加利亚，并解放了土耳其欧洲部分的东正教教徒。由于罗马尼亚的大力帮助，俄罗斯帝国迫使土耳其提出和平诉讼，并通过《圣斯特凡诺条约》成功地套住了保加利亚。如果奥匈帝国试图向萨洛尼卡进军，那么保加利亚将与奥匈帝国背道而驰。在这种情况下，奥匈帝国将波斯尼亚和黑塞哥维那纳入君主制统治这件事对俄罗斯帝国来说就无关紧要了。除了黑山人，俄罗斯帝国的政治家似乎早就将塞尔维亚-克罗地亚人和南斯拉夫人排除在外了。当时由米兰·欧布雷诺维奇——米兰一世统治下的塞尔维亚几乎相当于是奥地利的总督辖地。俄罗斯帝国尚未清楚地认识到整个南斯拉夫问题的潜在重要性。如果《圣斯特凡诺条约》保持完整，俄罗斯帝国很可能不会反对奥匈帝国吞并波斯尼亚和黑塞哥维那，甚至是桑扎克地区的新帕扎尔。但像德意志前首相奥托·爱德华·利奥波德·冯·俾斯麦和英国前首相本杰明·迪斯雷利一样，久洛·安德拉希伯爵认为泛斯拉夫人的事业不应该取得胜利，应该修改《圣斯特凡诺条约》。久洛·安德拉希伯爵在

米兰一世

本杰明·迪斯雷利

柏林会议上如此恶劣地羞辱俄罗斯帝国，以致俄罗斯帝国必然改变对奥匈帝国夺取波斯尼亚和黑塞哥维那的态度。俄罗斯帝国承担了土耳其战争的损失和费用，而奥匈帝国在1875年到1876年叛乱期间，除了支持了来自波斯尼亚和黑塞哥维那的数千名难民之外，一直冷眼旁观，也没有为俄罗斯帝国承担其他费用，却得到了俄罗斯帝国赠予的两个土耳其行政区的谢礼。英国政策很少受到如此糟糕的影响。因为在本杰明·迪斯雷利的东方政策下，塞浦路斯成为求和的代价。英国帮助奥匈帝国和德意志帝国撕毁了《圣斯特凡诺条约》并应对最近巴尔干战争的屠杀和破坏负有道义责任。

奥匈帝国军队在占领波斯尼亚和黑塞哥维那期间遭遇的出乎意料的抵抗，以及后来在镇压波斯尼亚起义方面所遇到的困难，都使奥匈帝国吞并各行政区的想法在近二十年来一直处于超出自身施政能力范围的状态。此外，特别是1885年塞尔维亚军队在斯利夫尼察与保加利亚作战失利以及奥匈帝国为阻止获胜的保加利亚人进军而对其进行干预之后，奥匈帝国对塞尔维亚的外交控制日益增强。由于塞尔维亚似乎注定会落入奥匈帝国之手，因此塞尔维亚没有理由因奥匈帝国强迫吞并波斯尼亚、黑塞哥维那而惹是生非。对奥匈帝国来说，制造像"一举将波斯尼亚和黑塞哥维那和塞尔维亚纳入哈布斯堡帝国的控制范围"这样的一种局势，似乎是一种更加合理的政策。1889年，米兰一世退位；19世纪90年代早期，在纳塔利娅王后的领导下，俄罗斯帝国在塞尔维亚的影响力

纳塔利娅王后

不断扩大；米兰一世、纳塔利娅王后和儿子亚历山大一世之间的摩擦也得到了和解；1895年纳塔利娅王后回到了塞尔维亚；1897年退位的米兰一世成为军队的总司令。这些来自塞尔维亚的消息让奥匈帝国确信，唯有尽快吞并波斯尼亚和黑塞哥维那才会更安全。如前文所述，1897年4月弗朗茨·约瑟夫一世访问圣彼得堡时，阿格诺尔·戈武霍夫斯基伯爵提出了吞并波斯尼亚和黑塞哥维那的想法。俄罗斯帝国否定了这一建议，于是这件事就此告终。大约九年后，也就是1906年夏天，阿格诺尔·戈武霍夫斯基伯爵在与俄罗斯帝国驻奥地利大使列夫·弗拉基米罗维奇·乌鲁索夫亲王的谈话中再次提到了这个问题。列夫·弗拉基米罗维奇·乌鲁索夫亲王再次反对了这个想法。此前，由于1903年6月10日至1903年6月11日，亚历山大一世和德拉吉尼娅王后遭到暗杀，塞尔维亚的前景发生了根本性的变化，在国王彼得·卡拉乔杰维奇——彼得一

彼得一世

世的领导下，塞尔维亚的政策变得更有亲俄主义倾向。刺杀亚历山大一世和德拉吉尼娅王后阴谋的鲜为人知的历史可能永远无法完全阐明。据称，这一阴谋可能是在俄罗斯帝国的支持下策划的。不过，奥匈帝国政府当然知道这个阴谋的存在，而且还完全知道阴谋的策划者在维也纳林荫大道一个著名的咖啡馆里举行过会议。1903年3月月初，已故的奥匈帝国财政大臣兼波斯尼亚和黑塞哥维那问题首席秘书卡洛伊·米克洛什曾通知笔者，亚历山大一世处境垂危，恐时日不多；在暗杀消息到来之后，笔者曾跟卡洛伊·米克洛什提起这个预言，卡洛伊·米克洛什回答

卡洛伊·米克洛什

黑山王国尼古拉一世

说："完全正确。这将向你们证明，我所告诉你们的关于东方的事是有根据的。亚历山大一世注定要灭亡，黑山的尼古拉一世的阴谋也将被扼杀在摇篮之中！"笔者反对说，彼得一世是当时的黑山王国尼古拉一世国王的女婿。"是的，"卡洛伊·米克洛什回答，"但他和他岳父的关系并不好，所以他很安全。此外，卡拉乔杰维奇家族的政策中始终有两个原则，一是不与奥匈帝国争吵，二是不与他们最强大的邻国土耳其争吵。""那么，"笔者又问道，"卡拉乔杰维奇（即塞尔维亚国王彼得一世）的加入并不意味着巴尔干半岛的麻烦吗？""我没有那么说。"卡洛伊·米克洛什回答道，"卡拉乔杰维奇也许必须通过从事一些惠及全国的事业来获得民心。不过，由于卡拉乔杰维奇已不再年轻，我认为这方面不会有什么困难；黑山王国的尼古拉看到卡拉乔杰维奇把自己的二儿子米尔科推上塞尔维亚王位的计划失败后，可能会试图通过阿尔巴尼亚这个天主教国家向普里兹伦德推进，以便从南方向塞尔维亚迂回前进。要打交道也是土耳其的事。”这段对话是1903年6月11日10时30分左右在维也纳约翰内斯的联合财政部进行的。1903年6月12日，奥匈帝国外交机构的《日报》以一种愤世嫉俗的口吻评论了这起暗杀事件。法国大使觉得自己受到了束缚，于是在向法国政府转达这一意见之前，向阿格诺尔·戈武霍夫斯基伯爵询问了《日报》的文章是否宣称政权的更迭对奥匈帝国来说是一个相对无关紧要的问题。无论是亚历山大一世还是彼得一世统治，塞尔维亚都应该与帝国保持良好关系，这可以真正代表奥匈帝国官方的观点。阿格诺尔·戈武霍夫斯基伯爵还没有在报纸上看到这篇文章，他当着大使的面通读了一遍，确认了文章的立场是正确的。《时代周报》猛烈地抨击了一个帝国的官方机构对暗杀加冕元首的冷酷无情，使《日报》迅速改变了感情色彩，用恐怖来形容暗杀事件。然而，外交使团仍然有这样一种印象，即奥匈帝国政府绝没对塞尔维亚王国亚历山大一世的奥布雷诺维奇王朝的倒台感到不快。有趣的是，彼得一世从日内瓦出发经由维也纳前往贝尔格莱德加冕时，奥地利当局没有干预聚集在西火车站欢迎的塞尔维亚人。尽管在其他活动中，人们还高呼“克罗地亚国王彼得！”。直到1905年年底，奥地利和塞尔维亚之间的关系仍然很好。塞尔维亚和保加利亚缔结关税同盟，打破了奥匈帝国的平静。而作为惩罚性措施，阿格诺尔·戈武霍夫斯基伯爵宣布对塞尔维亚进行关税战。这种强制措施可以追溯到塞尔维亚的复兴。奥匈帝国外交大臣阿格诺尔·戈武霍夫斯基伯爵似乎忽视了塞尔维亚和保加利亚之间恢复邦交的最初迹象。当阿格诺尔·戈武霍夫斯基伯爵得知关税同盟实际上已经结束，并已得到保加利亚集会的一致同意时，却匆忙而愤怒地采取了行动。阿格诺尔·戈武霍夫斯基伯爵不像往常那样小心翼翼，他决心把塞尔维亚的牛、猪和农产品从奥匈帝国市场上赶出去，让塞尔维亚屈服。由此开始的“猪之战”注定会对帝国造成比当时所能想象的更大的破坏。塞尔维亚因此被迫实行经济扩张政策，被迫在埃及、法国、英国和其他地方寻回其在二元君主制帝国中失去的市场。“猪之战”剥夺了奥匈帝国内的居民定期供应牛肉和猪肉的权利，并使帝国暴露在匈牙利和奥地利农业政党的敲诈战术下。这些政党将肉的价格迅速提高到前所未有的价格。“猪之战”还使奥匈帝国无法从塞尔维亚的储备中定期获得活牲畜，甚至对奥匈帝国重农派造成重创。重要的是，“猪之战”破坏了君主制。通过在维也纳和贝尔格莱德之间营造一种无所事事的和谐氛围，激发奴隶自力更生的精神来破坏君主制。在正常情况下，塞尔维亚政府很可能在奥地利采购其重组军队所需的军事材料，从而在某种程度上依赖奥地利；同时又依赖法国，从克鲁索特购买野战炮、弹药和其他用品。匈牙利政府企图破坏塞尔维亚人和克罗地亚人在克罗地亚议会中组成的联盟，这加深了塞尔维亚人对奥匈帝国的敌意。奥匈帝国还通过阿格拉姆的叛国罪审判来对抗南斯拉夫人的亲塞尔维亚倾向。简言之，这就是1908年夏天的奥地利-塞尔维亚局势。当时“青年土耳其党革命”的出现改变了巴尔干问题的局势，并使阿洛伊斯·莱克萨·冯·埃伦塔尔相信吞并波斯尼亚和黑塞哥维那已是刻不容缓。

第4节　吞并危机（二）

1908年6月，也就是在雷瓦尔英俄会议之后，土耳其革命之前(1908年7月24日)，阿洛伊斯·莱克萨·冯·埃伦塔尔于1908年6月19日收到了来自俄罗斯帝国外交大臣亚历山大·彼得罗维奇·伊兹沃利斯基关于待解决巴尔干问题的一份重要的谅解备忘录。尽管该文件的内文从未公开过，但据了解，文件曾建议波斯尼亚和黑塞哥维那兼并问题及达达尼尔海峡开放问题都应经由奥匈帝国和俄罗斯帝国在总结欧洲各国意见的基础上达成一致。在亚历山大·彼得罗维奇·伊兹沃利斯基看来，谅解备忘录的目的是更准确地定义1897年《奥俄协定》的某些特征。阿洛伊斯·莱克萨·冯·埃伦塔尔从土耳其获得新帕扎尔铁路的特许权之后，对该协议进行了修订。阿洛伊斯·莱克萨·冯·埃伦塔尔对谅解备忘录的答复尚不明了，只是这份谅解备忘录与之前奥俄之间的通信关系也从未在明面上确立过。亚历山大·彼得罗维奇·伊兹沃利斯基先生的野心在于修改《柏林条约》，让其在一定程度上有利于俄罗斯帝国。不难猜到，阿洛伊斯·莱克萨·冯·埃伦塔尔在建议里加上了保留条款与注意事项。但令人好奇的是，在雷瓦尔会议之后到土耳其革命之前，亚历山大·彼得罗维奇·伊兹沃利斯基先生曾向阿洛伊斯·莱克萨·冯·埃伦塔尔暗示，俄罗斯帝国有意吞并波斯尼亚和黑塞哥维那。阿洛伊斯·莱克萨·冯·埃伦塔尔收到暗示时，无疑是受到了巴尔干危机即将来临的各种症状的影响，也受到了俄罗斯帝国希望同奥匈帝国进行友好的情报交流并为应对危机做好准备的影响。若不是1908年7月月底爆发的土耳其革命，奥俄谈判将会走向何方，依旧只是一个学术问题。这场革命无疑使阿洛伊斯·莱克萨·冯·埃伦塔尔尽快完成吞并的愿望变得更加强烈，并着手利用亚历山大·彼得罗维奇·伊兹沃利斯基的谅解备忘录作为获得俄罗斯帝国同意的支点。未来奥匈帝国外交部的档案向历史学家开放时，可能会揭示出阿洛伊斯·莱克萨·冯·埃伦塔尔的思想。但阿洛伊斯·莱克萨·冯·埃伦塔尔在对此事进行处理时，似乎仍有很多未解之谜。在奥地利国内，政客们关于吞并的时机和方法各执一词。

1909年3月25日，奥地利历史学家海因里希·弗里德永博士在《新自由报》上发表了一篇著名文章，这篇文章导致了1909年12月对海因里希·弗里德永的审判，马其顿的奥匈帝国民事代理人奉命通知萨洛尼卡的青年土耳其党人，弗朗茨·约瑟夫一世打算批准一部关于领地的宪法。但皇帝收到了土耳其方面“极具攻击性”的答复，即奥匈帝国皇帝提议行使的领地权根本就属于其宗主国——土耳其。海因里希·弗里德永博士补充说，土耳其人的这种鲁莽行为无疑促成了奥匈帝国的决心。

这是事实，阿洛伊斯·莱克萨·冯·埃伦塔尔在几个月前拒绝了土耳其特使提出的财政援助请求之后，就吞并问题同联盟委员会进行了草率的商议。1908年8月月初，维也纳的看法是，土耳其宪法的恢复必定使波斯尼亚和黑塞哥维那获得宪法自治。一位外国权威人士就这个问题提出建议说，宪法自治将有利于帝国在这两个地区地位的巩固。虽然吞并法令可能会引起土耳其和几个欧洲大国的抗议，但实际上这些国家并不强烈反对宪法的颁布，而且这将是奥匈帝国对各领地主权的明确主张。有人反对说，波斯尼亚的穆斯林可能通过当代宪政观察家来了解奥俄两国的主要行动事实，而土耳其议会仍有选举议员的自治权。有关当局回答说，在这种情况下，波斯尼亚的穆斯林完全可以成为奥匈帝国吞并波斯尼亚和黑塞哥维那的理由，吞并将是一种正当的政治自卫行动，以防止滥用“宽宏大量给予的自由”的现象。这一明智的建议没有得到重视，据了解，奥地利内阁会议曾对这个建议进行过考量。在1908年8月18日弗朗茨·约瑟夫一世过生日时，议会讨论了拟定的吞并方案，并大体上决定通过。但更流行的说法是，吞并必须作为奥匈帝国主权的一项简单行动来实施。然而在1908年10月6日宣布合并之前，阿洛伊斯·莱克萨·冯·埃伦塔尔的外交失误为帝国未来的窘迫境况埋下了伏笔。

1908年8月13日，英国国王爱德华七世在伊施尔对弗朗茨·约瑟夫一世进行了最后一次访问。在前往奥匈帝国的途中，阿尔伯特·爱德华在哈堡附近的腓特烈斯霍夫城堡拜访了德意志帝国皇帝。当时，英德两国海军军备限制达成协议的问题成为公众讨论的热点。据了解，在爱德华七世、威廉二世及双方谋士之间的谈话中也提到了这一问题。总的结果并不乐观。而爱德华七世在到达伊施尔后，人们确信爱德华七世将向老朋友弗朗茨·约瑟夫一世坦诚相待，并建议奥匈帝国皇帝利用自己与威廉二世的斡旋，支持海军协议。爱德华七世认为，该协议将明显有助于缓解英德关系的紧张。这项提议要么是自发的，要么是受到了阿洛伊斯·莱克萨·冯·埃伦塔尔的影响。当时阿洛伊斯·莱克萨·冯·埃伦塔尔的反英倾向很明显，谁都会怀疑爱德华七世试图说服奥匈帝国加入三国协约以完成对德意志帝国包围的目的。弗朗茨·约瑟夫一世拒绝接受英国人的建议后，爱德华七世失望地离开了伊施尔并前往马林巴德做一年一度的疗养。弗朗茨·约瑟夫一世与爱德华七世的矛盾也许是因素之一，但更大的原因可能是土耳其革命时弗朗茨·约瑟夫一世和阿洛伊斯·莱克萨·冯·埃伦塔尔顾虑英国反对奥匈帝国兼并波斯尼亚和黑塞哥维那。因此，爱德华七世在伊施尔时，弗朗茨·约瑟夫一世对吞并一事只字未提。1908年8月14日，远在马林巴德的爱德华七世驳斥了奥匈帝国准备吞并波斯尼亚和黑塞哥维那的计划，爱德华七世认为这绝无可能。爱德华七世说，如若真有此事，弗朗茨·约瑟夫一世定会在与自己的谈话中提到吞并计划。爱德华七世并不是唯一一个持乐观态度的人。当时住在卡尔斯巴德的俄罗斯帝国外交大臣亚历山大·彼得罗维奇·伊兹沃利斯基，直到1908年8月26日还表示相信奥匈帝国不会作出吞并这样冒险的举动。亚历山大·彼得罗维奇·伊兹沃利斯基说："这会给欧洲带来一堆烂摊子。"1908年9月月初，一位奥匈帝国大使在与阿洛伊斯·莱克萨·冯·埃伦塔尔反复会谈后表示，奥匈帝国已经放弃吞并的打算。然而，当时亚历山大·彼得罗维奇·伊兹沃利斯基先生已收到消息，说奥匈帝国吞并之意已决，于是宣布保加利亚独立。1908年9月4日，阿洛伊斯·莱克萨·冯·埃伦塔尔在卡尔斯巴德通知塞尔维亚外交大臣米洛万·米洛瓦诺维奇先生，吞并和宣布独立都是不可避免的，并请米洛万·米洛瓦诺维奇提出一项补偿塞尔维亚的计划。1908年9月10日，米洛万·米洛瓦诺维奇回到卡尔斯巴德，向亚历山大·彼得罗维奇·伊兹沃利斯基先生提出了俄罗斯帝国政治家与爱德华·格雷爵士支持的赔偿计划。显然，1908年9月15日，米洛万·米洛瓦诺维奇离开卡尔斯巴德之前去了摩拉维亚的布赫劳——伯切特伯爵的住所拜见了阿洛伊斯·莱克萨·冯·埃伦塔尔，紧接着亚历山大·彼得罗维奇·伊兹沃利斯基准备在吞并波斯尼亚和黑塞哥维那与宣布保加利亚独立的基础上同奥匈帝国进行谈判。尽管人们对这些行动很感兴趣，但布赫劳会议细节一直保密。奥匈帝国和俄罗斯帝国外交大臣之间进行的是面谈，陪同外交官只知道谈判结果，因此，人们质疑结果不是全部真相。但可以肯定的是，在离开布赫劳时，亚历山大·彼得罗维奇·伊兹沃利斯基先生相信自己已同阿洛伊斯·莱克萨·冯·埃伦塔尔在所有问题上达成了完全一致。阿洛伊斯·莱克萨·冯·埃伦塔尔是否也持同样的观点，还有待猜测。阿洛伊斯·莱克萨·冯·埃伦塔尔同一群外交家和外交部官员一起前往布赫劳，这些外交官的职责是在之后的辩论中充当证人。在晚饭后的谈话中，阿洛伊斯·莱克萨·冯·埃伦塔尔巧妙地从亚历山大·彼得罗维奇·伊兹沃利斯基先生那里获得了关于私下达成协议的供词，并未对设想行动的方式和时机作出明确承诺。阿洛伊斯·莱克萨·冯·埃伦塔尔的拥护者坚称自己已通知亚历山大·彼得罗维奇·伊兹沃利斯基，奥匈帝国将在有利的时机吞并波斯尼亚和黑塞哥维那。1909年秋，一位消息灵通的亲俄作家在半月刊的评论中写道，亚历山大·彼得罗维奇·伊兹沃利斯基先生坚持要知道吞并日期等细节消息时，阿洛伊斯·莱克萨·冯·埃伦塔尔不假思索答："当然，这是肯定的。"阿洛伊斯·莱克萨·冯·埃伦塔尔的支持者从未对这一说法提出质疑。因此，亚历山大·彼得罗维奇·伊兹沃利斯基满脸自信地离开布赫劳，因为他有充足时间准备执行部分协议，也就是俄罗斯帝国最感兴趣的达达尼尔海峡，还有在得到欧洲普遍同意的情况下，对近东现状拟定的修改计划进行安排。

亚历山大·彼得罗维奇·伊兹沃利斯基怎么会对阿洛伊斯·莱克萨·冯·埃伦塔尔这样一位政治家的诚意抱有如此的信心呢？就在不到一年前，阿洛伊斯·莱克萨·冯·埃伦塔尔在新帕扎尔铁路租界问题上才刚刚欺骗了自己。也可能是因为修改了有利于俄罗斯帝国的《柏林条约》约定在前，亚历山大·彼得罗维奇·伊兹沃利斯基才没有意识到与阿洛伊斯·莱克萨·冯·埃伦塔尔进行任何秘密谈判的危险。此外，作为法国的盟友和英国的朋友，亚历山大·彼得罗维奇·伊兹沃利斯基在道义上有义务代表俄罗斯帝国立即向法国和英国政府通报在布赫劳发生的情况；然而，在虚假的安全感的催眠下，亚历山大·彼得罗维奇·伊兹沃利斯基宁愿等到三周后，再去巴黎和伦敦与法国和英国的外交官进行私人会谈。1908年10月1日，支持阿洛伊斯·莱克萨·冯·埃伦塔尔的历史学家海因里希·弗里德永博士在《奥斯特赖希什·伦德绍》一书（第7页）中写道："双方政治家都对（在布赫劳）取得的结果感到满意，尽管方式不同，但都采取了自认为必要的措施。"亚历山大·彼得罗维奇·伊兹沃利斯基怡然自得地前去意大利与意大利外交大臣托马索·蒂托尼会面。在意大利待了整整一个星期之后，亚历山大·彼得罗维奇·伊兹沃利斯基又与意大利国王维托里奥·埃马努埃莱三世在一座城堡里会面，并坚信三国同盟定会同意这次会面。1908年10月3日，亚历山大·彼得罗维奇·伊兹沃利斯基顺利抵达巴黎。与此同时，阿洛伊斯·莱克萨·冯·埃伦塔尔正在热火朝天地工作。1908年10月5日，弗朗茨·约瑟夫一世发表的吞并宣言震惊了全世界（1908年10月6日晚在维也纳发表，1908年10月7日在萨拉热窝发表）。事情已成定局，而亚历山大·彼得罗维奇·伊兹沃利斯基仍在紧锣密鼓地准备着。

鉴于在布赫劳达成的协议，奥匈帝国应尽早通知亚历山大·彼得罗维奇·伊兹沃利斯基吞并波斯尼亚和黑塞哥维那地区的具体日期。海因里希·弗里德永博士的指控带有高度的官方性质，相当于指控阿洛伊

托马索·蒂托尼

维托里奥·埃马努埃莱三世

斯·莱克萨·冯·埃伦塔尔故意失信。有人指出，亚历山大·彼得罗维奇·伊兹沃利斯基先生收到的唯一通知是1908年10月3日收到的一封来自阿洛伊斯·莱克萨·冯·埃伦塔尔的私人信件，当时亚历山大·彼得罗维奇·伊兹沃利斯基先生正在拜访维托里奥·埃马努埃莱三世国王后从拉科尼吉返回巴黎的路上。1908年10月3日，星期六，这是吞并危机历史上重要的一天。1908年10月1日、2日，奥匈帝国派往法国、意大利、英国和德意志帝国的大使已从布达佩斯出发。弗朗茨·约瑟夫一世在写给大使们的信件中要求，大使们需告知英、法、德、意的国家元首，奥匈帝国将于1908年10月6日将主权扩大到波斯尼亚和黑塞哥维那。至少有两位，或者全部大使都已得到阿洛伊斯·莱克萨·冯·埃伦塔尔的通知。保加利亚将在吞并前一天宣布独立。但为了不让人知道这一安排，大使们奉命在1908年10月5日之后再送出弗朗茨·约瑟夫一世的信。然而，奥匈帝国驻法大使鲁道夫·冯·克芬许勒-梅奇伯爵在1908年10月3日请求于1908年10月5日面见法国总统克莱门特·阿尔芒·法利埃时，得知总统那天在朗布依埃。因此，鲁道夫·冯·克芬许勒-梅奇伯爵决定在1908年10月3日下午呈上弗朗茨·约瑟夫一世的信。克莱门特·阿尔芒·法利埃总统在听众席上说："皇帝陛下的信中说宣布吞并波斯尼亚和黑塞哥维那。那保加利亚的独立呢？"对此，奥匈帝国大使敷衍道："一切都安排好了。""总统阁下，保加利亚总有一天会走在我们前面。"法国政府将这一重要承诺告知英国驻法国大使弗朗西斯·莱韦森·伯蒂，并立即通知了英国外交部。当天下午，当时在布达佩斯的英国驻奥匈帝国大使威廉·爱德华·戈申爵士根据指示质问阿洛伊斯·莱克萨·冯·埃伦塔尔是否知道保加利亚即将宣布独立一事。阿洛伊斯·莱克萨·冯·埃伦塔尔在前一晚向意大利大使宣布即将吞并波斯尼亚和黑塞哥维那，结果大使突然神秘地动身前往罗马，似乎期望英国大使能阻止此事。阿洛伊斯·莱克萨·冯·埃伦塔尔对大使提出的关于保加利亚独立的问题感到惊讶，他说自己不知道保加利亚即将宣布独立，认为这不是即将宣布的。并补充说，索非亚给奥匈帝国的报告中没有提到这一点。英国大使将这一官方否认发往伦敦。几乎与此同时，英国大使的同事从巴黎发来电报，报告了法兰西共和国总统克莱门特·阿尔芒·法利埃的声明。1908年10月5日，保加利亚宣布独立；1908年10月6日，维也纳方面也公开宣布吞并波斯尼亚和黑塞哥维那。种种现象都表明，鲁道夫·冯·克芬许勒-梅奇伯爵说的是实话。令人欣慰的是，迄今尚未公布的事实表明，英国大使威廉·爱德华·戈申爵士在到柏林担任新职务之前（驻德国大使的职务是由爱德华七世国王于1908年8月13日从林茨到伊施的旅途中任命的）曾趁机在几名“外交目击者”在场的情况下假装向阿洛伊斯·莱克萨·冯·埃伦塔尔施压。

可是阿洛伊斯·莱克萨·冯·埃伦塔尔对英国大使撒谎的缘由我们并不了解。由于阿洛伊斯·莱克萨·冯·埃伦塔尔不知道驻法大使鲁道夫·冯·克芬许勒-梅奇伯爵在巴黎的轻率之举，担心过早泄露奥地利和保加利亚计划会引起英国的抗议。因为这很可能被英国视为密谋反对奥斯曼帝国复兴。阿洛伊斯·莱克萨·冯·埃伦塔尔与当时的保加利亚国王斐迪南·马克西米利安·卡尔·利奥波德·马利亚——斐迪南一世在秘密情报部门合作的确切程度是无法确定的。布赫劳会议后一个星期，即1908年9月23日，斐迪南一世和埃利奥诺拉·凯洛琳·加斯帕里尼·路易斯王后对布达佩斯的奥匈帝国使馆进行重要访问，并受到了奥匈帝国皇室的优待。可以肯定的是，弗朗茨·约瑟夫一世和斐迪南一世之间的关系在当时并非亲密无间，二人曾因金羊毛骑士团产生了尖锐的意见分歧。斐迪南一世觊觎金羊毛骑士团，但弗朗茨·约瑟夫一世认为斐迪南一世不配拥有金羊毛骑士团，因为斐迪南一世与罗马教廷的关系紧张（后来，斐迪南一世作为为数不多的平庸候选人之一，以颇具骑士风度的方式获得了这一荣誉）。阿洛伊斯·莱克萨·冯·埃伦塔尔曾劝

克莱门特·阿尔芒·法利埃

弗朗西斯·莱韦森·伯蒂

斐迪南一世

埃利奥诺拉·凯洛琳·加斯帕里尼·路易斯王后

保加利亚国王放弃金羊毛骑士团。后来阿洛伊斯·莱克萨·冯·埃伦塔尔又宣称，自己也曾恳求不要贸然宣布保加利亚独立，但他的证词没什么可信度。更重要的是，弗朗茨·约瑟夫一世向爱德华七世作了保证，回应了爱德华七世关于自己宣布吞并波斯尼亚和黑塞哥维那的事，即弗朗茨·约瑟夫一世和斐迪南一世在布达佩斯并没有提到保加利亚独立的问题。然而，在布达佩斯之行之后，斐迪南一世多次前往维也纳与阿洛伊斯·莱克萨·冯·埃伦塔尔磋商，在1908年9月月底主持了在科堡宫秘密举行的保加利亚内阁会议。然而，直到1908年10月4日或是5日清晨，斐迪南一世在鲁塞的游艇上举行了另一次内阁会议之后，保加利亚大臣们才最终决定宣布保加利亚独立。1908年10月5日中午，保加利亚君臣在特尔诺沃宣布独立。斐迪南一世行如此轻率之举的一个原因是害怕自己遭到全欧洲反对。可想而知，一旦斐迪南一世得知奥匈帝国和俄罗斯帝国外交部已经原则上认可奥匈帝国吞并波斯尼亚和黑塞哥维那以及保加利亚的独立宣言，他当然就会加快步伐，并率先打破现状，成为第一个吃螃蟹的人。斐迪南一世的轻率也许可以为阿洛伊斯·莱克萨·冯·埃伦塔尔对亚历山大·彼得罗维奇·伊兹沃利斯基的失信给出一个合理的解释，但不能证明阿洛伊斯·莱克萨·冯·埃伦塔尔对英国大使的失信是可以被原谅的。即便是阿洛伊斯·莱克萨·冯·埃伦塔尔后来说过的誓言也不能用来当作被原谅的证明，因为直到1908年10月4日他才真正知道保加利亚会如此迅速地宣布独立的证据。早在1908年10月1日，阿洛伊斯·莱克萨·冯·埃伦塔尔就向驻法大使鲁道夫·冯·克芬许勒-梅奇伯爵和其他奥匈帝国大使提供了情报和指示，证明事实根本不是如此。

在吞并政策上，阿洛伊斯·莱克萨·冯·埃伦塔尔没有征求过德意志帝国的意见，德意志帝国对兼并几乎持敌对态度，但在奥匈帝国国内却一片称好。而俄罗斯帝国、英国、法国和意大利的人们则同样感到愤怒。奥地利人认为，帝国再次彰显了其政治个性和独立决策的权力。阿洛伊斯·莱克萨·冯·埃伦塔尔一夜成名，人们称他为“奥地利的俾斯麦”。而俄罗斯的反奥情绪逐渐高涨——俄罗斯人觉得亚历山大·彼得罗维奇·伊兹沃利斯基又上当了。亚历山大·彼得罗维奇·伊兹沃利斯基在访问巴黎和伦敦期间确实努力挽回与阿洛伊斯·莱克萨·冯·埃伦塔尔单独达成的协议所造成的损失，并敦促召开一次欧洲会议来处理新的局势并修订《柏林条约》。英国和法国接受了召开会议的想法，尽管英国反对在土耳其新政时期提出像达达尼尔海峡那样的问题。阿洛伊斯·莱克萨·冯·埃伦塔尔本来反对德意志外交部召开会议的提议，但自己在德意志帝国外交部的支持下，出于自身利益而不得不与德意志帝国保持一致，除非会议方案事先得到了严格的界定，而且关于吞并波斯尼亚和黑塞哥维那的讨论也仅限于记录已发生过的事实。奥俄关系日益恶化，双方边境戒备森严，奥匈帝国向波斯尼亚和黑塞哥维那派遣了大量军队，并在克罗地亚和斯拉沃尼亚以及匈牙利南部集结了大量军队。而在匈牙利北方则安排了德意志帝国的军队，以便在俄罗斯帝国的任何侵略行动下都能有德意志帝国军队来应付局面。在塞尔维亚，人们兴奋到了疯狂的程度，每天都在期盼奥匈帝国占领贝尔格莱德。如果塞尔维亚军队在遭受吞并时留一手，做好战争准备，那么塞尔维亚当局一定会让军队介入波斯尼亚和黑塞哥维那，挑起一场战争。从1878年和1882年的先例来看，这场战争会给帝国带来可怕的难堪。与此同时，土耳其青年委员会宣布抵制奥匈帝国的商品，并在1909年春天之前暂停了奥匈帝国与土耳其的贸易。在这种压力下，阿洛伊斯·莱克萨·冯·埃伦塔尔不情愿地采取了一项自己以前不屑一顾的政策——与土耳其达成了协议。阿洛伊斯·莱克萨·冯·埃伦塔尔最初的论点是，除了一个虚构的宗主国地位之外，土耳其在吞并中没有损失任何东西。而奥匈帝国从新帕扎尔地区撤出驻军，正好弥补了这一损失。英国和俄罗斯帝国的敌意在于禁止奥匈帝国的船只和商品在土耳其港口出现，土耳其和塞尔维亚的联合反抗行为也威胁着奥匈帝国，而意大利此时的态度仍不明朗。阿洛伊斯·莱克萨·冯·埃伦塔尔和意大利外交大臣托马索·蒂托尼之间有秘密协议，意大利须从亚得里亚海派遣一艘军舰来保护奥匈帝国在黎凡特地区的商业。意大利外交大臣托马索·蒂托尼违背着自己的意愿，放低身段说服阿洛伊斯·莱克萨·冯·埃伦塔尔，并通过获得土耳其的同意，使奥匈帝国对波斯尼亚和黑塞哥维那的统治合法化。经过多次谈判，阿洛伊斯·莱克萨·冯·埃伦塔尔放弃了自己最初的要求，即在奥匈帝国考虑与奥斯曼帝国达成任何外交协议之前，土耳其应停止抵制奥匈帝国的船只和商品在土耳其港口出现。1909年2月26日，《奥土公约》达成，内容如下：

一、奥匈帝国明确宣布放弃根据《柏林条约》获得的关于新帕扎尔地区的一切权利；

二、废除1879年4月21日签订的关于桑扎克地区归属和占领波斯尼亚和黑塞哥维那的《奥土公约》；

三、因奥匈帝国和奥斯曼帝国政府之间已不存在任何意见分歧，故居住在土耳其或移民到土耳其的波斯尼亚和黑塞哥维那土著人民可保留其土耳其国籍；

四、波斯尼亚和黑塞哥维那境内穆斯林教徒宗教自由权的行使将得到保障，并确定在波斯尼亚和黑塞哥维那穆斯林的公众祈祷中仍可继续提到苏丹哈里发的名字；

五、奥匈帝国同意向奥斯曼土耳其帝国政府支付赔偿二百五十万英镑，名义上相当于土耳其在波斯尼亚和黑塞哥维那拥有的财产；

六、奥匈帝国承诺同土耳其缔结一项商业条约，同意将土耳其关税按价从11%提升到15%，并协助土耳其在石油、卷烟、火柴、酒精和纸牌等方面形成垄断优势；

七、若得到奥匈帝国的首肯，一旦其他国家的邮局受到镇压，匈牙利就立即取缔在土耳其的邮局；

八、在欧洲会议或其他场合上支持土耳其以国际法取代投降的要求。

在吞并危机结束前，阿洛伊斯·莱克萨·冯·埃伦塔尔发现自己作出的让步不止于此。1909年4月月初，迫于俄罗斯帝国和意大利的压力，阿洛伊斯·莱克萨·冯·埃伦塔尔同意修改《柏林条约》第二十九条，以此来禁止第二十九条中第五款、第七款、第八款、第九款、第十款和第十一款。《柏林条约》的第二十九条限制了黑山共和国对其沿海地区的主权，将黑山海域管辖权交给了奥匈帝国。奥匈帝国和意大利最初要求第二十九条第六款应作出修改，规定黑山必须保持安提代利港的商业性质，并宣布不能在那里建造任何军事设施。然而，在俄罗斯帝国和法国的交涉下，敦促黑山就安提代利（即巴尔）的商业性质发表一项声明就足够了。阿洛伊斯·莱克萨·冯·埃伦塔尔同意废除第六款，因此向所有国家的军舰开放了安提代利和黑山的海域。1909年新年之际，根据法国、俄罗斯帝国和意大利之间的一项协议，法国派出了一个海军中队向黑山国王尼古拉一世登基五十周年表示问候，并庆祝安提代利港的开放（开放时间为1909年10月23日）。1910年8月，意大利国王和王后的一个海军中队也访问了黑山海域，参加了金禧庆典[①]，并出席了宣布黑山升格为王国的仪式。

阿洛伊斯·莱克萨·冯·埃伦塔尔顽固地拒绝向塞尔维亚作出让步抵消了奥匈帝国对土耳其和黑山的这些让步。塞尔维亚没有任何理由表示不满。吞并波斯尼亚和黑塞哥维那似乎确实打破了塞族占有各地区的美梦，但除了本着对帝国的敌对精神外，这一美梦并不能被称为塞尔维亚的“道德资产”。此外，阿洛伊斯·莱克萨·冯·埃伦塔尔怀疑塞尔维亚在克罗地亚和斯拉沃尼亚、波斯尼亚和黑塞哥维那以及达尔马提亚煽动了一场泛塞族的动乱。自1907年以来，匈牙利政府一直在努力使克

① 禧年是指特定年份的纪念日，而金禧在个人事件（如结婚纪念或君主登基纪念）中，指五十周年。此处金禧庆典即为纪念尼古拉一世登基五十周年而举办。——译者注

罗地亚和斯拉沃尼亚沦为附属国，从1868年到1906年，这些地区一直处于附属国的地位。1905年，由于达尔马提亚、克罗地亚和斯拉沃尼亚的塞尔维亚-克罗地亚两个主要政党结成联盟，人民才得以解脱。这个联盟与匈牙利反对党联盟结成了右翼联盟。从1904年年底到1906年4月，匈牙利反对党联盟一直抵制弗朗茨·约瑟夫一世的统治。如果奥匈帝国政府不乐意看到克罗地亚人与塞尔维亚人合作，那么帝国对塞尔维亚-克罗地亚联盟和匈牙利反对党联盟的合作就会感到十分震惊。因为这个合作改变了古老的哈布斯堡帝国的政策——利用南斯拉夫。联盟的条件是，当匈牙利反对党联盟在布达佩斯就职时，应允许塞尔维亚-克罗地亚联盟在对克罗地亚和斯拉沃尼亚的管理中享有自由。1906年4月，匈牙利反对党联盟与弗朗茨·约瑟夫一世达成协议，他们不顾维也纳的压力，在克罗地亚和斯拉沃尼亚地区建立了一个相对自由的政权，履行了与塞尔维亚人的协议。自1868年匈牙利人和克罗地亚人定居以来，这两个地区第一次喘过气来。但在执行这两个联盟之间的各种细节时，这个协议在维也纳遇到了相当多的反对，结果匈牙利联合政府首相尚多尔·韦克勒发现无法让皇帝批准自己在阿格拉姆任命两名爱国官员的事——尽管塞尔维亚-克罗地亚联合政府认为迫切需要任命这两名克罗地亚官员。因此，克罗地亚人决定对维也纳方面施压。据说弗朗茨·约瑟夫一世将参加1906年秋在拉古萨附近举行的联合海军军事演习。塞尔维亚-克罗地亚联盟领导人弗拉诺·苏皮洛通知匈牙利首相立即任命这两名官员，不然在达尔马提亚迎接弗朗茨·约瑟夫一世的将是一片死寂。这一威胁并非空穴来风。1906年8月，人在扎拉的达尔马提亚总督发现，斯拉夫人民已暗下决心，如果弗朗茨·约瑟夫一世在授予官员任命之前参加这次军事演习，就用沉默来对待这位皇帝。于是达尔马提亚总督匆忙派遣一位官员前去告知弗朗茨·约瑟夫一世的侍从爱德华·冯·帕尔伯爵。几天后皇宫传来消息称：由于弗朗茨·约瑟夫一世不适应航海，因此本次演习将由王位继承人弗朗茨·斐迪南大公代为出席。还有一个奇怪的巧合点是，阿格拉姆官员的任命实际上是在弗朗茨·斐迪南大公抵达拉古萨当天下达的。然而，人们并未收到消息，导致弗朗茨·斐迪南大公受到了人们的冷落。晚上弗朗茨·斐迪南大公参观市政当局时，印象十分痛苦。广场上挤满了人，街道堵得水泄不通，但却一片死寂，与下午黑山的达尼洛·亚历山大·彼特罗维奇-涅戈什——达尼洛亲王受到的热烈欢呼相比，这种寂静显得格外突兀。翌日，弗朗茨·斐迪南大公访问了黑塞哥维那，特雷比涅的居民表现得也十分冷漠。波斯尼亚的官员尽力

黑山的达尼洛·亚历山大·彼特罗维奇－涅戈什

规劝波斯尼亚和黑塞哥维那的塞尔维亚人向弗朗茨•斐迪南大公表达赞成吞并的意愿。但塞尔维亚人表示，如果吞并过程中出现任何问题，他们将拒绝派代表去迎接弗朗茨·斐迪南大公。在这种情况下，可以理解这位法定继承人给达尔马提亚留下的不好印象。弗朗茨·斐迪南大公和奥匈帝国政府应下定决心与南斯拉夫人之间以及与边界以外的人之间日益增强的团结意识作斗争。和从前一样，维也纳犯了一个错误——他们不相信这种团结感是自发的，并完全归罪于塞尔维亚王国或来自塞尔维亚的煽动者。因此，维也纳认为那个名叫纳斯蒂奇的人把同谋犯的阴谋透漏给了黑山国王，这种行为明显是由奥匈帝国的密探挑唆的，纳斯蒂奇于1907年曾根据黑山国王的行为向匈牙利政府提出了建议，声称自己是从克罗地亚和斯拉沃尼亚地区的贝尔格莱德被带走并加以利用的“情报”，这开启了帝国迫害南斯拉夫人的时代。根据纳斯蒂奇的指控，政府在阿格拉姆以叛国罪审判了五十多名无辜的克罗地亚人和塞尔维亚人。对这些受害者的审判成为欧洲丑闻，使南斯拉夫人对帝国更加深恶痛绝，并营造了有利于传播南斯拉夫人统一理想的氛围。在这样的局势之下，塞尔维亚政府无疑是受益者。塞尔维亚政府的密使和秘密基金开始设法进入波斯尼亚和黑塞哥维那。然而，奥匈帝国当局严重夸大了塞尔维亚的政治和经济影响，低估了同一民族成员会在危难时刻团结一致的自然倾向。在这种情况下，奥匈帝国当局即使不是同谋，也是心甘情愿的受骗者。这些告密者向奥匈帝国提供“证据”，证明在塞尔维亚人和克罗地亚人中间存在着一个与波斯尼亚和黑塞哥维那的塞尔维亚人以及塞尔维亚王国人勾结在一起建立一个以奥匈帝国为代价的“大塞尔维亚”的阴谋。阿洛伊斯·莱克萨·冯·埃伦塔尔选择相信或假装相信这一阴谋，并指示奥匈帝国大使提请外国政府注意这一阴谋，还通知国外政府称这一阴谋是促使奥匈帝国吞并波斯尼亚和黑塞哥维那的原因。阴谋存在的“证据”中的一些文件，一部分是在贝尔格莱德的奥匈帝国公使馆的一名成员监督下伪造的，一部分是在阿格拉姆和塞姆林的警察的帮助下伪造的。人们不禁怀疑，奥匈帝国外交部和总参谋部收集这些“证据”是为了在奥匈帝国发生战争时对塞尔维亚进行压倒性的指控。1909年年初，当战争、或者用奥地利人的话说——“对塞尔维亚的惩罚性远征”迫在眉睫时，海因里希·弗里德永博士掌握了一部分证据，并在这些文章的基础上发表了一系列旨在引起轰动的文章。其中一篇发表于1909年3月25日，海因里希·弗里德永博士指控塞尔维亚-克罗地亚领导人弗拉诺·苏皮洛和其他几位塞尔维亚-克罗地亚领导人与塞尔维亚政府互相勾结，有不可告人的肮脏交易。正是这篇文章的发表导致了1909年12月著名的海因里希·弗里德永审判，并最终证明该证据是伪造的。1910年，托马斯·加里格·马萨里克教授在代表团中透露，伪造品是由一个名叫瓦西奇的人受贝尔格莱德奥匈帝国公使馆的冯·斯文托霍夫斯基上校所托制作。在海因里希·弗里德永案审判期间，阿洛伊斯·莱克萨·冯·埃伦塔尔伯爵[①]告诉外国记者，自己从不相信“证据”是真的。但当真相水落石出后，阿洛伊斯·莱克萨·冯·埃伦塔尔急忙在官方报纸上否认，自己则完全不在乎这种手段的暴露给王室带来的负面影响。阿洛伊斯·莱克萨·冯·埃伦塔尔的原则是，在外交上一切都是公平的，且“既定事实就是最确凿的证据”，这对他的行为作出了解释。当俄罗斯帝国不再支持塞尔维亚后，德意志帝国驻俄罗斯帝国大使于1909年3月24日，也就是海因里希·弗里德永文章发表的前一天离开了圣彼得堡。阿洛伊斯·莱克萨·冯·埃伦塔尔的手段可能已经排除在奥匈帝国入侵塞尔维亚和被审判的可能性之外。根据戒严法，一些塞尔维亚人被瓦西奇指控犯有叛国罪。然而，就像那句意大利谚语说的，“魔鬼做的

---

① 1909年8月18日，弗朗茨·约瑟夫一世生日当天，阿洛伊斯·莱克萨·冯·埃伦塔尔晋升为伯爵。——原注

是锅，而不是盖子”。[1]这种奇特的现象也许并不是偶然的。德意志帝国把亚历山大·彼得罗维奇·伊兹沃利斯基交由奥匈帝国处理，因为德意志帝国需要给盟友以及阿洛伊斯·莱克萨·冯·埃伦塔尔一个交代。

德意志帝国在吞并危机期间对奥匈帝国的态度，生动地展示了德意志帝国的外交特征。柏林不欢迎阿洛伊斯·莱克萨·冯·埃伦塔尔。有人认为阿洛伊斯·莱克萨·冯·埃伦塔尔为奥匈帝国最大限度地谋求外交独立并非毫无理由，并主张奥德关系是建立在互让原则基础之上，而不是像一些德意志帝国政治家所想象的那样，是建立在单独“索取”原则之上的。阿洛伊斯·莱克萨·冯·埃伦塔尔直到最后一刻才通知德意志帝国吞并波斯尼亚和黑塞哥维那的计划，因此，将德意志帝国在君士坦丁堡的外交局势置于尴尬的境地。德意志帝国在君士坦丁堡被塑造成奥匈帝国的帮凶，名声大跌。德意志帝国首相伯恩哈德·冯·比洛亲王对阿洛伊斯·莱克萨·冯·埃伦塔尔的擅自行动表示不满，并对接下来的几周该走哪条路犹豫不决。有记录表明，阿洛伊斯·莱克萨·冯·埃伦塔尔的态度与已退休的德意志帝国外交部元老冯·荷尔斯泰因先生的观点和劝诫有关。已退休的冯·荷尔斯泰因出面，恳求伯恩哈德·冯·比洛亲王不要离开奥匈帝国。冯·荷尔斯泰因认为，不然的话德奥同盟可能会破裂。精明的阿洛伊斯·莱克萨·冯·埃伦塔尔考虑到了这一点，并认定德意志帝国会迫于利益继续支持自己。虽然阿洛伊斯·莱克萨·冯·埃伦塔尔十分狡猾，并常因自己的狡猾而自得，但他却没有考虑到德意志帝国的外交政策较自己更甚。在整个吞并危机期间，德意志帝国都支持阿洛伊斯·莱克萨·冯·埃伦塔尔，但此时正值和平或战争问题决定性时刻，鉴于俄罗斯帝国的军事准备不足，他相信自己可以让亚历山大·彼得罗维奇·伊兹沃利斯基承认奥匈帝国的吞

① 这条谚语就是指，随着魔鬼锅里的泡沫逐渐消失，它没有盖子的事实迟早要暴露，它的内容物终将沸腾并被所有人看到。实际上就是指做了坏事迟早要大白于天下。——译者注

并，同时放弃俄罗斯帝国在塞尔维亚的利益。德意志帝国也指示驻俄罗斯帝国大使通知亚历山大·彼得罗维奇·伊兹沃利斯基，如果与奥匈帝国发生战争，俄罗斯帝国还必须承受来自德意志帝国武装力量的压力。这次介入的具体情况和条款从未披露。一些恶意的言论还指出，俄罗斯帝国决定不冒欧洲战争的风险，因此，明里暗里邀请德意志帝国对自己发出虚假的最后通牒，只为了向外界展示俄罗斯帝国是在向德意志帝国屈服，而不是向主要对手奥匈帝国屈服。事实上，无论如何，在德意志帝国介入前的四十八小时，俄罗斯帝国军事当局都已决定不发动战争。亚历山大·彼得罗维奇·伊兹沃利斯基对那件事的具体情况一直保持沉默，只告知给当权者，并说这是一件见不得人的事。无论是喜剧还是悲剧，俄罗斯人都屈服了。1909年3月23日，德意志帝国驻俄罗斯帝国大使雅各布·路德维希·弗里德里希·威廉·约阿希姆·普塔莱斯伯爵给柏林发了电报，说“俄罗斯帝国将正式宣布，无条件同意废除（关于波斯尼亚和黑塞哥维那的）《柏林条约》第二十五条”，防止奥匈帝国向俄罗斯帝国申请承认《奥土公约》[①]。这一消息于1909年3月23日晚些时候传到了阿洛伊斯·莱克萨·冯·埃伦塔尔那里。1909年3月24日早上，有人试图阻止海因里希·弗里德永博士的文章《战争号角》在《新自由报》上发表。但报道称印刷机已经启动，第一版期刊已经发行。因此，海因里希·弗里德不可避免地暴露了阿洛伊斯·莱克萨·冯·埃伦塔尔的意图。1909年3月25日，阿洛伊斯·莱克萨·冯·埃伦塔尔在柏林指示奥匈帝国驻德意志帝国大使对伯恩哈德·冯·比洛亲王的行为表示“感激和满意”，这是阿洛伊斯·莱克萨·冯·埃伦塔尔唯一有迹可循的对他人服务表示感谢。阿洛伊斯·莱克萨·冯·埃伦塔尔在从额头上摘下桂冠的最后一刻还觉得桂冠还会回到自己手里，因为在危机开始

① 在1909年的《奥匈红皮书》第113页中有“1908年10月至1909年6月波斯尼亚和黑塞哥维那国家外交档案”，这当中存有相关记载。——原注

时，德意志帝国与阿洛伊斯·莱克萨·冯·埃伦塔尔的独立行为一直保持一致。即使在1910年9月20日，威廉二世在维也纳市政厅发表了一次著名的演讲之后，阿洛伊斯·莱克萨·冯·埃伦塔尔对德意志帝国的行动仍深为不满，他声称，奥匈帝国感谢德意志帝国在危急时刻“以尼伯龙根的忠诚”①、“身披闪亮盔甲”向盟友提供的帮助。阿洛伊斯·莱克萨·冯·埃伦塔尔唯一的感谢是这句话：“最近的事件表明我们的联盟还是有意义的。”这句话是阿洛伊斯·莱克萨·冯·埃伦塔尔1910年10月13日向各代表团所作发言的要点，直接激怒了奥地利和德意志帝国双方，也致使德意志帝国驻奥地利大使和受德意志帝国外交影响的媒体与政治家对阿洛伊斯·莱克萨·冯·埃伦塔尔不断地进行攻击与暗算，直到他去世前夕。

阿洛伊斯·莱克萨·冯·埃伦塔尔直到1912年2月去世才卸任。阿洛伊斯·莱克萨·冯·埃伦塔尔的晚年在维也纳外交部度过，在这期间他的政策发生了明显的变化。一方面，阿洛伊斯·莱克萨·冯·埃伦塔尔的身体每况愈下；另一方面就是他以自己的经验，纠正了自己此前对欧洲形势的认识不足，然后一直保持守势，逐渐稳定欧洲。吞并危机已成定局，塞尔维亚已经屈服，并宣布“权利没有受到在波斯尼亚和黑塞哥维那被吞并的既定事实影响，因此塞尔维亚将遵守关于《柏林条约》第二十五条中各大国的决定”。阿洛伊斯·莱克萨·冯·埃伦塔尔可以自由地推行一项略微激进且更符合皇帝真正利益的政策。除了条约作出的模糊承诺之外，塞尔维亚的“屈服”没有得到任何补偿，这在很大程度上要归功于英国在贝尔格莱德的和解与斡旋。爱德华·格雷爵士没有义务支持塞尔维亚，他只向塞尔维亚外交大臣米洛万·米洛瓦诺维奇承诺，“只要俄罗斯帝国支持塞尔维亚，我们就会支持”。甚至在俄罗斯

① 指尼伯龙根人所表现出的无限忠诚，常用于描述政客在任何时刻都忠于其政党，无论这种忠诚最终会为其带来何种命运。——译者注

帝国让步之后，爱德华·格雷爵士又对塞尔维亚局势进行了斡旋。爱德华·格雷爵士修改了塞尔维亚与奥匈帝国签订的让塞尔维亚丧权辱国的条约，使塞尔维亚政府感受到没有被抛弃。危机过后，奥匈帝国与英国的关系逐渐缓和，有一部分原因是阿洛伊斯·莱克萨·冯·埃伦塔尔很久之后才意识到英国在欧洲政治中的重要地位。但其实最主要原因还是爱德华七世与弗朗茨·约瑟夫一世之间的深厚情谊。如果阿洛伊斯·莱克萨·冯·埃伦塔尔没有阻拦弗朗茨·约瑟夫一世于1909年8月在吞并会议后期同爱德华七世会面，情况可能会相对乐观些。不过，爱德华七世在那一年最后一次住在马林巴德时，曾与弗朗茨·约瑟夫一世互相行礼。奥地利和英国媒体主要机构之间进行了友好的争论，从而确定了英国对奥匈帝国的立场，后来也获得了爱德华七世的支持。这个定义表现为："英国的目的是离间德意志帝国的联盟，或利用德意志帝国周围的敌对国家来包围德意志帝国。"这是对事实的一种恶意解读，这种恶意解读在德意志帝国已经肆意传播，并为奥匈帝国所接受。英国的政策诚实且和平，一直以消除英国和其他国家之间的摩擦为目标，而这个目标的根本目的在于人们希望能同奥匈帝国恢复以往的友好关系。然而，挑明问题是实现愿望的必要条件。为避免误解，人们深知，在与奥匈帝国的关系中，英国政治家面对的是一个有自我意识的大国，在每一个关键时刻，除了作为盟友的基本义务之外，英国都有义务与奥匈帝国保持一致，尽管英国的意图也不那么友好。而在处理问题时，英国需要维护的是另一种利益。①

综上所述，英奥关系由此趋向于恢复到了一定程度。但阿洛伊斯·莱克萨·冯·埃伦塔尔和亚历山大·彼得罗维奇·伊兹沃利斯基之间的激烈争论又使奥俄关系进一步恶化。伴随着双方的一场媒体活动，

① 《时代周报》，1909年8月30日，第7页头条。——原注

再加上公开秘密文件的威胁，这场争议愈演愈烈。英国不得不动用非常手段来压制这位奥匈帝国外交大臣。阿洛伊斯·莱克萨·冯·埃伦塔尔由于太过热情且对此产生怨恨，这使自己不能成为好的争论者。最终，阿洛伊斯·莱克萨·冯·埃伦塔尔逐渐被逼到了只能通过牺牲国家机密来逃避的境地。1909年11月8日，在给《新闻时报》编辑的一封电报中，阿洛伊斯·莱克萨·冯·埃伦塔尔建议双方都应该公布所有文件。柏林方面对此强烈反对，他们认为只有在战争前夕才有理由公布这些机密。争议随即平息，但争议的影响仍然存在，并继续阻碍着奥匈帝国的行动，甚至还贯穿了最近的巴尔干危机。阿洛伊斯·莱克萨·冯·埃伦塔尔对吞并的操控以及后来的举动实际上是给奥匈帝国的外交自由贷了一份难以偿还的巨款。奥匈帝国的外交在其他方面，尤其是在与法国和意大利的交往中，可谓相当幸运。即使在吞并危机期间，阿洛伊斯·莱克萨·冯·埃伦塔尔也设法与法国维持着比与英国和俄罗斯帝国更友好的关系。在这方面，阿洛伊斯·莱克萨·冯·埃伦塔尔又恢复了久洛·安德拉希伯爵的传统，以同样的方式对付法国和俄罗斯帝国——久洛·安德拉希伯爵曾拒绝领导1879年的奥德联盟。在法国与德意志帝国的摩洛哥冲突的几个阶段中，阿洛伊斯·莱克萨·冯·埃伦塔尔坦率地表示不支持德意志帝国的立场，特别是在卡萨布兰卡逃兵事件上。在欧洲危机中，阿洛伊斯·莱克萨·冯·埃伦塔尔并不全听凭德意志帝国摆布。阿洛伊斯·莱克萨·冯·埃伦塔尔这样做的动机在一定程度上是为了让奥匈帝国获得进入法国货币市场的自由，但最终却以失败告终。法国认为，奥匈帝国过于依赖德意志帝国的政治，结果帝国没能享有真正的决策自由。此外，奥匈帝国和德意志帝国银行的关系过于密切，甚至完全不干预自己借给德意志帝国的资金。法国因此曾多次拒绝批准奥匈帝国的贷款在巴黎市场上流通。阿洛伊斯·莱克萨·冯·埃伦塔尔对法国的拒绝态度感到头痛，认为法国的政策既不公平又不明智。阿洛伊斯·莱克萨·冯·埃伦塔尔认为，除非德意志帝国对自己使出必要的手段，否则法国不要想让奥匈帝国背叛德意志帝国。阿洛伊斯·莱克萨·冯·埃伦塔尔还说，法国的态度将迫使自己比以往任何时候都更偏向德意志帝国。但精明的法国政府已经看透，如果阿洛伊斯·莱克萨·冯·埃伦塔尔真的试图背叛，德意志帝国将会要求奥匈帝国皇帝立即解雇他。而且阿洛伊斯·莱克萨·冯·埃伦塔尔先前对征用的普鲁士王国的波兰人以及德意志帝国对易北河征收航海税的计划都行使了临时否决权，已经引起了柏林方面的猜疑，这使他的地位岌岌可危。阿洛伊斯·莱克萨·冯·埃伦塔尔在很多方面的确是一个悲剧人物，他真诚地希望恢复“欧洲帝国”的声望，并彰显自己的外交个性。但阿洛伊斯·莱克萨·冯·埃伦塔尔在执行任务时准备不足，并背负着一种错误的国际动态概念，还受到自身的技能和性格上的阻碍。像许多奥匈帝国的外交官一样，阿洛伊斯·莱克萨·冯·埃伦塔尔对帝国的内部事务知之甚少，并经常不顾内政官员的反对，执意坚持自己的看法。因此，阿洛伊斯·莱克萨·冯·埃伦塔尔听任了奥匈政府暗中破坏了本该成功的南斯拉夫政策和更成功的意大利政策的双重基础。阿洛伊斯·莱克萨·冯·埃伦塔尔死于一场蓄意报复的斗争；而他留给帝国的，也不过是在吞并危机期间那些自豪的回忆。回顾过去，阿洛伊斯·莱克萨·冯·埃伦塔尔的所有作为中最光明的一面就是他后来对意大利的处理，以及对真相的认识，即与意大利保持秘密关系是奥匈帝国在当时的条件下实现外交独立的唯一切实保障。前外交大臣古斯塔夫·西格蒙德·卡尔诺基伯爵对此一无所知，前外交大臣阿格诺尔·戈武霍夫斯基伯爵也是在任职的最后两年才知道这个事实的。只要阿格诺尔·戈武霍夫斯基相信恢复三国同盟的可能，那么意大利就将和英国一样，可以忽略不计。而且，就对德意志帝国的看法而言，阿洛伊斯·莱克萨·冯·埃伦塔尔一开始就把意大利看作欧洲家族中的一个麻烦成员。1907年4月，阿洛伊斯·莱克萨·冯·埃伦塔尔寄了一封非正式信函给意大利外交大臣托马索·蒂托尼先生以表明态度。阿洛伊斯·莱克萨·冯·埃伦塔尔感谢托马索·蒂托尼先生在意大利会议厅作出的友好声明，但他补充说，如果意大利在贝尔格莱德的外交性质符合外交大臣的公开声明，自己将更加感激意大利的友善。1907年4月18日晚，托马索·蒂托尼先生从爱德华七世和维托里奥·埃马努埃莱三世在加埃塔的会谈中回来后，收到了这封典型的“埃伦塔尔式”的信。托马索·蒂托尼先生在答复时表示惊讶，奥匈帝国竟然对意大利在贝尔格莱德的外交行动有如此错误的了解。奥匈帝国方面让客人向自己展示贝尔格莱德公使馆的指示和最近收到的一份报告，从而使托马索·蒂托尼先生意识到阿洛伊斯·莱克萨·冯·埃伦塔尔的错误。托马索·蒂托尼派人向阿洛伊斯·莱克萨·冯·埃伦塔尔转达了以下重要信息。托马索·蒂托尼先生说：“请告诉阿洛伊斯·莱克萨·冯·埃伦塔尔，如果他真想促进奥匈帝国和意大利之间的良好关系，最好到罗马来拜访我，他不是一直想要来吗？先王翁贝托一世访问维也纳途中意外被刺身亡的问题迟早要解决，如果身为奥匈帝国外交大臣的阿洛伊斯·莱克萨·冯·埃伦塔尔到罗马来访问我，这将是一个良好的开端。请告诉阿洛伊斯·莱克萨·冯·埃伦塔尔，我同罗马教廷的关系很好，我可以向他保证，他在罗马不会遇到任何困难。”

这个消息及时地传到了阿洛伊斯·莱克萨·冯·埃伦塔尔耳朵里，但他应该是得到了德意志帝国的邀请，先到柏林拜访了伯恩哈德·冯·比洛亲王。阿洛伊斯·莱克萨·冯·埃伦塔尔向俄罗斯帝国提出了一项四国协约，旨在把英国和意大利排除在解决近东问题之外。阿洛伊斯·莱克萨·冯·埃伦塔尔除了抱怨维托里奥·埃马努埃莱三世和托马索·蒂托尼先生于1907年4月8日对雅典的访问之外一直避免讨论任何有关奥意关系的问题。这一行为鼓励了希腊在马其顿的活动，使希腊人相信意大利是自己的盟友——尽管阿洛伊斯·莱克萨·冯·埃伦塔尔

翁贝托一世

确认维托里奥·埃马努埃莱三世和托马索·蒂托尼曾明确拒绝过希腊的结盟请求。意大利外交大臣托马索·蒂托尼很快通过另一个渠道得到消息，说阿洛伊斯·莱克萨·冯·埃伦塔尔不会来罗马去拜访自己。然而1907年7月，阿洛伊斯·莱克萨·冯·埃伦塔尔还是在意大利代西奥拜访了托马索·蒂托尼先生，在拉科尼吉拜访了维托里奥·埃马努埃莱三世。至此，托马索·蒂托尼先生已经知道，无论是自己复兴三国同盟的梦想，还是奥、俄、法、德四国协约，都是不可能实现的。因此，托马索·蒂托尼先生以最大的诚意表示了意大利人的善意。

除了偶然情况，自1882年三国同盟成立以来，奥意关系的特征一直是“结盟与敌对”，而不是结盟与友好。在结盟之前，意大利在法国和德奥同盟之间摇摆不定，试图在不招致各方明显敌意的情况下，与各方保持友好关系。然而，普法战争期间意大利的中立给法国人留下了忘恩负义的印象，朱塞佩·马里亚·加里波第远征第戎并击败普军的英勇也没有挽回这种印象。此外，法国天主教教徒对意大利入侵教宗国和占

朱塞佩·马里亚·加里波第

拿破仑三世

领罗马也感到愤怒。直到1877年5月16日的政治危机时，意大利还担心法国试图恢复教皇的权力。而在法国，许多法国政客都坚信路易-拿破仑·波拿巴——拿破仑三世会力挺像昂蒂布军队和教皇的祖瓦斯这样纯粹由神职人员组成的军事组织。马真塔战役和索尔费里诺战役奠定了意大利统一的基础，法国也因此在地中海培养出了一个强大的竞争对手，这些都严重损害了法国的利益。因此，意大利希望通过争取奥匈帝国、

维托里奥·埃马努埃莱二世

德意志帝国，特别是奥托·爱德华·利奥波德·冯·俾斯麦的支持，寻求抵御法国的靠山。1873年9月，维托里奥·埃马努埃莱二世在首相马尔科·明盖蒂和外交大臣维斯孔蒂·韦诺斯塔的陪同下访问了维也纳和柏林。奥托·爱德华·利奥波德·冯·俾斯麦在文化争端的最高潮时向意大利抱怨说，因为意大利保卫法和其对教皇领土的占领，罗马教廷始终不曾遭受侵犯。奥托·爱德华·利奥波德·冯·俾斯麦提议，意大利应该允许一支德意志帝国的军事小分队在奇维塔韦基亚登陆(令意大利恼怒的是，自1870年以来，法国“奥里诺科”号巡洋舰就听命于教皇，停泊在奇维塔韦基亚），然后继续进军罗马，以武力解决文化争端问题。意大利大臣们明智地拒绝了这一建议，随后满意地看到帕特里斯·麦克马洪元帅接替马里·约瑟夫·路易·阿道夫·梯也尔成为法兰西第三共和国第二任总统并召回了“奥里诺科”号。1875年4月弗朗茨·约瑟夫一世和1875年10月威廉一世分别对维托里奥·埃马努埃莱二世进行了回访，使意大利与奥地利和德意志帝国的关系再次得到改善。弗朗茨·约瑟夫一世在久洛·安德拉希伯爵的陪同下，表现出了罕见的宽容，在这座仅仅在九年前还是奥地利在意大利最后据点的城市里，为统一的意大利的繁荣而干杯。1876年3月18日，意大利和中欧列强之间达成谅解的进程受到了干扰。直到意大利右翼势力垮台时，奥地利政客才意识到两个保守的中央势力的支持对年轻的意大利王国是不可或缺的。左翼阵营，或者说激进政党的出现，使意大利失去了最得力的政治家的指导。意大利把自己的命运交给那些忠于皇帝威权的人，意大利对法国的向往也使自己丧失了对德意志帝国和奥匈帝国的信心。意大利几乎被孤立，在没有外交领导的情况下，走向了1877年到1878年的近东危机和柏林会议。意大利外交大臣路易吉·科尔蒂伯爵两手空空地从柏林归来，整个意大利半岛都对路易吉·科尔蒂伯爵很失望，而时任意大利内政大臣的弗朗切斯科·克里斯皮既愤怒又预言性地在密室里说道：“愿这些可怜人多赐福于我国。”显示了意大利对奥匈帝国占领波斯尼亚和黑塞哥维那的强烈不满。然而，此后意大利继续摇摆不定，直到1881年奥托·爱德华·利奥波德·冯·俾斯麦对突尼斯的占领迫使意大利政府再次接近德奥同盟。联盟的试探性谈判开始了。奥托·爱德华·利奥波德·冯·俾斯麦假装不愿意让意大利加入德奥同盟，并回应了意大利的建议，提醒他们去柏林的路要经过维也纳。然而，奥匈帝国外交大臣古斯塔夫·西格蒙德·卡尔诺基伯爵对意大利的民族统一主义表现感到恼怒，他作为一名

马尔科·明盖蒂

帕特里斯·麦克马洪元帅

马里·约瑟夫·路易·阿道夫·梯也尔

弗朗切斯科·克里斯皮

牧师，不愿意向意大利保证其作为前教宗国拥有的财产。意大利外交大臣帕斯夸莱·斯塔尼斯劳·曼奇尼不愿保证奥地利占有特伦托和的里雅斯特。意大利发现自己处于一个微妙的境地，与奥匈帝国和德意志帝国结盟的利与弊相互抵消。若意大利与法国达成谅解，继续推行统一主义运动，将引起奥德两国的敌意；若选择与中欧强国结盟将不可避免地站在法国的敌对面。这种情况与另一种情况一样，意大利可以指望英国的道义支持，但不能把与英国的友谊作为政策的基础。人们对法国的怨恨本能使奥托·爱德华·利奥波德·冯·俾斯麦抓住天平的横梁，使局势利于柏林。然而因为突尼斯问题，计划落空。

帕斯夸莱·斯塔尼斯劳·曼奇尼

1878年，新教皇焦阿基诺·佩奇（通常称为利奥十三世）就任圣彼得大教堂主教。由于内政大臣弗朗切斯科·克里斯皮的坚定和谨慎，秘密会议没有发生任何意外，只是意大利人警告圣学院，如果圣学院离开罗马去选举前任教皇庇护九世的继任者，那么教廷将被意大利军队以及其他教会占领。因此秘密会议宁愿留在梵蒂冈。但1881年夏天，在将庇护九世的遗体从圣彼得大教堂转移到圣洛伦佐的过程中发生了混乱。梵蒂冈安排游行是为了刺激意大利人的情绪，而德普雷蒂斯-曼奇尼内阁忽视了维护公共秩序的预防措施，败给了对手。此后不久便发生了动乱，全世界都在对罗马教廷悲惨处境提出抗议。奥托·爱德华·利奥波德·冯·俾斯麦厌倦了文化争端，并踏上了"前往卡诺萨的路"[①]。奥托·爱德华·利奥波德·冯·俾斯麦急于安抚德意志帝国境内天主教教徒的情绪，因此发起了一场支持教皇独立的运动。在奥地利的支持下，奥托·爱德华·利奥波德·冯·俾斯麦提出了这样一个想法，即要求意大利根据天主教的紧急情况修改担保法，并召开一次国际会议来调整教皇的地位。奥托·爱德华·利奥波德·冯·俾斯麦的使者甚至向教皇建议，教皇可以在德意志帝国的富尔达找到一个自由、宁静的避难所，以躲避罗马的风暴和羞辱。意大利的陆军和海军处于混乱状态，与法国的关系岌岌可危，国内事务也陷入危机，几乎无力认真处理来自德奥同盟的压力。意大利本能地认识到教皇和罗马天主教等级制度的特征是意大利最大的资产之一。意大利政府开始更加坚决地转向德奥同盟，并匆忙安排翁贝托一世和玛格丽塔王后于1881年10月访问维也纳，且没有规定任何回访罗马的条件。奥托·爱德华·利奥波德·冯·俾斯麦一如既往地以傲慢的态度对待意大利。1881年11月，奥托·爱德华·利奥波德·冯·俾斯麦在给国会的报告中并没有提到翁贝托一世访问维也纳，

① 1077年神圣罗马帝国皇帝亨利四世曾来到卡诺萨城堡，赤脚在雪地里站立了三天，恳求教皇格里高利七世饶恕他，史称"卡诺萨之行"。这里指代向教廷屈服的行为。——译者注

而是继续支持教皇的运动。不过，维也纳和罗马之间关于联盟的谈判仍在继续。意大利希望德奥两国承诺支持意大利在地中海的利益，奥匈帝国外交大臣古斯塔夫·西格蒙德·卡尔诺基伯爵拒绝了这一要求。但奥匈帝国最终同意了一项对等的领土保障的规定以及一项盟国将根据相互友好的情报采取行动的声明。其中一项军事公约规定，一旦发生战争，奥匈帝国应在陆地和海上保卫亚得里亚海，而意大利负责应对法国东南部边境，并派遣第二支军队直接听命于盟国。德奥两国的神职人员要求教皇世俗权力的运动逐渐平息，其目的是加速意大利中央集权化的进程。

欧洲现代史上很少有比意大利加入德奥同盟这样的例子更适合证明将外交事务的管理托付给新手议员的危险性。像久洛·安德拉希伯爵和弗朗切斯科·克里斯皮这样在流亡期间仍清楚国际形势的人，较那些缺乏传统思想且见识短浅的政客而言，在竞选中的表现都更加出色。对意大利议员来说，这种危险特别严重。意大利人高估了自己的思维和才华，结果没把外交工作的困难放在眼里。编撰《昆蒂诺·塞拉传》的杰出作家亚历山德罗·圭乔利伯爵注意到，意大利公众人物难以抵挡住狡猾外表的诱惑。这一观点同样适用于像意大利首相阿戈斯蒂诺·德普雷蒂斯这样的人。在内政事务中，阿戈斯蒂诺·德普雷蒂斯是最狡猾的，他坚信外国问题很容易受到类似方法的影响。阿戈斯蒂诺·德普雷蒂斯认为，由于条约是保密的，意大利加入德奥同盟将使意大利获得德奥两国保证意大利领土完整的好处，且不涉及与法国敌对的不利因素。因此，阿戈斯蒂诺·德普雷蒂斯设想外交事务会自行解决，然后把注意力放在议会政治的短期阴谋上。但这个秘密很快就泄露出去了，而奥托·爱德华·利奥波德·冯·俾斯麦毫不掩饰自己没有任何理由促进法意的亲密关系。因此，意大利遭到了法国的怨恨。为了防止德意志帝国“被迫”对法国发动战争，奥托·爱德华·利奥波德·冯·俾斯麦从斯凯尔涅维采的奥匈帝国皇帝和俄罗斯帝国沙皇那里得到了中立承诺，

阿戈斯蒂诺·德普雷蒂斯

并在奥匈帝国不知情的情况下，与俄罗斯帝国签署了《俄德再保险条约》，这使意大利受到了蔑视。直到1885年秋，曾在国外担任重要外交职务并对三国同盟的形成持怀疑态度的迪·罗比兰特伯爵接到来自意大利驻奥地利大使馆的电话。在电话中，意大利政府命令迪·罗比兰特伯爵接替帕斯夸莱·斯塔尼斯劳·曼奇尼的外交部长职位。此后，意大利的外交情况才有所好转。迪·罗比兰特伯爵坚持奥托·爱德华·利奥波德·冯·俾斯麦的立场，在1885年到1886年的保加利亚危机期间，毅然处理了古斯塔夫·西格蒙德·卡尔诺基伯爵的政策带来的遗留问题，使意大利意识到了巴尔干问题的重要性，并在德意志帝国的帮助下制定了一项英意海军公约，保障了意大利在地中海的利益。1887年接替迪·罗比兰特担任外交大臣的弗朗切斯科·克里斯皮，通过严酷镇压民族统一主义倾向，迫使人们关心与德意志帝国的亲密关系，并改善了意奥关系。为了强调对三国同盟的忠诚，意大利付出了沉重的代价：意大利与法国的商业关系破裂；在第二次弗朗切斯科·克里斯皮政府期间（1893年到1896年），意大利不得不独自应对法国和俄罗斯帝国在阿比西尼亚战役期间援助萨赫勒·马里亚姆——孟尼利克二世的压力。1896年3月意大利在埃塞俄比亚的阿杜瓦战败，使第二届弗朗切斯科·克里斯皮内阁倒台。无论从何种意义上说，这都是法俄为报复意大利帮助建立并维持三国同盟成员地位政策的结果。当资深政治家维斯孔蒂·韦诺斯塔在

阿杜瓦战场上的孟尼利克二世

阿杜瓦战役

1896年夏天恢复了自己在1864年和1869年到1876年期间对意大利外交事务的控制时，意大利的好日子开始了。1897年11月，奥匈帝国外交大臣阿格诺尔·戈武霍夫斯基伯爵在蒙扎拜访翁贝托一世，达成一项口头协议：如果土耳其在欧洲的统治崩溃，奥匈帝国和意大利将放弃对阿尔巴尼亚的领土吞并，并将携手促进阿尔巴尼亚自治。这一安排在维斯孔蒂·韦诺斯塔1899年到1900年的最后一届任期内转变为书面谅解备忘录。还有一项据说存在于三国同盟里的意大利与奥地利之间部分的规定，大意是说，在巴尔干地区，若奥匈帝国领土超出了波斯尼亚和黑塞哥维那的任何边界，意大利有权向奥匈帝国发起索赔。关于阿尔巴尼亚的《维纳斯塔-戈约霍夫斯基协定》自那时已经形成并仍然是意大利在亚得里亚海东岸地区政策的基础。1905年，协议签署人托马索·蒂托尼先生在阿巴济亚拜访了阿格诺尔·戈武霍夫斯基伯爵。1906年春天，阿格诺尔·戈武霍夫斯基伯爵又去威尼斯拜访了托马索·蒂托尼先生。这些访问反映出一种迟缓的看法，即由于意大利和奥匈帝国之间的竞争和相互猜疑，奥意双方正在损害自己在亚得里亚海的利益，使德意志帝国得利。德意志帝国向东扩张战略与奥匈帝国“向萨洛尼卡进军”的梦想相比，一直且仍然是欧洲政治中一个更加积极、实用的因素。阿格诺尔·戈武霍夫斯基伯爵和他的意大利同僚似乎终于明白，阻止维也纳和罗马之间的直接交往，正是德意志帝国在三国同盟中保持领导地位的诀窍。而且，通过在奥意两国内部的不断煽动，迫使两个盟国不断求助于德意志帝国从中斡旋。在三国同盟的历史上，长期以来，消息若想从意大利前往维也纳，必须途经柏林，而德意志人也从不轻易放弃收取过路费的机会。每当罗马和维也纳之间建立起直接的联系时，柏林的不满就会突兀地表现出来，并发生不幸的事件，破坏亚得里亚海盟国之间的亲密关系。因此，当阿格诺尔·戈武霍夫斯基伯爵的继任者阿洛伊斯·莱克萨·冯·埃伦塔尔于1907年7月在代西奥访问托马索·蒂托尼先生，并于1908年9月在塞默灵接受托马索·蒂托尼先生的回访时，可以得知阿洛伊斯·莱克萨·冯·埃伦塔尔最初对意大利的看法从无足轻重慢慢转变为用政治家的思维来对待，因此两个人的关系也迅速亲密起来。有证据表明，1908年9月15日到1908年9月16日，阿洛伊斯·莱克萨·冯·埃伦塔尔与亚历山大·彼得罗维奇·伊兹沃利斯基在布赫劳举行会议之后，托马索·蒂托尼先生获悉这二人已就兼并问题达成协议，并于1908年9月29日到1908年9月30日在代西奥与亚历山大·彼得罗维奇·伊兹沃利斯基先生讨论了这一问题。意大利因同意吞并而得到的补偿只能猜测，但很可能是奥匈帝国同意意大利最终占领的黎波里。此外，在一项协议中还规定，在被吞并的那一刻，奥匈帝国应该撤离桑扎克地区的新帕扎尔。吞并后不久，托马索·蒂托尼先生在卡拉特发表了一篇公开演讲，他的自满与意大利公众舆论的愤怒截然相反，这表明托马索·蒂托尼先生和阿洛伊斯·莱克萨·冯·埃伦塔尔已经串通好了。但那时人们认为阿洛伊斯·莱克萨·冯·埃伦塔尔不够可靠，他的信誉很低。在意大利议院（1908年12月1日到1908年12月4日）关于吞并的辩论中，大多数发言者都认为托马索·蒂托尼先生获得的补偿是空头支票。塞尔维亚的反奥情绪爆发，民族统一主义者的情绪再次高涨。意大利、德意志帝国和奥地利的各种杂志都刊登了在塞尔维亚对抗奥匈帝国战争中里朱塞佩·马里亚·加里波第远征队的报道。奇怪的是，来自达尔马提亚的意大利人渴望加入“远征队”，他们亲自向里朱塞佩·马里亚·加里波第将军申请，但将军发现这些“加里波第人”不仅没有为远征做任何准备，而且实际上还是由与德意志帝国驻意大利北部城市领事馆有联系的特工招

朱塞佩·马里亚·加里波第将军

募的。然而，阿洛伊斯·莱克萨·冯·埃伦塔尔依然证明了自己是对的。在1911年意大利占领的黎波里期间，奥匈帝国对意大利保持友好中立的态度表明，在阿洛伊斯·莱克萨·冯·埃伦塔尔看来，与意大利保持友谊仍是头等大事。1911年秋，尽管阿洛伊斯·莱克萨·冯·埃伦塔尔抗议了意大利海军在阿尔巴尼亚海岸的行动，但他也可以违背维斯孔蒂·维纳斯塔和阿格诺尔·戈武霍夫斯基伯爵的协议。阿洛伊斯·莱克萨·冯·埃伦塔尔坚决抵制奥地利神职人员和军人党、犹太自由主义媒体和财阀利益集团的影响，因为这些势力支持对意大利发动武装袭击。阿洛伊斯·莱克萨·冯·埃伦塔尔用剩余的全部力量反对总参谋长弗朗茨·康拉德·冯·霍岑多夫将军和一些更有影响力的人物的阴谋，迫使

弗朗茨·康拉德·冯·霍岑多夫将军

漫画三国同盟：德国拖着奥地利男孩，奥地利男孩拖着
意大利男孩，意大利男孩为和法国公鸡待在一起而大发脾气

弗朗茨·约瑟夫一世在自己和弗朗茨·康拉德·冯·霍岑多夫之间作出选择，结果自然是后者主动请辞。阿洛伊斯·莱克萨·冯·埃伦塔尔没有活着看到巴尔干联盟的形成以及土耳其人被驱逐出巴尔干半岛的大部分地区，他把一切留给了自己的继承人——利奥波德·贝希托尔德伯爵。这是一份宝贵的遗产，巴尔干危机改善了奥匈帝国与意大利的关系，使1912年三国同盟的早日复兴成为可能，并使维也纳和罗马在最近的巴尔干危机中达成合作成为可能。

如果在斯库台陷落后阿尔巴尼亚仍未与其他国家结成同盟，那么在巴尔干危机中，没有什么比奥匈帝国和意大利临时达成的类似协议更重要的了。奥匈帝国急于让斯库台脱离黑山的势力范围，以确立自己在阿尔巴尼亚以北地区的权威地位，目的是协助意大利占领亚德里亚海的要地、阿尔巴尼亚人的重要港口发罗拉。激进的奥地利政治家们恨不得在一周内让意大利拿到对发罗拉的控制权，而奥匈帝国的战略家们则一直将意大利排除在外。意大利和奥匈帝国在阿尔巴尼亚南部和北部的势力范围以什昆宾河为分界线初步划定。因为受到《三国协约》签订带来的缓冲作用及英国对封锁黑山海岸的国际舰队和黑山撤离后占领斯库台的国际部队的指挥权的影响，奥匈帝国和意大利也就避免了仓促行动可能带来的复杂局面。人们普遍认为，奥匈帝国和意大利分割阿尔巴尼亚将迅速引发各党派之间的斗争，这种看法是有一定依据的。而且，那些准备容忍意大利收买瓦洛纳的奥地利战略家，可能是受到一种思想留下的影响——如果不使意大利放弃对东亚得里亚海海岸的控制权，那么奥匈帝国将很快找到办法削弱意大利的优势。另外，意大利在巴尔干危机初期对奥匈帝国提出的黑山应将洛弗琴山割让给奥地利的建议表示不满，且否决了这一建议。洛弗琴山控制着科托尔湾，削弱了这个港口的战略价值。因为它确实是亚得里亚海沿岸改造得最好的海军基地之一，拥有能随时封闭意大利亚得里亚海沿岸地区的奥特朗托海峡。这迫使奥匈帝国就地作战，无法获得靠近奥地利普拉海军基地的意军支援，并在靠近达尔马提亚群岛形成战略屏障。奥意同盟的特点是，同盟双方一直在考虑和准备对彼此发动战争。伯恩哈德·冯·比洛亲王曾宣称，奥匈帝国和意大利的结局要么是结盟要么是战争。伯恩哈德·冯·比洛亲王还补充说，就自己的努力所能起到的作用而言，联盟决不应该如此真诚，以致排除了破裂的可能性；也决不应该如此糟糕，以致排除了维持联盟的可能性。就奥匈帝国而言，帝国当局并不清楚意大利于自己的意义，也很少对其南部盟友采取一贯的政策。就像一条条从宫廷上传下的诏令并不能代表皇帝一样，外交部指定的外交政策也并非外交大臣的意志。在奥匈帝国的贵族社会、陆军和海军，尤其是教会内部，自意大利统一以来，为达到不同目的而宣扬“惩罚意大利”策略的人一直存在，并坚称只有在伦巴第或威尼斯平原取得新的胜利，或者在利萨再次同意大利开战，奥匈帝国才能恢复在欧洲的声望，并获得对西巴尔干半岛事务的话语权。人们忽视了在奥匈帝国的德意志人与德意志帝国的德意志人之间表现出的团结一致，将奥裔意大利人的亲意情绪视为叛国，并谴责意大利“民族统一主义”的回应。直到最近，奥地利军官还在训练士兵把意大利当作敌人。而且几年前，人们在与奥匈帝国军人交谈时，大胆质疑着奥意战争的必要性，且若有人认为这样的战争只会对德意志帝国有利，便会被视为一名天真的空想家。即使是在像阿格诺尔·戈武霍夫斯基伯爵、阿洛伊斯·莱克萨·冯·埃伦塔尔或利奥波德·贝希托尔德伯爵这样的外交大臣正努力与意大利政府就外交政策问题达成协议的时候，的里雅斯特的地方长官仍毫不犹豫地赞同了奥地利内政部长的意见，无情地将无辜的意大利人驱逐出的里雅斯特、伊斯特里亚和达尔马提亚。被驱逐出境的人数甚至达到了一个月九十多人。同时，的里雅斯特的地方长官拒绝向意大利人签发居留证，即便是的里雅斯特本地人。然而，意大利王国的军事和经济潜力已由意大利军队在的黎波里的英勇表现及意大利财政相对轻松地承担了与土耳其战争的负担(尽管国际金融家们持反对态度)证明，因此奥匈帝国对意大利的态度已经发生了变化，原先那种居高临下的态度已被一种半忌妒的赞赏取代。1902年12月，阿格诺尔·戈武霍夫斯基伯爵礼貌而讽刺地拒绝了意大利外交大臣朱利奥·尼科洛·马尔凯塞·普里内蒂关于意大利有权就马其顿改革问题征求奥匈帝国和俄罗斯帝国意见的建议。1907年年初，阿洛伊斯·莱克萨·冯·埃伦塔尔认为，在准备处理近东问题时，应把意大利排除在外。但在1913年春天，利奥波德·贝希托尔德伯爵很想请求意大利同意对黑山的计划行动，并打算通过承认意大利对阿尔巴尼亚最大份额的主权以收买意大利。而对奥地利进攻的恐惧导致意大利从1902年到1910年在意奥边界修筑了防御工事，这种恐惧逐渐被单一的概念所取代，即南斯拉夫问题对意大利和奥匈帝国构成的危险几乎一样大，意大利有意帮助塞尔维亚远离亚得里亚海。可如此也并不妨碍奥意两国在瓜分阿尔巴尼亚期间保持关系的和睦。大多数国家和许多政府对外交事务一无所知，而奥匈帝国的政策一直以对外交问题的影响力一无所知为指导，因此在这类国家中，奥匈帝国居首位。但在意大利，对似乎注定要塑造东亚得里亚海所需的力量和条件的无知也是惊人的。当代意大利对亚得里亚海的看法，除了海军方面的阿尔巴尼亚问题外，仍然受到对可敬的达尔马提亚和伊斯特利亚意大利人的同情的影响。意大利人从伊斯特利亚和达尔马提亚的同胞与人数众多的南斯拉夫人进行斗争的立场来判断整个亚德里亚沿岸斯拉夫人的问题。达尔马提亚和伊斯特利亚的意大利人真切关注的，就是通过同斯拉夫人坦率地达成协议，来拯救自己的文化和威尼斯共和国的传统。否则，意大利的“民族斗争”只会像奥地利政府将亚得里亚海日耳曼化的努力一样目光短浅。在对南斯拉夫问题上，意大利和奥匈帝国确实都十分感兴趣。对于奥匈帝国来说，最保险的政策是将南斯拉夫人纳入自己的保护范围，与南斯拉夫人开展友好的合作。只有这样，哈布斯堡帝国和意大利才能同样逃脱德意志帝国向东扩张政策的试探所带来的威胁，并在德意志帝国经济和政治战线的另一边构筑一道坚实的南斯拉夫屏障。否则，意大利可能太晚才意识到一个事实，即从夸尔内罗到亚德里亚海的东部沿岸地区是塞尔维亚人的领地，克罗地亚人正在转变成德意志人，而不是意大利人或斯拉夫人。德意志帝国的航运公司几乎不用意大利名字作掩饰，且已经挑战了奥地利劳合社在的里雅斯特的霸主地位。德意志帝国的银行，以维也纳和意大利之名，逐渐吸收商业和控制港口的利益。当地的德意志人政党支持意大利的里雅斯特人与入侵的斯拉夫人进行民族斗争，而奥地利当局担心民族统一主义的侵害，因此禁止从邻国输入意大利资本。北德意志的企业正在蚕食意大利和奥地利的里雅斯特的心脏，并准备证实亚历山大·冯·施莱尼茨的说法——的里雅斯特是一个德意志城市。

众所周知，南斯拉夫问题威胁到奥匈帝国的地位。为了协助维持奥匈帝国，意大利也十分乐意排挤南斯拉夫人。然而，我们不仅只看到与亚得里亚海有关系的因素，也应该从另外一个角度来考虑意大利人伸出援手的原因。鉴于塞尔维亚的胜利以及奥匈帝国的政治家近年来的不诚实和执拗，人们很难判断奥匈帝国是否还来得及衡量自己的利益并解决南斯拉夫问题。但在评判奥匈帝国的事务时，人们很容易低估其隐藏的抵抗力量、其神秘的活力以及人民潜意识里的帝国凝聚力。即使这些力量和品质本身存在的迹象被衰老和解体的症状所掩盖，也必须始终充分考虑到这些因素。1912年秋季，奥斯曼帝国在巴尔干战场战败后，奥地利许多地区和匈牙利部分地区普遍存在这样一种印象，即君主制已受到致命打击。一位乐观的南斯拉夫人在战争前夕写道："如果这场战争成功，帝国将不再是一个大国。"现在，这位南斯拉夫人的预言似乎已经实现，连空气里都弥漫着死亡的气息。公众所能看到的对奥匈事务的处理既无能又不真诚，这使一位经验丰富、客观公正的外交观察家惊呼道："我从未见过谁能为了自己利益无情到这样的地步。"在奥匈帝国，"你终将遭天谴"似乎才是人们的口头禅。君主制虽然受到了打击，却依旧屹立不倒。对于君主制是否能继续存在的问题，帝国似乎回答说："我们走一步看一步。"人们开始渐渐意识到，即使是那些不能很快看出局势本质的人，奥匈帝国的存在正受到威胁，而威胁主要是内部问题导致的，是随二元制度而来的根源弊病。这种看法首先出现在二元论的两派中，即奥地利的"自由主义"德意志人，以及匈牙利的马扎尔人和马扎尔化犹太人之间。二者本能地相互靠拢，试图消除分歧，以便支持旨在使自己族群的霸权永久化的体制。匈牙利的马扎尔人和马扎尔化犹太人十分团结，尤其是在土耳其青年党人成功重占色雷斯这个形势下。在奥匈帝国成立前，土耳其人也许还能成功地摧毁它，使自己和奥斯曼帝国能有一个较好的前景，同时抵御来自德意志人、俄罗斯人和南斯拉夫人的危险。

在这些危险中，最明显的是南斯拉夫人，最令人生畏的是俄罗斯人(或者是俄裔罗马尼亚人)，最阴险的则是德意志人。

南斯拉夫问题主要有两个方面，其中一个不可否认的是，塞尔维亚-克罗地亚民族的所有分支都倾向于政治联盟，另一个则是奥匈帝国在二元制度下对南斯拉夫人的重重刁难。巴尔干战争之前，最具影响力的奥匈帝国南斯拉夫人的口号是“团结一致！无论将面临何种困难！都要顽强地生活在哈布斯堡帝国”。战后，一种认为在帝国内联合无望的感觉蔓延并加深，也许这不是出于因克罗地亚和斯拉沃尼亚、波斯尼亚、黑塞哥维那和达尔马提亚等地在战争期间和战后持续受到虐待而引起的失望和怨恨。战争成就了一个更伟大的塞尔维亚，并使哈布斯堡帝国将塞尔维亚纳入版图的政策落空。对克罗地亚和斯拉沃尼亚以及波斯尼亚和黑塞哥维那一半的影响力在宪法上属于匈牙利。人们认为，匈牙利永远不会主动同意以这种方式对待南斯拉夫人，使南斯拉夫人能够在帝国中成为制衡马扎尔人的力量；而且，目前看来，还没有出现任何违背马扎尔人意志的发展。匈牙利通过国内唯一通往大海的航线，和唯一的港口阜姆港，自然地控制着克罗地亚和斯拉沃尼亚。自1779年匈牙利王室将阜姆港转交给奥地利女大公玛丽亚·特蕾莎，并在1870年恢复使用后，阜姆港一直发展得很好。阜姆港是将马扎尔人与外面世界连接的唯一窗口，马扎尔人使用各种手段，努力地防止斯拉夫民族挡住自己视线也是可以理解的。达尔马提亚在历史上和宪法上都属于马扎尔人。每一枚匈牙利硬币上都刻有“Ferencz József IK.A.Cs- s- M.H.S.D.O.AP.Kir”的字样，意为“弗朗茨·约瑟夫托上帝鸿福，加冕奥地利皇帝及匈牙利、克罗地亚、斯拉沃尼亚、达尔马提亚、使徒国王”。重新并入匈牙利的达尔马提亚以及波斯尼亚和黑塞哥维那，是马扎尔人解决南斯拉夫问题的办法。马扎尔人把波斯尼亚和黑塞哥维那看作“拉玛王国”，在匈牙利国王加冕时，便代表了“拉玛王国”。但这一解决办法的前提是奥地利放弃对的里雅斯特和伊斯特里亚海岸以外的亚得里亚海沿岸的一切控制。二元制实行的头几年，匈牙利的事物还是由具有卓越政治才能的人领导时，人们似乎有理由相信，作为匈牙利王国原住民的马扎尔人会将南斯拉夫人民聚集在一起，并在南斯拉夫人的支持下获得领导权。现在看来，这个二元制的发展似乎已经超出了人们的预期。从帝国内部凝聚力的角度来看，马扎尔人扮演了一种排斥力量的角色，无力为善，强大为恶。在找到确切的相反证据之前，研究哈布斯堡帝国事务的学生们不得不把马扎尔人视为王室的负担，而不是资产。自我保护的本能也许会在最后一刻创造奇迹，即便马扎尔人没有受到沙文主义思想的侵染而导致自己完全丧失在欧洲的重要地位并依附于奥地利生存，马扎尔人未来也只会面临更严峻的挑战。除非在马扎尔人中出现一位天才的领导人，或是奥地利政客善意地提示马扎尔人面临的问题，马扎尔人才有希望走出绝境。至于奥地利，只要目前的二元制继续存在且马扎尔人仍在阻碍吞并进程，奥地利便无法合理地着手处理塞尔维亚-克罗地亚问题。的确，南斯拉夫人的危险可以通过阻止塞尔维亚-克罗地亚人的经济发展而暂时消除，因为先前匈牙利阻止了克罗地亚和斯拉沃尼亚的发展、奥地利——主要以匈牙利为例——达尔马提亚的发展以及奥匈帝国与波斯尼亚和黑塞哥维那的结合。但塞尔维亚人正在逐渐吸取北方斯拉夫人君主制的教训，特别是捷克斯洛伐克——他们从犹太人那里学会了管理自身的资源，建立自己的银行，了解到发展经济潜力的重要性。捷克斯洛伐克的金融政策首当其冲的一条就是限制犹太高利贷者的活动，其次是加强对国际犹太人金融活动的监管。南斯拉夫人深信这些犹太人是日耳曼主义的先驱者。南斯拉夫人的不懈努力加上他们在奥匈帝国边界外的发展，使奥匈帝国境内的塞尔维亚人逐渐有了挣脱枷锁的能力。除非维也纳和布达佩斯意识到，试图把人口和领土问题放在经济问题的从属地位是愚蠢的，因为从长远来看，这些人口和领土的发展是无法阻止的，否则整个君主制就会面临严重的危险。奥匈帝国面临的根本性的内部问题是，如何在不引发内战及其他风险的情况下修改或发展二元制。关于马扎尔人对奥地利试图用武力统一帝国所提出的抵抗，意见分歧很大。不过，在和平安排的所有可能性和假设都用尽之前，最好忽略这类灾难性的偶然事件。这样的一个假设是针对不可能把波斯尼亚和黑塞哥维那分给奥匈帝国，并且，鉴于各国想要为分散的塞尔维亚-克罗地亚地区——包括克罗地亚、斯拉沃尼亚和达尔马提亚等地——以某种形式组织起来，便于对塞尔维亚-克罗地亚地区的控制、满足自己的政治野心。对于这一假设，必定会有一片反对声。马扎尔人的宪法律师们痛恨任何承认奥地利对圣史蒂芬王权地区的影响，比如克罗地亚和斯拉沃尼亚。奥地利人的感情会与匈牙利人对达尔马提亚海岸的影响相抵触。塞尔维亚-克罗地亚人自己也可能对达尔马提亚、克罗地亚和斯拉沃尼亚被削减到联合王国的地位而感到不满，即使这种削减伴有完全的地方自治和经济优势。但从帝国的角度来看，这一假设的好处可能是在匈牙利和奥地利之间建立一种新的关系，并避免任何势力用帝国的三联邦制或联邦制来代替二元制。匈牙利-塞尔维亚-克罗地亚是否应由一个中央议会和一个真正自治的政府领导？是否有权直接派代表前往仍有能力处理外交和军事事务的奥匈代表团？关于南斯拉夫问题，奥匈帝国一方也许已经找到了初步解决办法。大多数奥地利人和一些匈牙利人宁愿采取权宜之计，即把现有的安排做成表格，并满足“年轻的奥地利人”对整个帝国实行联邦化统一的理想；或者匈牙利独立并完全控制克罗地亚、斯拉沃尼亚、达尔马提亚、波斯尼亚和黑塞哥维那的马扎尔理想。但19世纪60年代初的宪政实验历史却鲜有涉及鼓励人们相信一项由宪法理论家在白纸黑字上起草的新安排的实际价值。对现有事物的适应可能会产生更可容的结果，并能更好地适应奥匈帝国得过且过的心理。然而，维也纳和布达佩斯是否应该继续牺牲塞尔维亚人的经济发展，以维持目前形式的二元制？经济窒息的感觉将不可避免地增加到政治压迫的感觉中，这种感觉成为给南斯拉夫团结感注入的一剂强心针。如果巴尔干半岛各国，尤其是塞尔维亚，经济发展十分繁荣的话，那么除非奥匈帝国的政治家们能及时解决自己所面临的问题，否则奥匈帝国将在塞尔维亚-克罗地亚问题上处于一个十分尴尬的地位。现在从各个方面来看，南斯拉夫问题对奥匈帝国都是危险的。如果奥匈帝国持续忽视南斯拉夫问题，除非发生政变或相信哈布斯堡皇室在南斯拉夫问题上作出重大让步，否则奥匈帝国无法避免惨剧的发生。

如果南斯拉夫问题是单独存在的，那么解决南斯拉夫问题可能就不那么困难，南斯拉夫问题也不会如此受到关注。但事实上，南斯拉夫问题只是环绕哈布斯堡统治的一连串矛盾中的一个环节。在匈牙利东南部，特兰西瓦尼亚自治的痼疾和新出现的罗马尼亚民族统一主义的问题均没有得到解决。如果奥匈帝国和罗马尼亚王国之间的关系因巴尔干危机交恶，那么上述问题则可能会更加突出。在匈牙利东南部，就像在南斯拉夫问题上一样，马扎尔人目光短浅的沙文主义再次受到指责。马扎尔人曾把一个原本机智而有天赋，却长期受到压迫的民族变为一个智力不逊于自己的民族。马扎尔人不仅破坏了罗马尼亚人对匈牙利的忠诚，也破坏了自己对哈布斯堡帝国的忠诚，甚至还在欧洲东南部的奥匈帝国抵抗俄罗斯帝国的体系中为自己埋下了祸根。自1878年以来，俄罗斯帝国吞并了《巴黎条约》划定给罗马尼亚的摩尔达维亚的比萨拉比亚地区，从而疏远了罗马尼亚。罗马尼亚迫于无奈，只能选择依赖奥匈帝国。俄罗斯帝国此时犯的错误比亚历山大·戈尔恰科夫伯爵执政时放任卡罗尔·卡莱曼亲王入侵并掠夺罗马尼亚领土时犯下的错误更严重。虽然卡罗尔·卡莱曼亲王在普莱夫纳挽救了俄罗斯帝国军队的荣誉，实际上却使俄罗斯帝国丧失了在俄土战争的有利形势，使数十年后俄罗斯帝国在巴尔干地区的有效影响力落入低谷。对罗马尼亚来说，由于失去了比萨拉比亚，同时在政治上又无法独立，因此受到了双重打击。而如果对奥匈帝国施加外交或军事压力，则可以确保特兰西瓦尼亚的罗马尼亚人能得到更好的待遇，使罗马尼亚人摆脱匈牙利边境和铁路当局经常使用的欺骗手段——阻止罗马尼亚牲畜和农产品进口。三国同盟成立后，罗马尼亚与奥匈帝国之间缔结的政治和军事协议的确切内容从未泄露过，但协议应包括对等的领土保证和一项军事公约，以同时调动奥匈帝国和罗马尼亚军队，预防俄罗斯帝国的进攻。这些协议能在俄罗斯帝国巧妙的外交攻击下存活多久，还未曾得知。如果俄罗斯帝国存在奥托·爱德华·利奥波德·冯·俾斯麦或加富尔伯爵卡米洛·奔索这样的政治家，那这些政治家一定会毫不犹豫地抹去1878年对罗马尼亚人忘恩负义的历史污点，并通过优待那些仍居住在俄罗斯帝国境内的罗马尼亚人，促进与罗马尼亚的友好关系。迄今为止，只有布科维纳的非罗马尼亚国籍罗马尼亚人受到了当地统治者的周到对待。奥匈帝国当局在布科维纳表现出明智的容忍，这充分说明，如果奥匈帝国始终本着公正的善意进行统治，事情会发展成什么样子。不过，在布科维纳，除了罗马尼亚人之外，还有一个问题的开端。这个问题可能不会引发欧洲的战火，但很有可能会使奥匈帝国和俄罗斯帝国卷入一场斗争。鲁塞尼亚人或小俄罗斯人居住在布科维纳西部地区，实际上是整个加利西亚东部地区，远至普热梅希尔，以及波多里亚、沃里尼亚和基辅等几个俄罗斯帝国管辖地区，形成了一个由三千万人口组成的密集集体，从第聂伯河一直延伸到喀尔巴阡河，并向匈牙利的东北部蔓延。俄罗斯帝国认为小俄罗斯人是伟大的俄罗斯民族大家庭的一个部分，并把小俄罗斯的语言当作俄罗斯帝国的方言。奥匈帝国当局鼓励鲁塞尼亚人把自己看作一个独立的斯拉夫民族，鲁塞尼亚人的语言是一种特征鲜明的斯拉夫语，与俄语和波兰语各有不同。在科学方面，语言学的问题是语言学家要研究的项目。不过，就其政治方面而言，可能具有很大的重要性。俄罗斯帝国没有设立用俄语或方言进行教育的设施，而奥地利在伦伯格大学则设立了许多给鲁塞尼亚人的教授职位，并将鲁塞尼亚语作为帝国公认的官方语言之一。每一张奥匈帝国的钞票上都有奥地利语和波兰语的铭文，在加利西亚东部的小学里教授这种语言，唯一强制要求学习的是波兰语。俄罗斯人试图鼓动奥匈帝国的鲁塞尼亚人或小俄罗斯人，使他们相信小俄罗斯是一个独立的民族。而俄罗斯人唯一的反击手段，是在奥匈帝国的鲁塞尼亚人中进行一种带有俄罗斯色彩的正统宣传，这种宣传的辅助手段是偷偷地把俄罗斯卢布引入加利西亚东部。通过带有俄罗斯帝国铭文和沙皇肖像的硬币，沙皇的形象渐渐深入人心。信仰俄罗斯东正教的奥匈帝国鲁塞尼亚人比信仰希腊联合教会的人更容易得出这一结论。希腊联合教会在教义上信仰罗马天主教，但弥撒仪式却属于东正教。近几年，希腊联合教会在加利西亚授蒙席[①]。斯坦尼斯瓦夫·塞普提基伯爵是一位品格高尚、颇有造诣的主教，他竭力使自己的影响扩大到奥地利边境以外的小俄罗斯地区，敦促小俄罗斯人考虑加入希腊联合教会。如此一来，斯坦尼斯瓦夫·塞普提基伯爵既能成为天主教教徒，又有成为东正教教徒的资格。就俄罗斯帝国议会而言，他们也曾努力在加利西亚东部地区推动鲁塞尼亚农奴脱离希腊联合教会改信东正教。奥地利和波兰当局为打击这种宣传所作的努力，以及不愿承认实际上已经发生的转变，已经引起了西欧各国关于加利西亚宗教迫害的报道。不过，除了这种主要由宗教信仰引起的政治斗争之外，奥地利在过去几年里一直在努力推动这场纯粹的政治运动。表面上，这场政治运动的目的是要建立一个领土由俄罗斯帝国东南部的小俄罗斯地区、布科维纳的部分地区和东加利西亚地区构成的独立自治的国家，而不仅仅是建立一个被称作乌克兰边境地区的、独立的小俄罗斯地区或鲁塞尼亚省。关于“小俄罗斯

① 蒙席是教宗为有功神父颁赐的头衔，拥有蒙席头衔的神父可着与主教近似的主教服。——译者注

人”应该被称为“小俄罗斯人”还是“鲁塞尼亚人”，这个问题尚无定论，折中结果是，将这些居民称为乌克兰人或边境居民。奥匈帝国的鲁塞尼亚人最强大的政党已经采用了这个叫法，并设法让俄罗斯帝国的小俄罗斯人也接受这个叫法。目前还不清楚在这方面究竟取得了怎样的进展。俄罗斯人称此举注定“没有结果”，而奥匈帝国的乌克兰人却说，“我们成绩斐然”。不过，乌克兰人在奥地利当局的帮助下和希腊联合教会的鼓励下，追求的目标是毋庸置疑的——他们希望在加利西亚的首都伦伯格建立一所纯粹的鲁塞尼亚或乌克兰大学，把波兰地主和当局赶出加利西亚东部，并在伦伯格建立了一个独立的鲁塞尼亚议会，作为哈布斯堡帝国的鲁塞尼亚自治机构或乌克兰的立法机构。这些将注定成为“维也纳人”所梦想的大乌克兰的核心，即在哈布斯堡帝国的支持下建立一个乌克兰国家，并在德意志帝国的帮助下，彻底瓦解俄罗斯帝国。

不幸的是，波兰问题不仅使该计划变得复杂，而且作为平衡奥匈帝国、俄罗斯帝国和德意志帝国三国关系的重要因素，波兰问题还使三国之间的关系也日益微妙。直到维也纳开始鼓励乌克兰运动，并纵容鲁塞尼亚领导人尝试摆脱波兰在加利西亚东部的霸权，局势才变得明朗了。奥匈帝国的波兰人原本是帝国最忠诚可靠的臣民。老一代奥匈帝国的波兰人仍然忠诚，特别是在加利西亚西部和克拉科夫的奥匈帝国的波兰人，这些地区还没有受到鲁塞尼亚或乌克兰运动压力的影响；但在年轻一代的奥匈帝国波兰人中，大多有明显的亲俄主义倾向，更准确地说，有一种对波兰未来事业的构想。如果俄罗斯帝国有足够的远见，能够保护在俄波兰人的利益，使在俄波兰人发展出亲俄主义思想，这种对波兰未来事业的构想也就会发展成亲俄主义。奥匈帝国的波兰人对当局在反俄策略上把自己同鲁塞尼亚人捆绑在一起并驱赶的做法表示不满。奥匈帝国的波兰人不能从反思中获得慰藉，他们知道这条路的尽头会是悬崖，虽然奥匈帝国这辆汽车可能在最后时刻因切断羁绊而获救，但波兰人，甚至鲁塞尼亚人，都有可能因此而毁灭。此外，奥匈帝国的波兰人发现很难与鲁塞尼亚人真诚合作。几个世纪以来，二者之间的关系一直是主仆关系，更确切地说，是地主与农民的关系。鲁塞尼亚人是农民。鲁塞尼亚人的统治者——贵族，在过去的几个世纪一直被引荐到波兰或俄罗斯的宫廷，并被波兰化或俄罗斯化。因此，许多杰出的波兰贵族都出身于鲁塞尼亚。迄今为止，鲁塞尼亚家族唯一的杰出成员就是斯坦尼斯瓦夫·塞普提基伯爵了。斯坦尼斯瓦夫·塞普提基伯爵已经恢复了鲁塞尼亚/小俄罗斯/乌克兰国籍，但如果乌克兰运动取得进展，那么就一定会有国家效仿。与此同时，乌克兰运动主要由希腊联合牧师之子和其他社会地位较低的人领导，他们紧靠人民，足以获得人民的信任。除了其一般的政治目的外，这场运动在很大程度上具有一种激进主义和无政府的性质。这种性质曾不止一次显露在政治暗杀中。保守的波兰贵族很自然地对这场运动产生了同情，因为这会影响波兰的物质福利和政治信仰；尽管克拉科夫的波兰保守派试图推动与鲁塞尼亚家族达成协议并在伦伯格和加利西亚的议会中划分势力范围，但两族之间的和平前景依然渺茫。1913年春天，加利西亚的罗马天主教大主教以“会增加反宗教和激进分子，尤其是犹太人的影响力”为由出面干预，阻止了波兰人和鲁塞尼亚人之间的选举和解。犹太人的问题确实是影响整个加利西亚、俄罗斯帝国和奥匈帝国的波兰人问题的发展和走向的重要因素，其地位不亚于与这些问题密切相关的近东问题。出于对俄罗斯帝国的仇视，犹太人选择支持乌克兰和波兰的事业。犹太人认为，乌克兰理想的实现和如今俄罗斯帝国危如累卵的局势，对解放在俄犹太同胞而言十分有利。鉴于当时的形势，俄罗斯帝国的政治家们不得不密切关注奥匈帝国的波兰人问题和乌克兰运动的进展，并开始思考维持对俄罗斯帝国波兰领地的行政压迫，是否严重阻碍了本国的外交自由——若不论自身军事行动影响的话。俄罗斯帝国的波兰人与俄罗斯帝国有着密切的经济联系：俄罗斯帝国广阔的市场向波兰人自己的制造商开放，而且帝国的关税政策也使波兰人自己可以避免与德意志帝国商人竞争。但只要受到利益驱使的俄罗斯帝国官僚仍然统治着这些波兰人，那么任何利益的诱惑都不能保证波兰人的忠诚。因此可以推断，这个地区已经“脱离”了俄罗斯帝国的掌控。事实也是如此，人们曾强烈怀疑一些俄罗斯帝国底层官员和保卫部，或者说政治警察，在各式各样的“波兰式”的红色运动中起了推波助澜的作用，其目的正是说服沙皇政府和沙皇本人维持对该区域的包围政策。德意志帝国积极地支持了俄罗斯帝国官僚机构的这种做法，直接或间接地阻止了俄罗斯帝国与波兰人之间达成任何形式和解，并让俄罗斯帝国在潜意识中认为，对动荡和无纪律的波兰民族进行分裂和压迫，是如德意志帝国和俄罗斯帝国等保守主义者和爱好秩序的国家的首要任务。

波兰问题是18世纪后半叶由东方问题发展而来的。在最近的巴尔干战争中，近东问题的半解决状态又使其重新进入欧洲政治的前台。而且，正如已故的阿尔伯特·索雷尔先生生前敏锐地预见到的那样，波兰问题迟早会与南斯拉夫问题一起引发“奥地利问题”。长久以来，奥匈帝国的目光贪婪地觊觎着巴尔干半岛。除非奥匈帝国能利用狡猾的外交手段完全消除巴尔干战争的影响，否则只能另求突破。如果奥匈帝国确实到了不得不放弃在巴尔干半岛的地步，那时奥匈帝国的目光可能会转向关注波兰人和乌克兰运动所指示的方向。不过，如果没有奥匈帝国和德意志帝国之间的积极合作，这些运动也无法开花结果。阿洛伊斯·莱克萨·冯·埃伦塔尔放弃了米尔茨施泰格计划的基础和吞并政策，导致奥匈帝国和俄罗斯帝国之间的敌对状态加剧。这使德意志帝国能再次掌控并承担起奥匈帝国外交政策的方向，在维也纳和圣彼得堡之间进行着有益的调解。奥匈帝国人民时常会担心俄罗斯帝国和德意志帝国有一天会同意分割奥匈帝国的领土，但他们平日里把这些担忧隐藏得很好。如果不是毫无根据的话，奥匈帝国人民肯定是夸大了这种担忧。实际上，只要德意志帝国能通过经济和政治渗透政策，使奥匈帝国为其服务，就不太可能会对奥匈帝国作出任何实质性的伤害。实施渗透政策的一个主要目的是使德意志帝国控制通往的里雅斯特的路线，并通过亚得里亚海到达地中海。只要哈布斯堡帝国不过分顶撞德意志帝国，那么就不会面临灭亡的危险。如果因欧洲或近东地区那些悬而未决的国际问题使战争爆发，若奥匈帝国在战争中获胜，则还会在德意志的帮助下获得相当一部分俄罗斯帝国的领土；一旦战败，奥匈帝国的存在就会和现在受到威胁的德意志帝国一样。不过，在这个利益交织、军队庞大的时代，最好排除这些灾难性结果的假设。因为一旦战败，国内必然会爆发对权力和当前社会秩序造成致命打击的革命。冷静地分析完各种复杂因素后，不难发现，除非奥匈帝国进化出一种比二元制更能适应人民永久需求的政体，否则奥匈帝国是不可能摆脱目前的困境并迎来一个更加繁荣和平稳定的未来的。一位没有多少俄罗斯帝国血统、却有着广泛的德意志帝国和古典文化沉淀的具有远见卓识的波兰政治家曾说，哈布斯堡帝国最理想的形态是“带有德意志帝国气息的斯拉夫人家庭”。然而，和大多数理论家一样，这位政治家并没有站在帝国的角度来看问题，忽略了哈布斯堡帝国能否承受这些改变、是否能放弃其古老传统和内容本身的信誉，公正地统治，让人民自发地忠于皇帝，自由地管理自己的事务等问题。哈布斯堡帝国的王权仍然是帝国自身最强大的武器。一般来说，王权的力量比帝国境内的德意志人、斯拉夫人、马扎尔人、教会或犹太人的影响还要强大。从各方面来说，王权的力量是绝对的。但王权的存在无论是对军事、政治、宗教还是金融方面的势力来说都是威胁，所以各方势力都在以破坏王权的绝对性、巩固自身的地位为目标，以此来制定短期方略。但这些因素都无法成为取代维也纳城堡外镌刻的“司法至上”这一政策的理由。对一个将民族势力、公众舆论和反抗力量划分为数十个阵营并让阵营之间相互对抗的国家来说，政府坐收渔翁之利似乎是理所应当。然而，在一个民族主义思想盛行且以经济实力决定国际地位的时代，王朝及其政客们需要转换思维，以更崇高的理想为目标，跳离只看眼前利益的狭隘思维和保持平衡态度。哈布斯堡帝国只有优先考虑基于底线制定一条易于推行的政策，为帝国争取缓冲的时间，并接受遵从司法原则所代表的更高权宜才具有长期效力的观点，方能在保持自己迄今为止所掌握的权力且收得民心的同时，将帝国建设成各国政府的榜样及世界人民都向往的理想乡。

译名对照表

Abbazia	奥帕蒂亚
Abbazia	阿巴济亚
Abdul Hamid II	阿卜杜勒・哈米德二世
Absolutism	君主专制
ad audiendum verbum regium	皇家听证会
Adam Bernard Mickiewicz	亚当・伯纳德・密茨凯维奇
Admont	阿德蒙特
Adolf Hofrichter	阿道夫・霍夫里希特
Adowa	阿杜瓦
Agenor Romuald Gołuchowski	阿格诺尔・罗穆亚尔德・戈武霍夫斯基
Agostino Depretis	阿戈斯蒂诺・德普雷蒂斯
Agram	阿格拉姆
Albania	阿尔巴尼亚
Albert Edward	阿尔伯特・爱德华
Albert Sorel	阿尔伯特・索雷尔
Albrecht Friedrich Rudolf	阿尔布雷希特・弗里德里希・鲁道夫
Alexander II	亚历山大二世
Alexander Mikhailovich Gorchakov	亚历山大・米哈伊洛维奇・戈尔恰科夫
Alexander Petrovich Izvolsky	亚历山大・彼得罗维奇・伊兹沃利斯基
Alexander the Great	亚历山大大帝
Alexander von Bach	亚历山大・冯・巴赫
Alois Lexa von Aehrenthal	阿洛伊斯・莱克萨・冯・埃伦塔尔
Alps	阿尔卑斯山脉

Alsace-Lorraine	阿尔萨斯－洛林
American Constitution	《美国宪法》
Andrei Şaguna	安德烈・萨古纳
Anglophil	亲英派
Anglophobe	恐英派
Anglo-RussianRapprochement	《英俄和解》
Anglo-Saxon	盎格鲁－撒克逊人
Anti- Dualist Opposition	反二元主义派
Anti-Clerical Policy	反天主教政策
Anti-Hapsburg	反哈布斯堡家族
Antivari	安提代利
Anton Galgótzy	安东・高尔戈齐
Anton von Schmerling	安东・冯・施梅林
April Laws	《四月法令》
Arbeiter Zeitung	《工人报》
Arbeiter Zeitung	《劳动报》
Archbishop of Cracow	克拉科夫大主教
Archbishop of Vienna	维也纳大主教
Archduke Franz Ferdinand	弗朗茨・斐迪南大公
Archduke Karl Franz Joseph	卡尔・弗朗茨・约瑟夫大公
Archduke Otto of Austria	奥地利大公奥托
Argus	阿格斯
Arons	阿隆斯
Arthur Schnitzler	阿图尔・施尼茨勒
Aryan	雅利安人
Ascania	阿斯卡尼亚
Ashkenazim	德系犹太人
Aspern	阿斯彭
Assidean party	哈西典党派
Assimilationists	同化论者

Auersperg Cabinet	奥埃尔斯佩格内阁
August Fournier	奥古斯特·弗尼尔
Augustinian Canons	奥古斯丁教规
Austria	奥地利
Austrian Chamber	奥地利议院
Austrian Episcopate	奥地利圣公会
Austrian Federal Constitution	《奥地利联邦宪法》
Austrian History	《奥地利史》
Austrian Liberal	奥地利自由党
Austrian Observer	《奥地利观察家报》
Austrian Slavs	奥地利斯拉夫人
Austro-German Alliance	德奥同盟
Austro-Hungarian	奥匈帝国
Austro-Italian Agreement	《奥意协定》
Austro-Russian Agreement	《奥俄协定》
Austro-Turkish Convention	《奥土公约》
Autonomy	自治权
Bach's absolutism	巴赫专制
Ballplatz	巴尔普拉茨
Bank of England	英格兰央行
Bar	巴尔
Barnabites	巴尔纳伯会
Barons	男爵
Battle of Lissa	利萨战役
Battle of Magenta	马真塔战役
Battle of Mukden	奉天会战
Battle of Sadowa	萨多瓦战役
Battle of Solferino	索尔费里诺战役
Bavaria	巴伐利亚
Bavarian Palatinate	巴伐利亚巴拉丁

Belgium	比利时
Belgrade	贝尔格莱德
Benedictines	本笃会
Benjamin Disraeli	本杰明·迪斯雷利
Bernhard von Bülow	伯恩哈德·冯·比洛
Bernstein	伯恩斯坦
Bessarabia	比萨拉比亚
Bishop -Suffragan of Treves	特里夫的萨弗拉甘主教
Bocche di Cattaro	科托尔湾
Bohemia	波希米亚
Bohemian Diet	波希米亚议会
Bosnia-Herzegovina	波斯尼亚和黑塞哥维那
Bosnian Railway	波斯尼亚铁路
Bourbon-Parma	波旁－帕尔马
Bozo Markovitch	博佐·马尔科维奇
Brixen	布里森
Brünn	布尔诺
Budapest	布达佩斯
Bukovina	布科维纳
Bulgaria	大保加利亚
Bulla Apostolica	《教皇诏书》
Bureaucratic	官僚统治
Bürgerliches Gesetzbuch	《德意志帝国民法典》
Cabinet Order	《内阁命令》
Camillo Benso	卡米洛·奔索
Canossa	卡诺萨
Capitalism	资本主义
Captain von Svientochowski	冯·斯文托霍夫斯基上校

Cardinal Puzyna	普切纳枢机主教
Cardinal Rampolla	兰波拉枢机主教
Carinthia	克恩顿
Carinthia	卡林西亚
Carniola	卡尼奥拉
Carpathians	喀尔巴阡山脉
Catholic	天主教
Celtic	凯尔特人
Charles VI	查理六世
Charles-Maurice de Talleyrand-Périgord	查尔斯－莫里斯·德·塔列朗－佩里戈尔
Chief of General Staff	总参谋长
Christian Friedrich Hebbel	克里斯蒂安·弗里德里希·黑贝尔
Christian Social	基督教社会
Christian Social Movement	基督教社会运动
Christian Social Party	基督教社会党
Christian Socialism	基督教社会主义
Christoph Bartholomäus Anton Migazzi	克里斯托夫·巴托洛梅乌斯·安东·米加兹
Cistercians	熙笃会
Civil Agents	民事代理人
Civitavecchia	奇维塔韦基亚
Clément Armand Fallières	克莱门特·阿尔芒·法利埃
Clement XIII	克莱门特十三世
Clement XIV	克莱门特十四世
Clericalism	神权主义
Coalition	政党联盟
Coena Domini	《科埃纳·多明尼》
Concordat	《政教条约》
Conference of Algeciras	阿尔赫西拉斯会议
Congress of Berlin	柏林会议
Congress of Laybach	莱巴赫大会

Conservatism	保守主义
Constance	康斯坦茨
Constantinople	君士坦丁堡
Constitution for the Austrian Empire	《奥地利帝国宪法》
Constitutional	宪法
Constitutional Absolutism	宪法专制主义
Council of State	国务委员会
Count Agenor Gołuchowski	阿格诺尔·戈武霍夫斯基伯爵
Count Alessandro Guiccioli	亚历山德罗·圭乔利伯爵
Count Alexander Gorchakov	亚历山大·戈尔恰科夫伯爵
Count Andrew Potocki	安德鲁·波托基伯爵
Count di Robilant	迪·罗比兰特伯爵
Count Eduard Taaffe	爱德华·塔菲伯爵
Count Felix Badeni	费利克斯·巴德尼伯爵
Count Gyula Andrássy	久洛·安德拉希伯爵
Count Karl von Hohenwart	卡尔·冯·霍恩瓦特伯爵
Count Leo Thun	利奥·图恩伯爵
Count of Cavour	加富尔伯爵
Count Ottokar Czernin	奥托卡·切尔宁伯爵
Count Richard Belcredi	理查德·贝尔克雷迪伯爵
Count Stanisław Szeptycki	斯坦尼斯瓦夫·塞普提基伯爵
Count Stephen Tisza	蒂萨·史蒂芬伯爵
Croatian Bans	克罗地亚总督
Croatian Diet	克罗地亚议会
Croatians	克罗地亚人
Croatia-Slavonia	克罗地亚－斯拉沃尼亚
Crown	克朗
Crown of Charlemagne	查理曼皇冠
Curia Romana	罗马教廷
Cyprus	塞浦路斯

Cyrillic	西里尔语
Czech	捷克人
Dalmatia	达尔马提亚
Danilo Aleksandar Petrović-Njegoš	达尼洛·亚历山大·彼特罗维奇－涅戈什
Das Kapital	《资本论》
December Constitution	《十二月宪法》
Democratic Governments	民主政府
Depretis-Mancini	德普雷蒂斯－曼奇尼
Desio	代西奥
Desperanto	《世界语》
Devisenpolitik	外汇政策
Dezső Bánffy	班菲 · 德索
Die Juden und das Wirtschaftsleben	《犹太人与经济生活》
Die Zukunft der Juden	《犹太人的未来》
Diplomatic History of Servia	《塞尔维亚外交史》
Dishonesty is the Best Policy	《不诚实是最好的政策》
Divine Right of Kings	君权神授
Doctors of Law	法学博士
Dr. Sylvester	席尔维斯特博士
Dual Alliance	德奥同盟
East London	东伦敦
Eastern Galicia	加利西亚东部
Ebenbiirtigkeit	同等出身
Eduard Franz Joseph von Taaffe	爱德华 · 弗朗茨 · 约瑟夫 · 冯 · 塔弗
Eduard von Wertheimer	爱德华 · 冯 · 韦特海默
Edward VII	爱德华七世
Eger	埃格尔
Elbe	易北河
Eleonore Caroline Gasparine Louise	埃利奥诺拉·凯洛琳·加斯帕里尼·路易斯
Entente à Quatre	《四方协议》

Entente Cordiale	《英法协约》
Era of Enlightenment	启蒙时代
Ernest von Koerber	恩斯特・冯・克贝尔
Estates of the Realm	三级会议
Ethiopia People	埃塞俄比亚人
Etruscan Museum	伊特鲁里亚博物馆
Eucharistic Congress	圣体大会
Ezra	以斯拉
Far East	远东
Fashoda Incident	法绍达事件
February Patent	《二月特许状》
February Programme	二月改革
Feldkirch	费尔德基希
Ferdinand I	斐迪南一世
Ferdinand II	斐迪南二世
Ferdinand Kurnberger	斐迪南・科恩伯格
Ferdinand Lassalle	斐迪南・拉萨尔
Ferenc Deák	戴阿克・费伦茨
Financial Reform	金融改革
Fischer	菲舍尔
Fiume	阜姆
Foreign Office	外交部
Francesco Crispi	弗朗切斯科・克里斯皮
Francis II	弗朗茨二世
Francis Joseph I	弗朗茨・约瑟夫一世
Francis Leveson Bertie	弗朗西斯・莱韦森・伯蒂
Francophil	亲法分子
Franco-Piedmontese Alliance	法国－皮埃蒙特联盟
Franco-Prussian War	普法战争
Frankfurt Diet of Princes	法兰克福议会

Frano Supilo	弗拉诺・苏皮洛
František Palacky	弗朗蒂谢克・帕拉茨基
Franz Colloredo	弗朗茨・科洛雷多
Franz Conrad von Hötzendorf	弗朗茨・康拉德・冯・霍岑多夫
Franz I	弗朗茨一世
Franz Joseph Karl	弗朗茨・约瑟夫・卡尔
Franz Krones	弗朗茨・克朗斯
Franz Oppenheimer	弗朗茨・奥本海默
Franz Stephan	弗朗茨・斯特凡
Franz von John	弗朗茨・冯・约翰
Fred Rauscher	弗里德・劳舍尔
Freemasons	共济会
Fremdenblatt	《日报》
French Mercantilism	法国重商主义
French Revolution	法国大革命
Friedrich Ferdinand von Beust	弗里德里希・斐迪南・冯・博伊斯特
Friedrich III	腓特烈三世
Friedrich Tezner	弗里德里希・特茨纳
Friedrich Wilhelm Graf von Haugwitz	弗里德里希・威廉・冯・霍格维茨
Friedrich Wilhelm Karl	腓特烈・威廉・卡尔
Friedrichshof Castle	腓特烈斯霍夫城堡
Fulda	富尔达
Galicia	加利西亚
Garibaldians	加里波第人
Garrison of Gratz	格拉茨要塞
General Staff	陆军总参谋部
Georg Ritter von Schönerer	格奥尔格・里特尔・冯・舍内尔
George Hirschfeld	乔治・希施费尔德
Georges Eugène Benjamin Clemenceau	乔治・欧仁・邦雅曼・克莱蒙梭
German	德意志人

German Constitutional Party	德意志立宪党
Gesamtwehrmacht	总国防军
Ghetto-Dammerung	《犹太区的黄昏》
Gioacchino Pecci	焦阿基诺·佩奇
Giulio Nicolò Marchese Prinetti	朱利奥·尼科洛·马尔凯塞·普里内蒂
Giuseppe Maria Garibaldi	朱塞佩·马里亚·加里波第
Goddess of Reason	理性女神
Golden Calf	金牛犊
Gomer	戈默
Gott und Welt	《上帝和世界》
Greek United Archbishop	希腊联合大主教
Gustav Mahler	古斯塔夫·马勒
Gustav Siegmund Kálnoky	古斯塔夫·西格蒙德·卡尔诺基
Hamburg	汉堡
Hapsburg Family Law	《哈布斯堡家族法》
Hapsburg-Lorraine	哈布斯堡－洛林王朝
Heiligenkreuz	海利根克劳兹
Heinrich Freiherr von Calice	海因里希·弗赖赫尔·冯·卡利斯
Heinrich Friedjung	海因里希·弗里德永
Heinrich Heine	海因里希·海涅
Heinrich Karl von Haymerle	海因里希·卡尔·冯·海默勒
Heir-Apparent	假定继承人
Hellenism	希腊主义
Helvetian	瑞士人
Henrik Marczali	亨利克·马尔卡里
Henry Charles Lansdowne	亨利·查尔斯·兰斯当
Hereditary Dominions	世袭领土
Hermann Bahr	赫尔曼·巴尔
Herr von Holstein	冯·荷尔斯泰因先生
High Priests	大祭司

Hofburg	霍夫堡宫
Holland	荷兰
Holy Alliance	神圣同盟
Holy Roman Empire	神圣罗马帝国
House of Israel	以色列之家
Hugo Philipp Jacob Wolf	胡戈·菲利普·雅各布·沃尔夫
Hungarian Army	匈牙利军队
Hungarian Bannerets	匈牙利骑士
Hungarian Cabinet	匈牙利内阁
Hungarian Constitutional	《匈牙利宪法》
Hungarian Court	匈牙利法院
Hungarian Diet	匈牙利国会
Hungarian Statute VI	《匈牙利规约六》
Hungary	匈牙利
Hussein Hilmi Pasha	侯赛因·希勒米帕夏
Ignaz Beidtel	伊格纳茨·贝德尔
Imperial and Royal	帝国与皇家
Imperial Parliament	帝国议会
Imperial Rescripts	《国事诏书》
Imperial-Royal	帝国－皇家
Innsbruck	因斯布鲁克
Inspector-General	监察长
Iron Ring	钢铁集团
Irredentism	民族统一主义
Ischl	伊施尔
Istria	伊斯特里亚
István Werbőczy	韦尔伯齐·伊斯特万
Italian	意大利语
Ivan Zinovieff	伊万·季诺维也夫
Jacob Fromer	维尔纳·桑巴特

Jacob Fromer	雅各布・弗罗默
Jansenist	詹森主义
Japheth	贾费特
Jehovah	耶和华
Jeremiah	耶利米
Jesuitism	耶稣会主义
Jesuits	耶稣会士
Jesus	耶稣
Jews	犹太人
Johann Philipp Kirnberger	约翰・菲利普・基恩贝格尔
Johann von Hontheim	约翰・冯・洪泰姆
Johann von Pallavicini	约翰・冯・保洛维齐尼
Johann Wolfgang von Goethe	约翰・沃尔夫冈・冯・歌德
John Atkinson Hobson	约翰・阿特金森・霍布森
John Russell	约翰・罗素
John the Baptist	施洗约翰
Joint Minister of War	联合战争大臣
Joint Ministry of Finance	联合财政部
Joint Sitting	联席会议
Josef Schöffel	约瑟夫・舍费尔
Joseph Alexander Hübner	约瑟夫・亚历山大・黑布纳
Joseph Benedikt Adam	约瑟夫・本尼迪克特・亚当
Joseph II	约瑟夫二世
Joseph Radetzky von Radetz	约瑟夫・拉德茨基・冯・拉德茨
Joseph Redlich	约瑟夫・雷德利希
Joseph von Sonnenfels	约瑟夫・冯・索南费尔斯
Josephinism	约瑟夫主义
Josip Jelačić	约西普・耶拉契奇
Jovan Ristitch	约万・里斯蒂奇
Judaeo-Magyars	马扎尔化犹太人

Judapest	犹太佩斯
Judicial Reform	司法改革
Julius Hermann Moritz Busch	尤利乌斯·赫尔曼·莫里茨·布施
Jurists	法学家
Justitia Regnorum Fundamentum	司法至上
Justus Febronius	《尤斯蒂努斯·费布诺尼乌斯》
Kalksburg	卡克斯堡
Kálmán Széll	塞尔·卡尔曼
Karl Franz Joseph Ignaz	卡尔·弗朗茨·约瑟夫·依格纳茨
Karl Kraus	卡尔·克劳斯
Karl Lueger	卡尔·卢埃格尔
Karl Lueger	卡尔·鲁格
Karl Marx	卡尔·马克思
Karlsbad	卡尔斯巴德
Khalif	哈里发
Kieff	基辅
King of Bohemia	波希米亚国王
King of Italy	意大利国王
Kingdom of Judah	犹太王国
Kingdom of Rama	拉玛王国
Klemens Wenzel von Metternich	克莱门斯·文策尔·冯·梅特涅
Klosterneuburg	克洛斯特新堡
Koloman Tisza	蒂萨·卡尔曼
Kossovo	科索沃
Kremsmlinster	克莱姆斯林斯特
Kuhhandel	肮脏交易
la question d' Orient	东方问题
Lajos Kossuth	拉约什·科苏特
Lands of the Crown of St. Stephen	圣史蒂芬王冠领地
Language Ordinances	《语言法令》

Latin	拉丁语
Law of Moses	《摩西律法》
Le Compromis Austro-Hongrois	《奥匈帝国的妥协》
Legion d'antibes	昂蒂布军队
Lemberg	伦伯格
Leo Veigelsberg	莱奥·维格斯贝格
Leo von Caprivi	列奥·冯·卡普里维
Leo XIII	利奥十三世
Leonardo da Vinci	莱昂纳多·达·芬奇
Leopold Berchtold	利奥波德·贝希托尔德
Leopold II	利奥波德二世
Leopold von Kolowrat-Krakowský	利奥波德·冯·科洛瓦特－克拉考斯基
Leopoldstadt	利奥波德城
Lev Vladimirovich Urusov	列夫·弗拉基米罗维奇·乌鲁索夫
Liberal Germans	自由德意志人
Liberalism	自由主义
Lilienfeld	利连菲尔德
Little Russian	小俄罗斯语
Little Russians	小俄罗斯人
Local Diets	地方议会
Lodomeria	罗多梅利亚
Lodz	罗兹
Lombardy	伦巴第
Loránd Eötvös	厄特沃什·罗兰
Lord Lieutenancy	皇家代理官
Los von Rom	泛德意志主义者
Louis Eisenmann	路易·艾森曼
Lower Austria	下奥地利
Ludwig van Beethoven	路德维希·凡·贝多芬
Ludwig von Benedek	路德维希·冯·贝内德克

Luigi Corti	路易吉·科尔蒂
Lutheran Reformation	路德宗教改革
Macedonian	马其顿
Macedonian Reforms	马其顿改革
Magyar Chauvinism	马扎尔沙文主义
Magyar Chauvinist Spirit	马扎尔沙文主义精神
Magyar Oligarchy	马扎尔寡头
Manchester School	曼彻斯特学派
March Constitution	《三月宪法》
Marco Minghetti	马尔科·明盖蒂
Marie Antoinette	玛丽·安托瓦内特
Marie Joseph Louis Adolphe Thiers	马里·约瑟夫·路易·阿道夫·梯也尔
Marienbad	马林巴德
Marschall von Bieberstein	马沙尔·冯·比贝尔施泰因
Max Weber	马克斯·韦伯
Maximilian Harden	马克西米利安·哈登
Maximilian I	马克西米利安一世
Mediatized Families	中间家族
Melk	梅尔克
Menelek II	孟尼利克二世
Mikhail Muravyov	米哈伊尔·穆拉维约夫
Miklós Kállay	卡洛伊·米克洛什
Militarism	军国主义
Milovan Milovanović	米洛万·米洛瓦诺维奇
Minister-President of Austria	奥地利首相
Miriam	马利亚
Miroslav Spalaikovitch	米罗斯拉夫·斯帕拉伊科维奇
Mishna	《密西拿》
Mitrovitza	米特罗维察
Modern Capitalism	《现代资本主义》

Modling	默德灵
Mohacs	莫哈奇
Moldavia	摩尔达维亚
Moloch of Militarism	军国主义的傀儡
Monarchical Unity	帝国联盟
Monarchy	君主制国家
Monastir	莫纳斯蒂尔
Monsignor	蒙席
Montenegrin	黑山
Montenegro	黑山王国
Monza	蒙扎
Morava	莫拉瓦
Moravia	摩拉维亚
Moses Mendelsohn	摩西・门德尔松
Mountain of Lovtchen	洛弗琴山
Mürzsteg Programme	米尔茨施泰格计划
Musulman	穆斯林
Napoléon Bonaparte	拿破仑・波拿巴
Nastitch	纳斯蒂奇
Natalija	纳塔利娅
National Chauvinism	民族沙文主义
Near East	近东
Neue Freie Presse	《新自由报》
Neva	涅瓦河
Niazi Bey	尼亚齐・贝
Nicholas Alexandrovich Romanov	尼古拉・亚历山德罗维奇・罗曼诺夫
Nicholas II	尼古拉二世
Nicholas of Montenegro	黑山的尼古拉
Nish	尼什
Non-German Hapsburg Peoples	非哈布斯堡德意志人

Non-Germans	非德意志人
Non-Magyar	非马扎尔人
Nostra Maxima Culpa	《最大的过错》
Novoe Vremya	《新闻时报》
October Diploma	《十月文告》
Odessa	敖德萨
Old silver florin	老弗林银币
Olmütz	奥洛穆茨
Orden del Toisón de Oro	金羊毛骑士团
Orthodox Christians	东正教教徒
Orthodoxy	东正教
Ortnoque	“奥里诺科”号
Österreichische Rundschau	《奥斯特赖希什·伦德绍》
Ottoman Empire	奥斯曼帝国
Ottoman Government	奥斯曼政府
Ottoman–Russian Wars	俄土战争
Palais Bourbon	波旁宫
Parliamentary	议会
Partial Mobilization	局部动员
Party of Enlightenment	启蒙党
Pasquale Stanislao Mancini	帕斯夸莱·斯塔尼斯劳·曼奇尼
Passive Functions	被动功能
Patrice de MacMahon	帕特里斯·麦克马洪
Paul Anton de Lagarde	保罗·安东·德·拉加德
Personal Union	个人联盟
Pester Lloyd	《佩斯特·劳埃德报》
Peter Andreyevich Shualovv	彼得·安德烈耶维奇·舒瓦洛夫
Peter Karageorgevitch	彼得·卡拉乔杰维奇
Peter Leopold Joseph	彼得·利奥波德·约瑟夫
Pharisees	法利赛人

Piarists	皮亚里斯特会
Pig War	猪之战
Pilsen	皮尔森
Pius IX	庇护九世
Pius X	庇护十世
Piusverein	庇护协会
Placetum Regium	皇室特权
Plevna	普莱夫纳
Podolia	波多里亚
Pola	普拉
Poles	波兰人
Port of Antivari	安提代利港
Posen	波兹南
post-economic	后经济时代
Prague	布拉格
pre-economic	前经济时代
Premonstratensians	普雷蒙特雷修会
Prime Ministers of Hungary	匈牙利首相
Prince Carol Caraiman	卡罗尔·卡莱曼亲王
Prince Danilo	达尼洛亲王
Prince Felix of Schwarzenberg	施瓦岑贝格亲王菲利克斯
Prince of Wales	威尔士亲王
Princess Stéphanie of Belgium	比利时的斯蒂芬妮公爵夫人
Privy Councillorship	枢密院长
Programme of the Nine	《九国纲领》
Pro-Slav	亲斯拉夫
Protestantism	新教
Prussia	普鲁士
Przemysl	普热梅希尔
Pseudo-Protestant	伪新教

Quarnero	夸尔内罗
Queen Margherita	玛格丽塔王后
Queen Maria Theresa	玛丽亚·特蕾莎女王
Queen of Heaven	天之女王
Quintino Sella	《昆蒂诺·塞拉传》
Rabbi	拉比
Racconigi	拉科尼吉
Rambouillet	朗布依埃
Reichsgerichf	帝国法庭
Reichspost	《帝国邮报》
Religions Fonds	宗教基金会
Religious Police	宗教警察
Resna	雷斯纳
Rhine Provinces	莱茵省
Royal Marriages Act	《皇室婚姻法》
Rudolf von Khevenhüller-Metsch	鲁道夫·冯·克芬许勒－梅奇
Rudolf Francis Charles Joseph	鲁道夫·弗朗西斯·查尔斯·约瑟夫
Rumane Bishop	罗马尼亚主教
Rumanian	罗马尼亚语
Rumelia	鲁米利亚
Russian Panslavism	泛斯拉夫主义
Russian tchinovniks	俄罗斯官员
Russo-German Re-Insurance Treaty	《俄德再保险条约》
Russophilism	亲俄主义
Rustchuk	鲁塞
Ruthene	鲁塞尼亚人
Ruthene	鲁塞尼亚语
Ruthene University	鲁塞尼亚人大学
Sabbath Day	安息日
Sacred College	枢机团

Sadducees	撒都该人
Sadowa	萨多瓦
Sahle Maryam	萨赫勒·马里亚姆
Salonica	萨洛尼卡
Salzkammergut	萨尔茨卡默古特
San Lorenzo	圣洛伦佐
Sandjak de Novi-Bazar	桑扎克地区的新帕扎尔
Sándor Wekerle	尚多尔·韦克勒
Save	萨沃河
Saxon	撒克逊
Schonbrunn	美泉宫
Schulchan Aruch Code	《准备好的餐桌》
Scribes	文士
Semi-enlightened Autocracy	半开明专制主义
Semi-fatalistic	半元主义
Semi-religious	半宗教
Semi-Socialist	半社会主义
Semitic Germans	闪米特德意志人
Semi-Ultramontane	半教皇至上主义
Semlin	塞姆林
Semmering	塞默灵
Separatist	分离主义
Sephardim	西班牙裔犹太人
Serajevo	萨拉热窝
Serbia-Croatia	塞尔维亚－克罗地亚语
Serbo-Croatian	塞尔维亚－克罗地亚人
Serbs	塞尔维亚人
Servian Undersecretary	塞尔维亚副国务卿
Shkumbin River	什昆宾河
Shuvaloff	舒瓦洛夫

Singer	辛格
Sir Charles Hardinge	查尔斯·哈定爵士
Sir Edward Grey	爱德华·格雷爵士
Skiernewice	斯凯尔涅维采
Skutari	斯库台
Slivnitza	斯利夫尼察
Slovene	斯洛文尼亚语
Slovenes	斯洛文尼亚人
Slovenski-Jug	斯洛文尼亚－瓦尔特
Social Democratic Party	社会民主党
Socialist Manifestation	社会主义运动
Sofia	索非亚
Sophie Hohenberg	索菲娅·霍恩贝格
Southern Slavs	南斯拉夫
Spain	西班牙
Splendid Isolation	光荣孤立政策
St Florian	圣弗洛里安
St. Boniface	圣博尼法斯
St. Raphael	圣拉斐尔
Stadthagen	斯塔塔根
State Idea	国家观念
Styria	施蒂利亚
Tangier	丹吉尔
Tedescos	德意志人
Tepl	特普拉
Teutones	条顿人
The Bosphorus and the Dardanelles	《伊斯坦布尔和达达尼尔海峡》
The Josephine tradition	约瑟夫传统
The Talmud	《塔木德经》
Theodor Herzl	特奥多尔·赫茨尔

Thomas Aquinas	托马斯·阿奎那
Thomas Carlyle	托马斯·卡莱尔
Thousand-year-old Constitution	千年宪法
Tirnovo	特尔诺沃
Toleration Edict	《容忍令》
Tomáš Garrigue Masaryk	托马斯·加里格·马萨里克
Tommaso Tittoni	托马索·蒂托尼
Transylvanian Rumanes	特兰西瓦尼亚的罗马尼亚人
Transylvanians	特兰西瓦尼亚人
Treaty of Paris	《巴黎条约》
Treaty of Portsmouth	《朴次茅斯条约》
Treaty of San Stefano	《圣斯特凡诺条约》
Treaty of Shimonoseki	《马关条约》
Trebinje	特雷比涅
Trieste	的里雅斯特
Tripartitum	《三一法典》
Triple Alliance	三国同盟
Tripoli	的黎波里
Tunis	突尼斯
Turkish Revolution	土耳其革命
Tuscany	托斯卡纳
Tyrol	蒂罗尔
Ultramontane	教皇至上论
Uncrowned King	未冠冕之王
Unigenitus	《乌尼根西佗》
Universal Suffrage	普选制
Universal Suffrage Bill	《普选法案》
Upper Austria	上奥地利
Uvatz	乌瓦茨
Valis	瓦利斯

Vardar	瓦达尔
Vasitch	瓦西奇
Vaterland	《祖国》
Vatican	梵蒂冈
Venetia	威尼西亚
Versailles	凡尔赛
Verwaltungsgerichtshof	最高行政法院
Victor Adler	维克多·阿德勒
Victor Emmanuel III	维托里奥·埃马努埃莱三世
Vienna	威尼斯
Vienna	维也纳
Vienna Rathaus	维也纳市政厅
Vilayets	维拉亚特
Viogt	福格特
Visconti Venosta	维斯孔蒂·韦诺斯塔
Vittorio Emanuele II	维托里奥·埃马努埃莱二世
Vladimir Lamsdorf	弗拉基米尔·兰姆斯多夫
Vlorë	发罗拉
Volhynia	沃里尼亚
Vorarlberg	福拉尔贝格
Vorau	沃劳
War Office	国防部
War Office	战争指挥部
Wartrumpet	《战争号角》
Wenzel Anton	文策尔·安东
West of Bucovina	布科维纳西部
Wie wir zu Bosnien kamen	《我们是怎么来到波斯尼亚的》
Wiener Allgemeine Zeitung	《维也纳日报》
Wiener Zeitung	《维也纳时代报》
Wieth Knudsen	维特·克努森

Wilhelm II	威廉二世
Wilhelm von Tegetthoff	威廉・冯・特格特霍夫
William Edward Goschen	威廉・爱德华・戈申
William Ewart Gladstone	威廉・尤尔特・格莱斯顿
William Shakespeare	威廉・莎士比亚
Wilten	维尔腾
Yiddish	意第绪语
Young Turkish era	新土耳其时代
Young Turks	青年土耳其党
Zeit	《时代周报》
Zita of Bourbon-Parma	齐塔郡主
Zouaves Pontificaux	教皇的祖瓦斯
Zukunft	《未来》